경계에서 만나다: 디아스포라와의 대화

경계에서 만나다: 디아스포라와의 대화

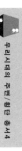

우리시대의 주변/횡단 총서 4

서경식·서민정·김용규·이용일 지음

현암사

이 저서는 2007년 정부(교육과학기술부)의 재원으로 한국연구재단의 지원을 받아 수행된 연구임
(NRF-2007-361-AM0059).

경계에서 만나다: 디아스포라와의 대화

초판 1쇄 발행 | 2013년 5월 31일

지은이 | 서경식, 서민정, 김용규, 이용일
펴낸이 | 조미현

편집주간 | 김수한
책임편집 | 최진규
교정교열 | 최미연
디자인 | 장원석

출력 | 문형사
인쇄 | 영프린팅
제책 | 쌍용제책사

펴낸곳 | (주)현암사
등록 | 1951년 12월 24일 제10-126호
주소 | 121-839 서울시 마포구 서교동 481-12
전화 | 365-5051 · 팩스 | 313-2729
전자우편 | editor@hyeonamsa.com
홈페이지 | www.hyeonamsa.com

ISBN 978-89-323-1667-3 94900

이 도서의 국립중앙도서관 출판시도서목록(CIP)은
e-CIP 홈페이지(http://www.nl.go.kr/ecip)에서 이용하실 수 있습니다.
(CIP제어번호: CIP2013007358)

"디아스포라는 국민이 아니라는 사고방식에 대해 근본적이고 근원적인 의문을 제기하고 있는 존재가 바로 디아스포라라고 말씀드리고 싶습니다. 한마디로 국민국가 시대의 다음 시대를 전망할 수 있는 존재가 디아스포라입니다."

차례

서문 —— 9

프롤로그 | 디아스포라는 누구인가/ 서경식 대담 —— 14

1부 | 독일에서 디아스포라를 만나다

차별, 절망, 그리고 극복/ 최영숙 대담 —— 47

언어적 한계와 그림/ 송현숙 대담 —— 75

1.5세, 무엇을 말하는가/ 한정화 대담 —— 101

2부 | 한국에서 디아스포라를 만나다

1장 | 디아스포라의 목소리

자이니치란 누구인가/ 서경식의 발표 —— 139

디아스포라의 이중적 고민/ 허련순의 발표 —— 148

디아스포라 다언어지대의 경험/ 미희 나탈리 르무안의 발표 —— 160

차별 철폐를 위하여/ 주재순의 발표 —— 164

나의 작품(『통역사』) 속의 디아스포라/ 수키 김의 발표 —— 174

2장 | 디아스포라와의 대담

경계와 보편성/ 패널 대담 —— 183

질의응답 —— 215

에필로그 | 디아스포라에게서 듣는 디아스포라 대담의 의미/ 서경식 대담 —— 245

디아스포라 대담자 소개 —— 281

찾아보기 —— 287

우리는 얼마나 적응력을 갖고 있는가? 우리는 하나에서 다른 하나로 얼마나 쉽게 변할 수 있는가? 우리의 장소는 얼마나 불안정한가? 이는 모두 우리의 존재 기반이 사라졌고, 우리의 기원이 상실되었으며, 우리가 땅이나 과거와 맺고 있는 유대 관계가 깨져버렸기 때문이다.

에드워드 사이드, 『마지막 하늘 이후After The Last Sky』에서

　　근대는 민족들 간의 지배와 억압, 그리고 그에 맞선 저항과 투쟁으로 점철되어왔다. 그 과정에서 많은 근대인들, 특히 비서구나 주변부 사람들 중 다수는 자신이 살던 터전이나 공동체에서 뿌리 뽑혀 다른 곳이나 다른 집단으로 귀속되는 과정을 거치면서 이산과 박탈의 격심한 고통을 겪었다. 근대의 한국 또한 예외가 아니었다. 국권의 상실과 민족 분단으로 인해 우리는 그 어떤 민족이 겪었던 것 못지않은 개인적이고 집단적인 상처를 안고 살아왔다. 그중에서도 특히 '자기 민족이 아닌 민족이 사는 공간'에서 살 수밖에 없었던 디아스포라아들의 삶은 극심한 차별과 억압의 그것이었다. 상황이 달라지고 여건이 나아졌다고 하더라도 지금 이런 처지가 크게 달라진 것은 아니다. 이들의 삶은 여전히 '국민'의 그림자 속에서 숨죽이며 겨우 자신의 목소리를 토해내고 있는 것이다. 디아스포라들은 자신들이 현재 살고 있는 공간에서는 '다른' 민족이라는 이유로 '이질적이고 의심스러운' 존재로 여겨지고, 과거 그들이나 그들의 부모가 떠날 수밖에 없었던 공간에서도 '순수한' 민족이 아니라는 이유 때문에 환영받지 못하는 존재로 간주되는 경우가 허다하다.

결국 디아스포라는 근대 국민국가의 국민으로 편입되지 못한 '파편'과 같은 처지며 민족과 민족 사이에 낀 틈새적 존재로 여겨진다. 하지만 오늘날 이들의 '이질적이고' '완전하지 않은' 이런 성격은 우리에게 많은 성찰을 제공해준다. 우선 그것은 국민국가와 민족주의가 자연스러운 것으로 간주해온 민족의 동질성과 순수성이 역사적 형성물임을 깨닫게 하는 데 중요한 계기가 되고 있다. 왜냐하면 디아스포라의 고통은 국민과 민족의 역할에 대한 낭만적이고 이상화된 시각을 거부하고 민족에 속하지 않으면서 사회의 주변이나 변두리에 존재하는 사람들과 역할들의 관점을 제시함으로써, 그 존재 자체가 국민의 인위적 구성이나 근대 민족의 작동 방식에 대해 전혀 새로운 시각을 제공하기 때문이다. 베네딕트 앤더슨Benedict Anderson이 말한 "민족"이라는 상상된 공동체에 통합되지 못한 그들은 바로 그 상상계에 기입된 균열을 드러내고 있는 존재들인 것이다.

나아가서 그들의 위치는 국민국가 내에 존재하는 사람들조차 잠재적으로 디아스포라적인 존재가 될 수 있음을 깨닫게 한다. 혹자는 늘 주권의 어두운 그림자 속에 존재하는 디아스포라와, 국민국가 속에서 안정적인 주권과 확실한 귀속감을 갖고 있는 것으로 간주되는 국민으로 살고 있는 우리 자신은 전혀 다른 처지에 있는 것이 아닌가 반문할지 모른다. 하지만 이렇게 질문해보자. 국민으로서 우리가 갖고 있는 주권은 안정적이고 확실한 것인가? 사실 이탈리아 사상가인 조르조 아감벤 Giorgio Agamben은 근대국가 속에서 모든 국민은 국가에 의해 언제든지 주권을 박탈당한 채 예외 상태 속으로 내몰릴 수 있는 "벌거벗은" 생명이 될 가능성을 갖고 있다고 간파한 바 있다. 분단 체제의 곳곳에서 우리는 국민이 국민의 밖으로 내몰리는 예외적 상태를 목격해왔고 지금도 목격하고 있다. 대담에서 서경식 선생은 디아스포라는 하나의 고정된 개념이나 고유명사가 아니라 하나의 '맥락'이자 '위치'를 가리킨다고 지적한다. 이는 디아스포라 자체가 특별한 실체나 특유한 속성을 소유하고 있는 것이 아니라 국민국가와의 관계 속에서 국가와 국민이 "억압적 힘으로 기능할 수 있는 다양한 방식을 부각"•시킬 수 있는 독특한 위치, 즉 주변적이고 소수적인 위치와 그 발화 지점을 점유하고 있음을 의미한다. 이런 생각을 받아들인다면 근대 국민국가 속에서 언제든지 벌거벗은 생명과 같은 처지로 떨어질 수 있는 국민인 우리들 또한 디아스포라와 전적으로 다른 위치를 점하고 있다고 말할 수는 없을 것이다. 비록 이런 지적이 디아스포라들이 갖고 있는 고유한 지위와 위치를 가릴 수 있다고 하더라도 그것은 디아스포라가 국민인 우리에게 중요한 의미를 갖는 이유가 된다. 즉 그것은 디아스포라와 디아스포라의 잠재적 가능성을 가진 존재들 간의 공감의 지점을 마련하고, 이 공감을 토대로 새로운 연대를 사고하는 계기가 될 수 있는 것이다.

이런 점에서 디아스포라의 위치는 우리에게 열린 민족성, 민족의 급진적 개방, 나아가서 민족성을 넘어선 초민족적 연대의 가능성을 고민하는 데 없어서는 안 될 소중한 경험을 전달해준다. 여기서 우리는 디아스포라를 찬미하거나 그들의 다양한 경험을 섣불리 일반화하는 오류는 피할 필요가 있다. 그런 오류는 디아스포라들이 겪었던 독특하고

• 로버트 J. C. 영, 김용규 옮김, 『아래로부터의 포스트식민주의』, 현암사, 2013, p. 99.

강렬한 경험들을 또다시 상식화할 뿐 아니라 그들의 경험을 소비할 가능성이 있다. 문화적 소통과 대화의 일차적 전제는 타인의 경험의 다름을 인정하고 거기에 충실하게 귀 기울이는 자세일 것이다. 그 다름은 '너의 경험은 나와 다르다'는 식의 냉소적인 차이로 이어지거나 '너의 경험은 나와 같다'는 식의 안이한 동일성으로 나아가기보다, 그 경험의 강렬함 속으로 함께 들어감으로써 그 경험이 나의 경험일 수도 있다는, 경험의 깊은 관계성을 깨닫고 그에 바탕을 둔 인간적 연대로 나아가는 첫걸음이 될 것이기 때문이다.

이 책은 부산대학교 고전번역+비교문화 HK 팀의 공동 작업의 성과물이다. 우리 팀은 오늘날 전 지구적으로 일어나고 있는 다양한 문화적 횡단과 번역의 과정을 살피고, 특히 주변성과 소수자의 입장에서 문화들 간의 수평적 대화와 소통의 문제를 고민하는 작업을 진행하고 있다. 하지만 이런 작업이 책상 위에서만 이루어지다 보니 자칫 추상적인 담론의 수준에 머물거나 기존 논의만 답습하는 한계를 벗어나지 못했다. 그래서 디아스포라와의 직접적 만남이 중요했고, 그들의 구체적 현실에 다가가 직접 청취하는 것이 우리의 한계를 벗어날 수 있는 중요한 계기가 될 것이라 생각했다. 처음에는 막연한 마음으로 시작했지만 디아스포라들과 마주친 현실은 우리에게 더없이 소중한 깨달음을 제공해주었다. 이 책은 크게 세 부분으로 나눠져 있다. 서경식 선생님과의 대담(프롤로그와 에필로그), 우리 연구진이 직접 독일에 가서 그곳에서 예술가(송현숙), 사회활동가(최영숙), 번역문학가(한정화)로 활동하는 분들을 직접 인터뷰한 내용, 그리고 미국, 독일, 일본, 벨기에, 연변 등지에서 여러 디아스포라들을 우리 연구소로 직접 초청하여 그들의 소중한 얘기를 듣고 토론한 국제 학술 대회의 내용으로 구성되어 있다. 이 모든 과정에서 서경식 선생님과의 만남은 우리에게 매우 소중한 계기가 되었다. 선생은 우리 팀에게 한인 디아스포라의 다양한 이야기를 들어보는 자리를 마련해보자는 제안을 해주었다. 이 제안은 선생의 뜻이기도 했지만 디아스포라들로 하여금 직접 말하게 함으로써 디아스포라가 자칫 우리 사회에서 전유되고 소비되는 방식을 비판적으로 되돌아볼 수 있는 중요한 계기가 되었다. 이 작업의 처음부터 끝까지 열렬한 관심과 지원을 아끼지 않으셨고 대담과 학술 대회의 주체로서의 역할까지 기꺼이 맡아주신 선생께 깊이 감사드린다. 그뿐 아니라 대담에 참여해주신 한 분 한 분과의 만남은 연구자인 우리들에게 그 자체로 생생하면서도 쉽게 다가갈 수 없는 하나하나의 현실들이었다. 선물처럼 다가온 현실을 비집고 열고 함께 공감하고 또한 그것을 성찰의 계기로 삼는 것은 고스란히 우리의 몫이 될 것이다. 직접 부산까지 찾아와 자신들의 소중한 얘기를 다양한 방식으로 들려준 미희 나 탈리 르무안, 허련순, 주재순, 수키 김 선생님, 그리고 독일의 함부르크와 베를린에서 우리 연구팀을 따뜻하게 환대해준 최영숙, 송현숙, 한정화 선생님들께도 깊이 감사드린다.

끝으로 이 대담이 국가와 민족의 '사이'에서 디아스포라가 겪었던 다양한 경험의 독특성을 경청하고, 그 경험을 '민족의 순수한 이상'에 끼지 못하는 이방인들의 경험이 아니라 우리의 폐쇄적 민족성을 비집어 열어 우리 자신이 새로운 차원의 보편적 사유와 연대를 마련하는 데 중요한 계기로 삼았으면 하는 소망을 가져본다.

2013년 5월 24일

지은이들을 대신해서, 김용규

디아스포라는 누구인가

서경식 대담

일시 : 2013년 2월 27일
참석자 : 서경식, 김용규, 서민정
장소 : 부산대 인문대 교수연구동 304호

김용규 오늘 대담은 지난가을 개최된 '디아스포라에게 듣는다'라는 취지의 국제 학술 대회 이후의 논의를 정리하는 자리로 마련했습니다. 많은 토론과 논의가 있었지만 디아스포라와 관련된 전체를 관통하는 논의는 별로 없었던 것 같습니다. 그런 아쉬움을 보완하기 위해 오늘은 디아스포라와 관련된 전반적인 방향에 대한 선생님의 의견을 듣고자 합니다. 우선 가장 일반적인 논의로 시작했으면 합니다. 너무 직접적인 질문이 될지도 모르겠는데 선생님께서 생각하시는 '디아스포라란 누구인가' 하는 것입니다. 전에도 함께 대화를 나누었던 부분인데 '디아스포라는 누구인가'라는 질문은 자칫 우리는 그 범주에 속하지 않는다는 것을 전제하고 있을 수 있는데, 제 질문은 '우리 모두가 디아스포라다' 혹은 '우리 모두는 디아스포라가 될 잠재적 가능성을 가지고 있다'는 전제를 담고 있습니다. 이 점에 대해 선생님의 생각을 들어보

서경식/ 도쿄경제대학 교수.

고 싶습니다.

서경식 이 질문이 사실 가장 중요한 질문입니다. 디아스포라 문제에 관한 연구나 담론은 모두 이 문제부터 따지고 들어가야 한다고 생각합니다. 디아스포라라는 것은 하나의 고정된 개념이나 고유명사가 아니라 하나의 '맥락'이자 '위치'를 가리키는 말이라고 생각합니다. 그래서 똑같이 디아스포라라는 용어를 사용할 경우에도 전혀 다른 의미를 지니게 될 경우가 많습니다. '우리가 디아스포라에 대해서 연구하고 있습니다', '나는 디아스포라입니다'라고 말하더라도 그것이 어떤 의미인지, 어떤 위치에서 말하고 있는지, 어떤 맥락에서 이야기하고 있는지를 따져 물어야 한다고 생각합니다. 이 점이 디아스포라라는 말의 특징이나 특수성이라고 생각하고, 디아스포라에 관해 말하는 것은 계급이나 프롤레타리아트에 대해 말하는 것과는 다르다고 생각합니다. 계급적인 이야기는 나중에 하기로 하겠습니다. 자, 이런 얘기부터 하면 어떨까요.

'과연 서경식은 디아스포라인가?' '서경식이라는 사람이 디아스포라인가'라는 질문이 있다고 생각해봅시다. 만약 선생님 같은 경우 '김용규라는 사람이 디아스포라인가'라는 질문이 던져지면 어떻게 대답하시겠습니까?

김용규 제 개인적인 경우 예전에는 디아스포라라는 생각이 별로 없었던 것 같습니다. 그런 의식을 별로 한 적이 없었고 그냥 이 사회가 나에게, 아니 우리에게 정당한가 그렇지 않은가 하는 느낌만 갖고 있었던 것 같습니다. 오랜 독재 정권의 영향 탓도 있고, 이 사회에 소속된 국민이라고 생각했기 때문이겠지요. 그런데 조금 시간이 지나면서 생각해보니까 어떻게 보면 근대 국민국가의 내부에 사는 이상 나도 디아스포라의 잠재적 가능성을 가지고 있다는 생각이 들더군요. 특히 데리다Jacques Derrida를 읽으면서 '그는 프랑스 철학자다'라고 생각하는 것과 '그는 알제리 출신 유대인이다'라고 생각하는 것은 매우 다릅니다. '데리다도 일종의 디아스포라다'라는 의식을 갖고 그의 책을 읽으면 그의 철학을 지금까지와는 상당히 다른 차원에서 읽을 수 있습니다. 아직 그런 인식까지 명확하진 않은 것 같습니다.

서경식 잠재적으로 디아스포라라는 측면이나 요소가 있다는 것이지요. 저도 그렇게 생각합니다. 제가 '서경식은 디아스포라인가'라는 질문에 대해서 말씀드린 것은 사실 이 질문이 일본의 어느 블로그에 올라온 적이 있기 때문입니다. 익명의 블로그여서 어디에 사는 누구인지는 모르지만 제가 일본에서 『디아스포라 기행』이라는 책을 출간했을 때, 블로그에 서평들이 많이 올라왔습니다. 일본 독자들은 제 글에 크게 관심이 없는 편인데도, '서경식이 『디아스포라 기행』이라는 책을 썼는데, 그 사람은 과연 디아스포라인가' 하는 질문을 던진 것입니다. 어떻게 보면 그 질문에는 약간의 악의적인 의도가 담겨 있었던 것 같습니다. '서경식은 대학 교수고 여유롭게 살고 유럽 여행도 자주 가고 책도 내고 하는 그런 특권층이 아닌가, 그리고 특권층인데도 디아스포라를 자칭하는 것은 잘못이 아닌가' 하는 그런 취지가 담겨 있는 내용이었습니다. 저는 이 질문이 옳은 것인가 잘못된 것인가 하는 점을 생각해보았습니다. 디아스포라에는 항상 이런 양면성이나 이중성 같은 것이 들어 있습니다. 분명 그런 것 같습니다. 그 발언이 의미를 갖는다면, 누가 어디에서 그리고 어떤 맥락에서 그 말을 하고 있는가가 중요합니다. 그가 누구인지는 익명이어서 모르겠지만, 만일 일본 국민의 다수자에 속하는 사람이었다면 이 질문은 고약한 것일 수 있습니다. 그러니까 다수자가 '너는 피차별자가 아닌 특권층인데 무슨 말을 하고 있느냐'라는 취지를 드러내는 것이지요. 일본에는 '본심주의'라고 할까요, 그런 것이 있습니다. 이는 인간의 욕망과 같은 것을 아주 노골적으로 드러내는 신자유주의적인 사고방식과 유사합니다. 그런데 만일 그가 혹시나 재일 조선인이고 사회적으로 불우하고 자신의 능력을 인정받지 못하는 사람이라면, 사정은 매우 다를 것입니다. 물론 그렇다고 해서 제가 그런 발언을 좋아할 수는 없겠지만 그가 이런 발언을 하는 데는 어떤 이유가 있다고 생각할 수 있습니다. 제가 맥락이나 위치에 달려 있다고 말하려는 본뜻은 바로 여기에 있습니다.

학계에서 "디아스포라 연구를 하고 있습니다"라든가 "디아스포라에 관해 글을 쓰거나 책을 썼습니다"라고 말할 때는 그 사람이 어떤 위치에 있고 어떤 맥락에 서 있으며 무엇을 하려고 하는지가 중요합니다. 부산대학교에서 하고 있는 이번 기획 자체도 이런 문제를 의식하고 조심스럽게 접근했으면 좋겠습니다. 어떻게 보면 이런 태도를 가지기란 매우 힘들 수 있습니다. 자기 자신에게도 내가 어디에 위치하고 있는지, 어디로 가고 있는지, 어떻게 논문을 쓰고 어떤 연구 성과를 내야 하는지 늘 의식해야 하는데, 그렇게 하기가 힘들 뿐만 아니라 그래서는 안 되는 주제들도 있습니다.

디아스포라의 두 번째 특징은 전에 김용규 선생님께서 서벌턴 Subaltern 얘기를 하셨는데, 디아스포라도 경계에 서 있는 존재라는 것입니다. 국민과 비국민(국민 아닌 사람)의 경계, 하나의 민족과 다른 민족의 경계, 그리고 계층적으로도 주류 계층과 비주류 계층의 경계, 아카데미즘과 그 외부의 경계 등 모두 경계에 서 있는 사람이라 할 수 있습니다. 그런데 완전한 타자는 발언하지 못합니다. 말하자면 제가 100퍼센트 완벽한 타자로서 디아스포라였다면, 대학에서 가르칠 수도 없고 글을 쓸 수도 없고 일본의 이와나미와 같은 일류 출판사에서 책을 낼 수도 없을 것이며 교육도 제대로 받을 수 없는 처지가 되었을 겁니다. 그러므로 '나는 완전한 디아스포라다'라고 말하는 사람은 실제 발언을 할 수 없는, 즉 외부적으로 발신할 수 없는 처지에 있는 것입니다. 저 같은 사람이 디아스포라에 대해 말할 수 있는 것은 경계에 서 있기 때문입니다. 그리고 경계에 서 있는 사람은 질문을 받게 되면 그것이 어느 방향에서 오는 질문인지, 누가 던지는 질문인지, 그것이 비판인지에 민감할 수밖에 없습니다. 이런 예민한 의식은 디아스포라에 대한 연구나 저술, 그것에 관해 이야기하는 사람의 회피할 수 없는 특징이라 생각합니다.

그래서 일본에서 익명으로 블로그에 글이 올라왔을 때, '뭐가 나쁘냐, 나는 재일 조선인이다. 나는 디아스포라다'라고 대답하는 것은 옳을 수도 있고 아닐 수도 있습니다. 즉 상대방이 누구인가 하는 위치와 맥락에 달려 있습니다. '디아스포라는 누구인가' 하는 질문을 던질 때 이런 점을 감안하면서 말해야 한다고 생각합니다.

서민정 연구소에서 지난 대담이나 이번 기획을 통해 그런 작업을 지속해오고 있다고 생각합니다. 조금 전에 선생님께서 말씀하셨던 그 내용과 연관해서 말씀드리면, 디아스포라라고 하면 항상 어둡고 부정적이며 완전히 바깥에 있는 존재로 굳어져버린 감이 없지 않고, 혹시라도 '이전에는 내가 디아스포라였는데 이제 그것을 극복해서 조금이라도 경계 안 혹은 중심으로 조금이라도 들어왔을 때는 내가 디아스포라라고 말하는 것이 주저된다'는 식의 생각을 이제는 더 이상 할 필요가 없을 것 같습니다. 오히려 디아스포라의 부정적 측면에 대한 지나친 관심은 이 시대에 바람직한 방향도 아닐뿐더러 디아스포라의 긍정적 역할과 측면을 못 보게 할 수도 있을 것 같습니다. 역으로 중심적이고 규범적인 것, 또는 부나 권력 같은 것에만 집착하는 다수자들의 문제를 디아스포라의 의식이나 변화를 통해서 반대로 극복할 수도 있는 지점이 있다고 생각하면 좋을 듯합니다. 디아스포라의 여러 양상을 긍정적이고 열린 시각으로 보자는 것이 우리 연구소의 의도입니다. 문화와 문화 사이의 경계, 그리고 여러 문화 간의 틈새에 있기 때문에 경계의 이쪽이든 저쪽이든 문화적으로 비판하고 확장하면서 문화들 사이를 넘나들 수 있는 것이지요. 우리 사회에서 디아스포라적 시각이 요청되는 것도 바로 이런 측면 때문이지 않을까 생각해봅니다. 앞으로 우리 사회도 중심에 있는 시각만으로는 타자들과 소통하기 힘들어질 것이고, 주변에 있는 시각들을 부정적이고 어두운 것으로만 인식하는 것도 문제가 될 것입니다. 아마 한국에서 '서경식'이라는 이름이 거론되는 이유도 다수자들이 역으로 디아스포라인 선생님을 통해서 '치유'라고 할까, 어떤 새로운 가능성이라고 할까, 그런 것들을 확인하고 있지 않나 하는 생각도 듭니다.

서경식 그런데 디아스포라가 어떤 용어로서의 가치를 계속해서 갖기 위해서는, 특히 이 용어가 사회과학적인 용어도 아니기 때문에, 아까 말씀드렸듯이 맥락이나 위치를 갖는 보편적인 개념으로 남을 필요가 있습니다. 이 개념 자체가 긍정적이거나 부정적인 것은 아닌 것이지요. "나는 디아스포라다"라는 말이 긍정과 부정의 평가라거나 그 자체를 자랑스럽게 여겨야 할 말은 아니라고 생각합니다. 그저 디아스포라적인 위치에 서게 된 사람, 혹은 자신의 디아스포라적인 맥락을 의식하게 된 사람을 의미하는 것입니다. 이렇게 생각할 때, 아시다시피 원래 디아스포라는 이산 유대인을 가리키던 말이었는데, 왜 근대에 들어와서 이 말을 다시 쓰기 시작하게 되었는가를 다시 생각하게 됩니다. 저는 어떤 책에 "20세기, 길게 이야기하면 서양 제국주의 시대 이후의 외부적인 압력 때문에 이산이 된 사람들을 가리키는 말로 '디아스포라'를 쓴다"라고 썼습니다. 19세기와 20세기에는 국민이라는 개념이 중요했다고 봅니다. 국민이 아닌 사람, 아니면 국민이라는 틀 바깥으로 추방당한 사람, 국민이면서도 국민에게서 소외당한 사람, 이들을 디아스포라로 풀어보자는 것이지요. 1990년대 일본에서 디아스포라라는 말이 많이 쓰이기 시작했습니다. 레이 초우Rey Chow의 『디아스포라의 지식인Writing Diaspora: Tactics of Intervention in Contemporary Cultural Studies』(이산, 2005)이라는 책이 1998년에 번역되었고, 베트남계 미국 학자인 트린 민하Trinh T. Minh-ha, 인도 출신의 가야트리 스피박Gayatri Spivak 같은 사람들의 포스트식민주의 이론들이 소개되면서 디아스포라라는 말이 유행하게 되었죠. 긍정적인 측면도 있고 부정적인 측면도 있는데, 이 말을 쓰기 시작한 이유는 이때까지 계급이나 민족의 개념으로는 완벽하게 설명할 수 없는 맥락들이 보이기 시작했기 때문입니다. 냉전 체제가 무너지면서 더 그러했습니다. 저 자신의 문제로 이야기하자면, 저는 재일 조선인 2세이긴 했지만 이 무렵 디아스포라라는 말을 별로 알지도 못했고 쓰지도 않았습니다. 재일 조선인 중에 대다수가 그랬습니다. 저를 비롯한 그들은 민족적으로 식민지 지배를 받아왔고 식민지 지배 때문에 이산되었으며 종주국 내에 남았던 소수자이면서 차별당한 사람들이지요. 어두운 현실이고 얘기입니다. 하지만 이것만 가지고 이야기하면 재일 조선인과 일본 국민 다수자, 일본 국가와 소수자인 우리라는 이항 대립으로만 보게 됩니다. 이항 대립의 구도가 여전히 존재하고 있기 때문에 잘못이라고 말할 수 없고 전 세계적으로 이런 구도가 여전히 많이 존재합니다. 역사적으로 볼 때도 그렇고 베트남, 알제리, 팔레스타인도 그렇습니다. 하지만 조금 더 시야를 넓혀서 볼 때 이것을 어떻게 불러야 할까 고민이 됩니다. 그냥 소수자minority라고 부른다면 국가 구도를 전제하게 됩니다. 하나의 국가 내의 소수자가 되는 것이지요. 그리고 우리 자신을 해방된 민족이라고 한다면, 종주국 내에 남아 있는 사람들은 뭐라고 불러야 하는 것인지, 그들은 어떤 위치를 점하고 있는 것인지가 불투명하게 됩니다. 저 자신도 바로 1997년 무렵에 '재일 조선인은 네이션인가 마이너리티인가'라는 주제를 가지고 일본의 역사학 연구회에서 발표했던 적이 있습니다. 해방 이후에 재일 조선인들에게는 두 가지 길이 있었습니다. 하나는 '국민'이라는 길이었는데 이는 일본 국민이 되자는 것보다는 귀국해서 분단된 나라를 통일시키고 온전한 통일국가의 국민이 되자는 것이었습니다. 역으로 조국의 국민이 되는 길은 요원하기 때문에, 암울하지만 일본 국민이 될 수밖에 없다는 사고도 있었습니다. 국민이 되는 길은 이 두 가지 중에 하나를 선택하는 것 말고는 대안이 없는 양자택일적인 사고였지요. 하지만 다른 하나의 길인 '소수자'로 사는 길이 있었습니다. 우리는 어차피 일본 사회에서 태어나 살아가고 있으니 일본에서 민족적 소수자로 살면서 일본의 삶을 조금 더 다문화적이고 다원화된 사회로 바꾸기 위해서 노력해야 한다는 것입니다. 이 두 가지 길이 서로 대립적인 것인지, 아니면 어느 한쪽만을 선택해야 하는 것인지가 그 당시 나의 질문이었습니다. 전자인 국민의 길을 선택하게 되면, 일본 사회에 대해 소수자로서의 권리, 예를 들어 언어의 권리나 투표권에 대해서는 별로 관심을 두지 않습니다. 조총련은 이런 문제에 관심이 적었지요. 이해가 가지 않는 바는 아닙니다. 일본 '국민'도 아니고 영원히 일본에 살 것도 아니며, 따라서 자신의 조국을 더 좋은 곳으로 만드는 것이 올바른 과제라고 생각을 한 것입니다. 후자인 소수자를 선택하는 입장에서는 국민이 되고자 하는 바로 그 국가가 우리와는 별로 상관이 없고, 가본 적도 없고, 조선말도 못하고, 그러니까 그 국가를 통일시키자고 하는 것은 별로 실현 가능성이 없는 얘기입니다. 그래서 차라리 일본 사회를 조금 더 좋은 방향으로 만들자는 생각을 갖게 됩니다. 사실 이 두 가지 입장이 대립적인 것인지, 아니면 깊이 연관된 것은 아닌지 하는 것이 당시 저의 고민이었습니다. 1997년에 이런 문제를 제기했을 때, 네이션인가 소수자인가 하는 질문에 대해 저는 '네이션이다'라는 결론을 내렸습니다. 이때의 네이션은 아주 협소한 고정적 개념이 아니라 디아스포라적인 다원화, 그리고 식민지 지배를 받아온 디아스포라의 역사적 맥락을 바탕으로 이런 맥락을 의식하는 그런 국민을 말합니다. 이런 틀에 따라 조국도 바꿔야 하고 일본도 바꿔야 한다고 생각했던 겁니다. 이 두 가지 과제를 하나의 과제로 인식하고 이를 자신 속에서 철저히 의식하는 사람으로서 우리를 상상했던 것이지요. 이 얘기는 우리나라에서도 번역되어 있고, 독자들은 이를 어떻게 생각하는지 궁금하지만 1997년 당시만 해도 디아스포라라는 용어는 안 썼습니다. 아까 말씀드렸듯이 1998년 무렵부터 디아스포라라는 말이 많이 나오기 시작하면서 디아스포라가 무슨 말인지, 이 개념으로 어떻게 사고해야 할지를 생각했고, 그러면서 '아! 우리만은 아니구나. 이런 문제 앞에서 고민하고 길을 모색하고 있는 사람들이 세계 곳곳에 많이 있구나'라고 느꼈습니다. 그때부터 디아스포라라는 단어를 쓰기 시작했던 겁니다.

민족적 소수자에서 민족의 경계에 선 디아스포라로

김용규 그것은 디아스포라에 대한 하나의 짧은 단절 혹은 인식의 전환 같은 것이 될 것 같군요. 소수자의 문제를 국민이나 민족 중심의 특수한 현실 속에서만 바라보다가 이제 이 문제를 넓혀서 보편적으로 바라보는 차원으로 나아가는 것이죠.

서경식 맞습니다. 그때까지만 해도 앞서 말한 두 가지 길 외에 사고할 수 있는 개념적 도구가 없었습니다. 그리고 이 두 가지 길의 부정적인 측면들이 많이 나타났습니다. 그 무렵 저에게 곳곳에 존재하는 디아스포라의 존재들이 눈에 들어왔고, 우리가 공유하고 있는 처지의 보편성도 보이기 시작했던 거죠. 이런 보편적인 맥락 속에서 우리의 문제도 인식하고 해결해나갈 방안을 고민해야 했습니다. 아무튼 디아스포라가 민족이나 계급 개념을 교체하는 용어가 아니라 기존의 개념들을 새로운 시각과 다른 각도에서 볼 수 있는 개념으로 등장하기 시작했던 것이죠. 그렇게 사고하면서 디아스포라라는 용어의 유효성을 느끼기 시작했는데, 사실 비판도 많이 받았습니다. 많은 사람이 아까 말씀드린 두 가지 길 중에 전자가 옳다고 생각했기 때문입니다. 저도 그것이 옳은 길이었다고 생각합니다. 지금은 재일 조선인이지만 귀국해서 '국민으로 살아야 한다', '그 길만이 민족이 당한 식민 지배 경험에서 해방되는 길이다'라는 것이었죠. 하지만 귀국해야 하는데 나라가 분단되어 있죠. 우리는 원래 이 나라에서 태어난 사람들과 처지가 조금 다릅니다. 어느 쪽으로 귀국해야 할지 모르는 것이죠. 아시다시피 1960~1970년대에는 '그래서 통일시켜야 한다', '통일되어야 한다'는 사고를 갖고 통일 운동에 참여한 재일 조선인이 많이 있었습니다. 이런 사고를 가진 사람들이 볼 때, 디아스포라가 무엇이냐 하는 그런 비판도 있었지요. 저는 그런 비판을 겸손하게 청취했습니다. 그러면서도 디아스포라라는 개념을 사용한 것은 일본과 조선, 조선 민족 간의 문제만이 아닌 더 넓은 시야의 필요성 때문이었지, 나라가 통일되어야 한다거나 식민 지배에서 해방되어야 한다는 원칙이나 목적을 포기하는 것은 아니라고 지금까지도 얘기하고 있는데, 어떻게 이해되고 있는지 잘 모르겠습니다.

개인적인 얘기를 좀 더 하자면, 제 나이가 거의 마흔이 되었을 때 두 형이 석방되었는데, 그 전까지만 해도 이 나라는 군사정권 시절이었고 '나도 한국에 귀국해서 뭔가를 해야 살 만한 인생이 되겠다, 그냥 대충 먹고살기만 하면서 일본에서 지내다가 인생을 마쳐선 안 되겠다'라는 생각을 많이 했습니다. 그런데 형들이 풀려났을 때 제 나이는 거의 마흔 살이었습니다. 이 나이가 되어 이 나라에 오면 무슨 할 일이 있겠는가 하는 생각이 들었습니다. 인생은 짧은 것 같습니다. 개인의 시간과 사회적·역사적 시간에는 차이가 있지요. 그 무렵부터 저도 일본 사회에서 대학 강사도 하고 글도 쓰기 시작했습니다. 물론 소수자로 살겠다는 각오를 했다고 말하면 어폐가 있습니다. 디아스포라적인 시각을 받아들이고 일본 내 소수자로 살면서도 조국의 역사나 학계 쪽과 관계를 맺으면서 사는 길을 모색하기 시작했고, 결국 지금처럼 된 것이죠.

김용규 디아스포라를 일반화하기는 어려울 것 같습니다. 다른 지역과 달리 선생님이 처해 있는 맥락과 위치가 좀 뭐랄까 특수하지 않습니까? 중국 연변이나 미국의 디아스포라와는 위치나 맥락이 다르다는 말입니다. 어떤 의미에서 일본 사회 안에서의 차별이 심한 편이었고, 또 형님 두 분이 국민이 되고 싶은 길을 선택했지만 이 사회의 정치권력이 안 받아준 셈이죠. 이런 과정 속에서 선생님의 위치와 맥락이 설정되어버린 것 같습니다. 선생님 본인의 입장에서는 일본 국민이 되는 길도 한국 국민이 되는 길도 쉽지 않았을 것이고 그러면서 선생님의 특정한 위치나 맥락이 형성되어버린 것이죠. 이 형성 과정이 저희에게 매우 독특한, 근대국가 안에서도 그렇지만, 매우 남다른 느낌이 들거든요.

서경식 지금 말씀해주셨지만 '국민'이라는 것이 키워드라고 생각합니다. 최근 〈레미제라블〉이라는 영화가 유행하고 있는데, 우리가 이 시대에 디아스포라에 관해 말할 때 국민은 매우 중요한 의미와 기능을 갖습니다. 프랑스혁명으로 인해 그때까지 유지되어온 신분제가 해체되고 모두가 국민이라는 의식이 형성되었지요. 그런데 프랑스혁명 자체가 모두가 시민이라고 선언했음에도 국민과 국민이 아닌 사람 간의 차별을 만들어내기 시작합니다. 거기서 국민 중심주의 같은 것이 생겨

낳고, 인간의 보편적 권리를 주장하면서도 그 주장은 국민이라는 틀 속으로 수렴되어가기 시작했던 겁니다. 프랑스혁명은 결국 부르주아 자유주의적 혁명이었습니다. 그 무렵 알제리에 대한 침략이 시작됩니다. 최근에도 알제리에서 테러 사건이 일어났고 일본인도 몇 사람 죽었는데 알제리 역사는 프랑스가 침략한 역사의 결과와 무관하지 않습니다. 서양 제국주의자들이 제멋대로 국경선을 긋고 여기는 알제리다 하니까 알제리가 된 것이지요. 200년이 지나면서 프랑스라는 유럽적 틀 내에서 볼 때는 치열한 투쟁의 결과로 조금씩 자유주의가 성취되었지만, 알제리 같은 식민지에서는 여전히 식민주의와 자유주의가 양립하기 힘들었습니다. 근대라고 말할 때 그것이 후진적인 단계에서 좀 더 선진적인 단계로 옮아가는 것이라고 한다면, 식민지에서는 그렇지 않습니다.

우리 역사도 식민 지배를 받아왔고 해방이 되고 분단이 되는 경험을 했습니다. 그 과정에 국민이 되는 과정도 있었습니다. 지금 대한민국 국민이라는 것에 출발점을 두고 '우리 국민'이라고 말하지만 이것은 불과 100년이 조금 넘은 역사이고, 세계적으로 볼 때도 서양 선진국과 일본 정도가 그 틀에 부합하지 다른 나라의 사람들은 그렇지 않습니다. 선생님도 얘기하셨듯이, 제가 갖고 있는 것이 어떻게 보면 아주 특수하고 고유한 경험이라고 할 수도 있지만 그것은 국민의 바깥에 있는 사람, 즉 국가가 사람을 국민화하는 과정 속에 포함되지 못한 사람의 경험이라고 할 수 있습니다. 이 경험을 디아스포라라고 부르는 것이 적당한지는 잘 모르겠습니다. 19세기 이후 국민화의 과정을 자연스럽고 당연한 일로 바라보는 사람들에 대한 대안으로, 좀 더 강하게 말해, 일종의 저항으로서 디아스포라적인 시각이 중요한 문제 제기가 될 수 있지 않나 하는 것이 제 입장입니다.

차별을 넘어서는 새로운 보편성

김용규 디아스포라의 정의와 디아스포라에 대한 선생님 자신의 인식 변화에 대해 잘 말씀해주신 것 같습니다. 맥락, 위치, 경계, 이런 개념에 근거하다 보면 당연히 디아스포라의 위치는 소수자의 그것일 수밖에 없는 것 같고, 특히 '차별'이라는 키워드가 디아스포라의 핵심적 부분이 아닐까 생각해봅니다. 차별의 문제 때문에 디아스포라는 서벌턴과 유사한 지위도 갖는 것 같습니다. 차별과 보편성의 문제를 조금 더 추가해주시면 좋겠습니다.

서경식 한국에 대해서는 잘 모르지만 일본에는 물론 온갖 차별들이 있습니다. 전근대적 차별은 주로 신분제에 근거하는 불합리한 차별이었습니다. 사무라이가 있고, 농민이 있고, 장인이나 상인이 있고, 이 세 신분 아래에는 비인간, 즉 인간이 아닌 비인非人 계층이 있습니다. 광대나 주로 가축을 죽이는 백정과 같은 사람들이죠. 이들이 비인간 취급을 당하는 것은 살생을 금기시한 불교 신앙과 깊은 관련이 있습니다. 국가가 근대화되고 사회도 근대로 접어든다고 해서 이와 같은 전근대적인 차별이 자연스럽게 사라지는 것은 아닙니다. 지금도 전근대적 차별의 어떤 부분은 그대로 남아 있기도 하고 그 모습을 바꾸면서 남아 있는 경우도 있습니다. 제가 말하고 싶은 것은 그러한 차별은 지금도 존재하면서도 전근대적인 차별에 대한 부정적 인식이 공유되고 확산되니까 이제 비국민에 대한 국민의 차별로 바뀌게 되었다는 것입니다. 유럽도 마찬가지입니다. 19세기 이전 프랑스혁명까지만 해도 유대인에 대한 종교적·신분적 차별이 있었습니다. 바로 셰익스피어의 『베니스의 상인』이 이를 잘 보여줍니다. 이런 차별을 금하는 법도 만들어졌고, 그것이 부당하다는 계몽주의적 사고도 공유하게 되었으며, 차별을 타파하는 프랑스혁명도 일어났지만 그렇다고 이런 차별이 모두 사라진 것은 아닙니다. 오히려 나치즘의 형태로 더 심하게 나타나기도 했지요. 이미 말씀드렸듯이 19세기 국민의 형성 과정에서 '기독교 주류가 국민이다', '유대인도 국민으로 편입되었지만 마음에 안 들면 언제든지 추방할 수 있다', '너희는 국민으로서의 마땅한 의무를 하고 있느냐' 하는 식의 압력이나 시선을 견디며 살아야 했기 때문에 국민과 비국민의 차별이 강하게 만들어졌지요. 예를 들어 펠릭스 누스바움Felix Nussbaum이라는 독일 화가가 있는데, 그는 20세기 초반에 독일 국민으로서 태어났습니다. 유대인이 국민이 된 것이 1871년이니까 국민이 된 지 아직 30년 정도밖에 안 됐죠. 젊은 때는 모르지만 30년이면 얼마 안 되는 기간입니다. 30년 전만 해도 국민이 아니었던 사람이었죠. 자신은 독일 국민으로 태어났고 독일 국민이라고 생각했지만 독일인의 시선은 그렇게 보지 않았습니다. 나치즘과 제1차 세계대전을 거치면서 "유대인들 때문에 우리가 졌어"라고 말하면 다수의 국민들은 그런 말에 동의하지는 않았지만 무의식적으로 의심의 시선을 던지고 있었습니다. 하지만 누스바움은 이해를 못 합니다. 왜 내가 소외당해야 하는가? 이해하지 못하는 데는 나름의 이유가 있었습니다. 그는 자신의 유대인적 맥락을 적극 포기했기 때문이죠. 누스바움의 아버지 같은 경우는 국민으로 인정받기 위해 독일군에 자원했고, 훈장을 받기도 했습니다. 이런 사례는 많았습니다. 하지만 나치즘은 이를 거부했습니다. 유대인들이 '우리도 조국에 기여했다', '제1차 세계대전 때 정말 많은 유대인이 독일과 함께했다'는 것을 이를테면 자신들의 신분적 차원에서 내세워도 인정해주지 않았습니다. 국민이 되는 과정은 이와 같았습니다. 그러니까 비국민에 대한 차별이 신분제가 있었던 시절의 차별이나 과거의 차별과 무관한 것이 아니라 함께 남아 작동하고 있습니다. 일본이나 한국에서도 그런 식으로 얘기하는데, 사실 차별이라는 것이 없어지기 정말 힘든 일이고, 자유주의자와 민주주의자도 얼마든지 차별주의자가 될 수 있다는 것을 알아야 합니다. 그렇다면 보편성이라는 것을 전근대적인 신분제적 차별에 대한 근대적이고 계몽적인 차원의 얘기로만 인식하는 것은 한계가 있다고 봅니다. 자신도 알지 못하는, 즉 자각할 수 없는 그런 차별들을 극복하는 새로운 보편성을 모색하려는 노력이 우리에게 필요하다는 것이 제 생각입니다. 에드워드 사이드Edward Said가 '새로운 보편성'이라는 제목으로 글을 쓴 적이 있습니다. 『문화와 제국주의Culture and Imperialism』에 대한 해설 성격의 논문이었는데 1990년대에 그 글을 읽으면서 많이 배웠습니다. 유럽의 다수자들이 자신들의 내부에서 스스로 자신이 차별적이었음을 의식하는 것을 기대하기는 어려웠고, 항상 타자나 소수자와의 만남이나 힘든 대화를 통해 그 차별성을 깨닫게 된다는 것입니다. 말씀하신 나 자신의 고유한 위치에서 이런 얘기를 하는 것도 일본에서는 일본 사람의 다수자, 국내에서는 한국인 다수자와의 대화와 만남을 통해 새로운 보편성을 모색해가는 과정이라고 생각하고 있습니다. 그렇게 할 때 매우 희박한 가능성이겠지만 계몽주의의 한계를 넘어서는 새로운 보편성을 우리가 찾아낼 수 있지 않을까요.

김용규 중요한 지적입니다. 프랑스혁명도 시민혁명이었지만 실제는 시민혁명이 생각했던 보편적 인권의 문제와 다른 방향으로 나아갔고, 이후 시민에서 국민으로 이행해가면서 오히려 제3세계나 비서구에 대해 매우 차별적이고 폭력적인 제국과 식민의 관계를 강요했습니다. 그 유산이 지금까지도 계속 이어져오고 있지요. 선생님께서 말씀하신 부분들은, 제가 볼 때, 매우 특수하면서도 그렇기 때문에 보편적인 지점, 이 지점에 대한 반성에서 새로운 보편성이 가능하다는 것이죠. 과거에는 이 지점이 항상 특수하고 개별적인 현실을 넘어서는 초월적인 시각, 어떤 의미에서 정말 자신의 구체적 맥락에 발을 두지 않는 그런 지점에서 봤던 보편주의였으며, 이런 보편주의에는 근대 이후 서양인들의 유럽 중심주의적 시각이 전제되어 있지요.

서경식 서양인, 특히 프랑스인들은 보편성을 얘기할 때 자신의 보편성에 대해서는 의심하지 않는 경향이 있습니다. '나는 보편이고 너는 특수다' 하는 그런 인식인데 그게 아니라는 것을 가르쳐야 합니다. 제가 오늘 오후에 '세계시민주의와 디아스포라'를 주제로 강연을 해야 하는데 그 내용을 조금만 소개해드리겠습니다. 일본의 칸트연구회에서 출간한 『세계시민의 철학』이라는 책이 있는데, 거기에 시카모토모 교수의 「왜 칸트 혼자만 코즈모폴리터니즘인가」라는 논문이 있습니다. 아주 흥미로운 논문입니다. 이 글에는 칸트에게 이미 타자에 대한 인식이 있었다는 것과 타자에 대한 존중, 그러니까 영구 평화를 다루는 조항에 코즈모폴리턴에 대한 얘기가 담겨 있고 거기에서 타자에 대한 존경을 말하고 있다는 내용이 나옵니다. 타자에 대한 존경은 흔히 얘기하는 사랑, 애정, 친애의 감정과는 근본적으로 다르다고 합니다. 여기서 말하는 존경이란 가족, 연인, 같은 동네 사람처럼 자신에게 익숙하거나 친한 사이, 가까운 사이에만 일어나는 것이 아니라는 것이죠.

타자는 모르는 사람으로서 무조건 존경해야 하는 것, 즉 불편하더라도 그것을 의무로 지켜야 세계 평화를 지킬 수 있다고 주장하는 것이 칸트적이라는 것입니다. 이는 루소나 헤겔과는 완전히 다릅니다. 시카모토모 교수의 표현에서 아주 흥미로웠던 것은, 가령 사랑을 받을 권리가 없더라도 모든 사람은 존경받을 권리를 갖고 있다는 것입니다.

시카모토모 교수는 "이 권리, 이 의무야말로 인간성의 기반이다. 알고 있고, 친하고, 사랑스럽기 때문에 존경하는 것이 아니다. 사랑과 달리 존경의 기준은 자기에게 있는 게 아니라 타자에게 있다"라고 말합니다. 자기를 기준으로 생각하면 안 된다는 거죠. 그러니까 "자기를 존중한다는 감정을 차단하는 것이 필요하고, 원칙적으로 타자에 바탕을 둔 자기의 한계를 깨달아야 평화를 지킬 수 있다. 그 타자는 자기와는 다른 타자여야 하고 자기의 가치를 비추어주는 거울이 된다"라는 것입니다. 칸트가 이렇게 얘기하고 있다는 것이 시카모토모 교수의 지적이죠. 타자의 사상은 19세기 말과 20세기 초부터 있었습니다. 프랑스혁명 이후 신분제가 해체되면서 앞으로 어떤 사회를 만들 것인지를 고민하면서 국가를 강화해야 한다는 식의 해결책이 강조되었는데, 칸트는 달랐습니다. 칸트의 구상은 거대한 것은 아니었고 소극적이기도 했지만 새삼 배울 바가 많았습니다. 우리에게는 좋은 참조가 될 것 같습니다. 지난 200년을 하나의 과정으로 볼 때 '국가'나 '국민'이라는 개념이 너무 절대시되었는데, 이런 기준으로만 사고한다면 앞으로 나아가는 데 많은 한계를 가질 수밖에 없습니다.

보편성도 디아스포라에 대해서 제가 말씀드린 것과 비슷하게 '이것이 보편성이다', '나는 보편적이고 너는 그렇지 않다'는 식으로 말해선 안 되고, 이러한 대화와 충돌 속에서 새로운 보편성을 찾아내는 작업이 중요합니다.

김용규 선생님 말씀을 통해 이해할 때, 현재 어떤 의미에서 우리 모두는 디아스포라적 측면이나 요소를 갖고 있다고 말할 수 있을 것 같습니다.

서경식 조금 보충해서 말씀드리지요. 저는 우리 모두가 디아스포라적인 측면과 요소를 갖고 있다고 보는 것이 옳다고 생각합니다. 그렇지만 '우리 모두가 디아스포라다'라고 말할 경우에는 문제가 될 수 있다고 봅니다. "아! 선생님 말씀 잘 들었습니다. 나도 디아스포라입니다"라고 말하는 사람들과 만날 때가 종종 있습니다. 중요한 것은 나 자신이 과연 디아스포라인지 늘 자각하고 의식하고 고민하고 있어야 한다는 겁니다. 적당한 비유인지는 모르겠지만 프리모 레비Primo Levi는 "진짜 증언자들은 다 죽고 말았다. 내가 그 사람들을 대신해서 증언하고 있는데 나 자신이 참된 진짜 증인인지 의심스럽다"라는 얘기를 합니다. 증언자와 디아스포라의 처지는 다르기는 하지만, 말을 못 한다고 할 때 말을 하고 있는 나는 누구인가, 항상 자신의 목소리를 내지 못하는 사람들을 의식하면서 내가 그들을 대변할 수 있을까 생각하는 것입니다. 이처럼 중간, 사이, 경계에 서 있는 내가 맡아야 할 역할과 책임을 늘 의식하는 것이 저 같은 디아스포라의 처지인데, 일반의 보통 다수자가 "선생님 나도 디아스포라입니다"라고 한다면 과연 그렇다고 해야 할지 모르겠습니다. 특히 보통 사람들의 일반 대화에 나오는 것이 아니라 생산적이고 연구적인 차원에서 디아스포라라는 용어를 쓸 때는 아주 조심스럽게 써야 한다고 생각합니다.

이것이 한 가지 지적하고 싶은 것이고, 두 번째 지적하고 싶은 것이 있습니다. 특히 한국에서 "나도 디아스포라다"라고 말하는 사람들을 자주 만나게 됩니다. 일본에서 그런 말을 하는 사람을 만나기는 어렵습니다. 그런 자각도 없고 디아스포라라는 말 자체도 그렇게 일반화되어 있지 않습니다. 한국에서 그런 사람들을 만날 때 그렇다고 제가 불쾌하거나 불만을 느끼는 것은 아닙니다. 19세기부터 지금까지 이 나라의 역사를 돌아볼 때는 이 나라 대다수 사람이 식민지 지배를 겪었고, 분단된 나라의 고통을 경험했고, 가까운 친지나 사람들 중에 몇 명은 일본, 미국, 중국에서 살고 있는 처지이기 때문에 디아스포라라는 전제를 피부로 느낄 수 있는 존재들이라고 생각합니다. 한국에서는 국민이나 민족이라는 가치를 많이 강조하지요. 가령 "독도는 우리 땅이다"라고 말할 때도 우리를 다시금 생각할 필요가 있습니다. 이는 일본의 다수자가 한국 사람들이 너무나 민족주의적이라고 말할 때와는 다른 차원이라고 생각합니다. 제가 말하고 싶은 것은 민족이나 국민을 너무 강력하게 희구하는 심리적·정신적 구도를 의식하는 것이 필요하다는 것입니다. 일본에서는 마치 공기나 물처럼 국가가 아주 자연스럽게 침투되어 있는 데 비해, 이 나라 사람들은 다른 나라의 식민 지배를 받았고, 지금도 나라가 분단되어 있으며 앞으로는 통일되어야 한다고 생각합니다. 요컨대 국가를 앞으로 만들어가야 하는, 즉 대한민국이라는 국가를 세워야 하는 인위적인 과정도 알고 있기 때문에 국가와의 거리감을 얼마간 느끼고 있다는 것입니다. 이런 거리감 때문에 디아스포라의 존재에 대해서도 공감할 만한 분위기나 토대가 있는 겁니다. 내가 『디아스포라 기행』과 같은 책을 냈을 때도 이 나라와 일본에서의 반응은 분명히 차이가 납니다. 조금 고약하게 말하면 일본에서는 '특수한 처지에 있는 재일 조선인이 그 특수한 처지를 강조하며 팔아먹고 있을 뿐이다'라고 말하는 사람도 있고, 양심적인 사람의 경우에는 '우리와는 다른 약자가 외치고 있는 것이니까 성실하게 들어봐야 한다'는 정도지요. 하지만 여기에선 다릅니다. 여기서는 "나 자신도 디아스포라다"라고 말하는 사람을 만났을 때도 "그럼 어떤 맥락에서 그런 말씀을 하시는지 한번 토론해봅시다"라는 식으로 대화를 시작할 수 있는 것이죠.

김용규 한국 사람들이 서구 세계에 나가서 자신의 여러 가지 경험을 말할 때, 일본만이 아니라 서구의 많은 사람은 우리의 담론이 굉장히 민족주의적이라고 말하는 경우가 많이 있습니다. 하지만 '너희는 민족적이다'라고 말할 때 그 전제가 문제가 될 수 있다고 봅니다. 즉 자신들은 매우 보편적이고 민족을 넘어선 위치에 있는 것처럼 생각하는 반면에 우리는 여전히 지방적이고 지역적이고 민족적인, 그래서 아직까지 그것을 벗어나지 못했다는 식의 전제가 깔려 있는 경우가 많습니다. 선생님 말씀을 들어보면 역설적이지만 그것이 뒤집어져 있는 것을 느끼게 됩니다. 우리는 민족을 말하지만 그 틈새와 인위성을 같이 이야기하고자 하는 것인 데 반해, 그들은 마치 '민족'을 당연한 것으로 받아들인 채 오히려 자신들은 섣불리 그것을 극복했다고 말하는 경우가 의외로 많은 듯합니다. 선생님이 지적하신 부분에 크게 공감이 갑니다.

서경식 그것이 바로 사이드가 비판한 서양의 제국 중심주의의 시선과 같은 것입니다. 이어서 말씀드리면요, 여기서 디아스포라라는 말이 어느 정도 유행하고 있다고 하더라도 그 양면성이 있다는 것을 깨닫고, 아까 말씀드렸듯이 조심스럽게 사용해야 합니다. 물론 대학 강단에서는 이 용어를 보편주의적 개념으로 사용하는 사람들도 있습니다. 이 경우 디아스포라를 이미 국민국가나 국민주의의 시대를 넘어서는 존재로 착각하여 국민이나 국가주의의 과정을 모두 생략해버리는 경우가 있습니다. 이런 태도는 맥락을 무시하고 디아스포라를 잘못된 방식

으로 보편화하는 것이지요. 계속해서 맥락을 얘기했는데 이렇게 된 것
도 모두 맥락이 있어서 그런 것이니 맥락을 제대로 봐야 나아갈 수 있
습니다. 어떻게 해서 이렇게 된 것인가? 예를 들어, 우리와 식민지 종
주국인 프랑스나 일본과 다른 위치가 있다면 왜 그러한 위치가 생겨났
는가, 거기에 다른 이유는 없는가, 이런 문제들을 풀어가야 하는데, 디
아스포라 개념을 고전적 개념처럼 다루면서 '나는 디아스포라적 시각
으로 볼 수 있는데, 너희는 여전히 민족주의적인 단계에서 벗어나지
못하고 있다'는 식으로 이야기해선 안 된다고 봅니다.

김용규 그것 자체가 또 다른 차별의 논리가 되겠죠.

서경식 1990년대 냉전이 종식된 후 세계화의 단계로 들어가면서 오
히려 이런 경향은 더 강화되고 있습니다. 1960년대는 민족 해방의 시
대였습니다. 식민지인들이 모두 독립하고 한창 민족주의가 인기를 끌
던 시대에는 침묵하고 있다가, '너희는 결국 스스로 경영할 능력이 없
었다. 다시 우리가 가서 너희를 경영해야 한다'는 식으로 공공연히 이
야기하기 시작한 것은 1990년대 이후입니다. 이를 사상적으로 뒷받침
하고 있는 것이 보편주의입니다. 자신들은 보편적인데 너희는 그렇지
않다는 식이지요. 어렵기는 하지만 우리는 이런 논리에 저항할 필요가
있다고 봅니다.

서민정 이제까지 디아스포라에 대한 선생님의 문제의식을 많이 들려
주신 것 같습니다. 다시 우리 현실로 돌아와서 디아스포라가 한국 사
회에 어떤 의미를 던져줄 수 있는지에 관해 말씀해주시면 감사하겠습
니다.

서경식 지금까지 여러 번 글로도 썼습니다. 여전히 한국 사회에서도
국가주의적 사고방식이 아주 일반화되어 있는 것 같습니다. "같은 국

민인데"라든가 "우리도 국민 취급하라"라든가 하는 말들을 자주 쓰지
요. 그런데 국민이 아니면 과연 인간이 아닌가? 국민이 아니었던 역사
가 매우 길었고 또한 힘든 역사였기 때문에 이해할 부분도 있다고 봅
니다. 저는 이런 사고방식을 극복하기 위해서는 이제 국민이라는 개념
으로는 안 된다는 식으로 주장하려는 것이 아니라, 왜 우리가 그러한
사고방식을 갖게 되었는가, 거기서 벗어날 수 있는 방안은 무엇인가에
관해 대화를 해야 한다는 것입니다. 물론 쉽지가 않습니다. 그래도 저
는 한국 사회에 대해서 주문해야 할 것이 많이 있다고 생각합니다. 어
렵다고 하더라도 일본 사람보다 사고가 젊은 쪽이어서 희망이 보입니
다. 일본은 선택지가 매우 좁고 야당조차도 국가주의, 아니 그보다도
극우주의에 가깝습니다. 좀 다른 이야기가 되어버리지 않았는지 모르
겠습니다.

디아스포라와 언어

서민정 디아스포라 인터뷰라든가 대담을 통해서 느낀 부분이었는데,
걸림돌이면서도 돌파구가 되었던 것이 언어였고 그 표현 방식이었습
니다. 제가 볼 때 디아스포라와 언어의 관계가 매우 중요할 것 같습니
다. 선생님께서는 이 부분에 대해 직접적으로 이야기한 적이 없으신데
이 부분에 대해 여쭙고 싶습니다.

서경식 제가 여기서 보충해서 말씀드리고 싶은 것은 자멘호프Ludwig
Lejzer Zamenhof라는 사람입니다. 자멘호프는 디아스포라였습니다. 그
는 러시아 제국주의가 지배하던 폴란드에 살던 유대인이었습니다. 거

기에는 다수의 민족이 살고 있었고 또 19세기 국민국가들이 세워지면서 서로 전쟁을 벌이고 있던 사회였기 때문에, 그는 에스페란토를 생각하게 됩니다. 이는 디아스포라의 사고방식과 관련이 있습니다. 강대국의 국민이라면 자신의 언어로 지배하려고 합니다. 이와 달리 자멘호프는 에스페란토를 생각했는데, 그의 생각은 새로운 세계국가를 건설해서 거기에서 공용어로 에스페란토를 쓰자는 것이 아니라 각 민족은 자신들의 언어를 사용하면서 공통어로 에스페란토를 쓰자는 것이었지요. 알고 계시겠지만 일본에는 하세가와 데루長谷川テル라는 훌륭한 여성 반전 운동가가 있었습니다. 그녀도 에스페란토 주창자였습니다. 전쟁 전 일본은 아주 어려운 사회였는데 시종일관 그녀는 평화주의와 반전을 주장했지요. 그 시대에 반전주의를 주장한 사람들 중에는 에스페란토 주창자가 많았습니다. 하세가와 데루는 중국인 유학생과 결혼했고, 일본과 중국 간에 전쟁이 발발하자 남편과 같이 중국으로 건너갑니다. 그런데 그냥 남편을 따라간 것이 아니라 중국에서 매우 적극적으로 반전 운동에 참가했으며, 일본 국민에 대한 반성으로 "지금 이 전쟁은 바로 침략 전쟁이다. 얼마나 많은 난민이 발생하고 있는지 아느냐"라고 일본의 침략을 반성하기도 했습니다. 하세가와 데루의 아버지는 전형적인 국가주의자였는데 신문 인터뷰에서 "그 아이와 나는 관계가 없다"라고 말하기도 했지요. 하세가와 데루는 일관되게 자신의 입장을 유지했습니다. 그런데 중국에서 그러한 활동을 펼치고 있을 때 데루는 에스페란토 주창자였던 안중근 의사의 조카인 안우생安偶生과도 서로 교류가 있었습니다. 낭만적인 이야기처럼 들릴지 모르지만 의미 있는 것은 일본인, 중국인, 조선인이 자신의 민족어와 국민어를 뛰어넘어 함께 만나서 이렇게 공동적인 공간을 만들었다는 것입니다. 하

세가와 데루는 살아서 해방을 맞이했지만 해방 후 중국 내전 때 죽었지요. 하세가와 데루와 같이 일하던 신노스케라는 남성이 있었는데, 그는 나중에 일본으로 귀국하여 1960년대 베트남전쟁 당시 미국이 베트남 북부를 공격하자 일본 소재 미국 대사관 앞에서 분신자살했습니다. 그도 에스페란토 주창자였습니다. 왜 이런 이야기를 하느냐 하면, 일본에는 소위 진보적 사상가, 좌파 지식인, 혹은 사회주의자 들이 여럿 있습니다. 지금도 물론입니다. 하지만 이런 사람들은 냉전 체제가 무너졌다든가 스탈린 체제가 무너졌다든가 하면 이럴 때마다 크게 동요합니다. 이데올로기적으로 사고하기 때문입니다. 하지만 에스페란토 주창자나 소수자는 그들이 처한 위치 때문에 흔들릴 수가 없어요. 물론 국가를 상대로 이겨낼 수는 없었지만 그래도 '아! 인간에게 이런 가능성이 있구나' 하는 것을 보여줍니다. 이것은 일견 언어 문제처럼 보이지만, 19세기와 20세기에 언어라는 행위를 통해서 국민을 구별하고 차별하고 또 그것을 기준으로 한 국민이 다른 국민을 지배하는 그런 구도에 맞서 근본적으로 저항한 사람들이 있었음을 말해줍니다. 칸트도 이야기하고 있습니다. 관건이 되는 것은 지역과 언어의 한계를 넘어설 수 있는가입니다. 그동안 우리는 하루속히 자신들의 구어에 익숙해져야 한다, 구어를 배워야 한다, 구어를 유창하게 써야만 국민이 될 수 있다고 생각했고 저도 그렇게 생각했습니다. 노력이 부족해서 그렇게 하지 못한 채 나이를 먹었지만 말이죠. 하지만 이런 점도 부정할 수 없지만 국어 이데올로기를 벗어나서, 즉 지금까지 말씀드린 이야기를 바탕으로 해서 새로운 언어적 연대를 구축하는 것이 필요합니다. 이 나라의 국가주의도 비슷합니다. 조선어도 억압을 받았기 때문에 조선어를 지켜야 한다거나 조선어의 아름다움을 강조하는 심정은 충분히 이해하지만 이는 국어만으로는 불가능합니다. 국어와는 다른 언어들, 그리고 국어와는 다른 가능성을 보여주고 있는 언어를 가진 사람들까지 포함할 수 있는 언어 사회를 만들어야 합니다. 그 길은 반드시 소수자나 약자를 위한 차선의 차원이 아니라, 그것을 통해 다수자의 한계도 동시에 넘어서는 방향으로 만들어가야 합니다.

서민정 우리 안에서도 방언의 문제가 있기 때문에 조금 확대하자면 그런 문제까지 갈 수 있다고 볼 수 있습니다.

김용규 우리 주변에는 부산 사투리가 정말 아름답다고 말하는 사람들이 종종 있습니다. 사투리라는 말 자체가 표준어에 대한 부정적인 함의를 담고 있는 이데올로기적 정의라고 한다면, '사투리는 아름답다'고 말할 때 아름답다는 것조차 이데올로기적일 수 있습니다. 다시 말해, 사투리라고 폄하하면서 '사투리는 아름답다'고 말하는 이중적인 태도로 발현되는 그런 상황이 너무 많습니다. 이것은 동전의 양면입니다.

디아스포라, 어떻게 연구할 것인가

서민정 디아스포라 학회와 대담은 저희로서도 새로운 시도였습니다. 저희 연구소에서 기획한 디아스포라 대담과, 대담집의 의미와 가치에 대해서 말씀해주시면 감사하겠습니다.

김용규 덧붙여 질문하자면, 사실 디아스포라를 대상화시키는 연구가 곳곳에서 일어나고 있는 것 같습니다. 거기에 대해서도 조언을 해주시면 감사하겠습니다. 선생님께서 보실 때 우리가 어떤 식으로 디아스포라를 연구하는 것이 바람직할까요? 조금 전에 말씀하신 것과 연결되는 얘기입니다. 서벌턴에 관해 잠시 언급하셨는데 인도 서벌턴 여성이 말할 수 있느냐는 질문을 제기했을 때 스피박은 부정적으로 답변했지만 저는 이 질문과 답변이 많은 가능성을 열어둔 말이라 생각합니다. 선생님께서 지식인으로서 그에 공감하는 위치에 섰을 때는 말할 수 있다고 말씀하셨듯이 말입니다. 최근에는 이런 위치나 맥락의 문제가 상당히 중요한데, 이런 위치에 있지 않거나 크게 공감하지 않는 사람들이 디아스포라를 많이 건드리거나 이슈화시키는 측면도 없지 않다고 봅니다. 디아스포라를 소비하고 있다는 이야기와 연결될 것 같습니다.

서경식 한마디로 한탄스러운 상황이라고밖에 말할 수 없습니다. 어떤 점에서 볼 때 우리처럼 글을 쓰는 사람은 소비되어야 알려질 수 있고, '우리는 디아스포라다', '서벌턴이다'라고 말을 하지 않으면 자신의 한계를 넘어설 수도 발전할 수도 없는 아주 아이러니한 상황에 처해 있습니다. 저는 스피박에 대해서도 흔히 듣는데, 미국 아이비리그 대학의 아주 유명한 교수로서 고액의 연봉을 받으면서도 자신의 처지와 무관한 서벌턴이라는 말을 자주 한다는 겁니다. 그럴 수도 있겠죠. 내가 소비되고 있다고 말하면, 글쎄요, 소비되고 싶지 않으니까 앞으로는 글을 쓰지 않겠다고 할 수는 없지요. 저는 나름대로 이야기할 수밖에 없습니다. 그래서 이런 시점에서 볼 때는 이번 부산대학교 인문학연구소의 기획은 이런 이야기를 할 수 있었다는 것이 매우 중요하고 그 점에서 매우 좋았다고 생각합니다. 구체적으로는 말씀드리지 않겠습니다만 여러 곳에서 디아스포라에 관해 이야기해달라는 요청을 받고 가보면 한 시간 정도 듣고 "아! 많이 배웠습니다"라고 말하는 것이 통상적이었는데, 이렇게 차분하게 이야기를 나눌 수 있었던 것은 정말 유익했습니다. 이것을 '연구'라고 할 수 있을지는 잘 모르겠지만, 특히 앞으로 이런 식으로 진행해주면 고맙겠습니다. 다만 이번 디아스포라 대담에 연변의 허련순 작가, 유럽의 미희, 미국의 수키 김 등 여러 분이 자리를 함께했는데, 시간의 제약 때문에 서로 대화하는 것이 조금 모자랐던 것 같습니다. 한데 그런 분들과 얘기할 때, 아까 칸트에 대해서 말한 것과 관련이 있습니다만, 조금 불편하고 거리감도 느껴졌죠. 말하자면 우리는 서로 학문적인 영혼을 공유하지도 않았고 살아온 맥락도 다른, 낯선 타자들인 겁니다. 중요한 것은 낯선 타자니까 '그 사람들을 사랑하라'는 것이 아니라, '기준은 우리 자신에게만 있는 것이 아니다'라는 것입니다. 타자와의 대화는 불편하더라도 해야 합니다. 아무런 관계도 없는 타자, 맥락을 공유하지 않은 타자와의 대화를 앞으로도 이와 같은 식으로 진행해주시면 앞서 얘기한 그런 부정적인 경향에 대한 하나의 대안이 되지 않을까 생각합니다. 그 자체로 아주 좋은 일이 될 수 있다고 저는 믿고 있으며 많이 기대합니다.

김용규 저희도 정말 많이 배웠습니다. 이 과정을 통해서 여러 가지 생각도 많이 했고, 선생님 생각도 글을 통해서도 느낄 수 있지만 이렇게 말로 듣는 작업이 참 중요하구나 하는 것을 느꼈습니다. 물론 감동하는 것과 체계적인 준비와 연구는 다르겠지요. 우리가 아직 준비되지 못한 부분도 있고, 아직 우리 자신이 체화하기도 쉽지 않은 부분이 있습니다. 저는 거기에 문화 소통의 가능성이 있다고 봅니다. 많은 분이 다녀가셨고, 선생님 말씀처럼 한 분 한 분과 충분히 대화하지 못한 것은 아쉬운 점입니다. 그러면서도 참석한 분들이 자신들의 얘기를 이렇게 들려주고 함께할 수 있었다는 것이 의미 있었던 것 같습니다. 이번 만남을 잘 키워가도록 노력하겠습니다.

서경식 저는 어머니나 재일 조선인의 이야기를 하면서, 오늘 말씀드렸듯이 그것이 보편적인 맥락에서 보면 어떻게 보이는지, 어떻게 생각해야 되는지에 대해서도 부족하지만 늘 생각하고 있습니다. 그런 사람이 많지는 않다고 봅니다. 제게 무슨 능력이 있어서가 아니라 우연히 그런 위치에 서게 된 사람이 많지 않다는 뜻입니다. 디아스포라라고 소개하면, 소개된 사람들 중에는 디아스포라라는 말이 반드시 좋은 말은 아니라고 비판하는 사람이 많습니다. 제 생각에 디아스포라이기에 좋다 나쁘다가 아니라 디아스포라니까 갖게 된 사고방식, 디아스포라니까 특정한 맥락 속에 있을 수밖에 없게 되었다는 것을 객관적으로 보아주면 좋겠습니다. 오늘 제가 원한 대로 이런 기회를 만들어주신 데 감사드립니다. 저 자신은 아주 개인적이고 사적인 이야기로만 멈추는 것이 좀 불만스러웠습니다. 그렇다고 전부 개념화해서 논문을 쓸 힘도 없고, 그래서 방향성만 시사적으로 제시할 수밖에 없는데 선생님들이 깊이를 더해주시길 기대합니다. 저를 말이 좀 많은 질문자, 질문이 많은 디아스포라, 이렇게 생각해주시고 부산대학교 인문학연구소에서 앞으로 많은 좋은 일을 해주시길 부탁드립니다.

김용규 저희에게 계속 관심을 기울여주시면 고맙겠습니다. 서울과 부산을 두고 볼 때, 부산이라는 곳은 거대한 광역도시임에도 자립적 사고 같은 것이 참 약합니다. 광주 같은 곳은 애초에 소외로 인한 저항성이 있고 그런 저항성을 통해 나름의 아이덴티티라든지 뭔가 본질적인 것을 구축해가는 부분이 있다면, 부산은 그런 점이 약합니다. 제2의 대도시지만 모든 것이 서울로 집중되다 보니 서울에 대한 차이와 차별 의식이 강한 곳이기도 합니다. 이런 현실 때문에 묘하게도 선생님께서 생각하시는 위치와 공감할 수 있는 지점도 많이 있습니다. 최근 이슈가 되고 있듯이 부산 학생들은 취직을 할 때 경상도 말투 때문에 조금

어려움을 겪는다는 얘기도 있습니다. 부산 사람들은 일단 지역 방송국
에도 들어가기 힘듭니다. PD나 제작진은 많지만 아나운서들은 표준어
를 사용해야 하기 때문에 부산 사람보다 서울 출신이 많습니다. 학생
들이 서울에 가서 사투리를 쓰면 마이너스가 되거나 특정한 이미지로
표상되어버리죠. 한국 사회 안에서 어느덧 언어도 이렇게 차별화되어
있습니다. 선생님께서도 디아스포라를 위치나 맥락으로 볼 필요가 있
다고 하셨는데 그 개념을 너무 확장하는 것은 문제가 되겠지만, 중앙
으로 모든 것이 집중화되는 한국의 사회구조 내부에서 디아스포라적
요소들을 양산할 수 있는 구조들이 적지 않다고 봅니다. 긴 시간 소중
한 얘기 들려주셔서 감사합니다.

제1부
독일에서
디아스포라를 만나다

차별, 절망, 그리고 극복

최영숙 대담

일시: 2012년 8월
참석자: 김용규, 서민정, 이용일, 하상복, 김정현
장소: 독일 베를린 코레아협의회

최영숙 저는 그때 대구에서 간호대학을 졸업하고 서울에서 근무하고 있었어요. 그런데 독일에서 일할 간호사를 모집한다고 신문에 광고가 났어요. 가정 형편도 어려웠고 동생 공부도 시켜야 해서 지원하게 되었죠. 그게 첫째 이유였어요. 그렇지만 학교 다닐 때 독일 클래식을 많이 듣고 그랬으니까, 독일에 가면 그런 사람들의 고향에 가서 음악도 들을 수 있겠다 하는 그런 소녀적인 호기심도 25퍼센트 정도 섞였을 것 같아요. 그래서 지원한 다음에 당시 해외개발공사에서 6~8주 정도 독일어 연수를 받았어요. 소양 교육이라는 것도 있었지만 사실상 독일어 교육만 받았지, 독일에 대한 다른 교육은 전혀 받지 않았어요. 전연 무지한 상태에서 독일로 온 거죠. 만약 독일에 대해 알았다면 정말 독일에 왔을까 하는 생각을 지금도 해봐요. 어쨌든 근무하면서 몇 주간 교육을 받고 그냥 떠난 거죠. 독일 간다고 한복도 준비하고 그랬던 생각이 지금 나네요.

이용일 간호 인력 1진이 독일에 도착하는 영상을 본 적이 있는데, 적지 않은 분이 한복을 입고 있었고, 새로운 삶에 대한 기대로 밝은 모습이어서 인상적이었습니다. 독일까지는 아주 장시간의 비행이었지요?

최영숙 네, 비행기가 어딘가를 들러서 온 것 같은데 굉장히 오래 탔어요.

이용일 에어프랑스인 걸로 알고 있습니다.

최영숙 네. 24시간 걸려서 베를린에 도착했어요. 지금 베를린에는 공항이 세 개잖아요. 동독 지역의 쇠네펠트 공항은 당시엔 없었고, 테겔 공항과 템펠호프 공항이 있었는데 우리는 템펠호프에 내렸어요. 1966년 10월 15일이었죠. 그런데 하필 비가 주룩주룩 내리더라고요. 독일은 10월, 11월이 제일 날씨가 안 좋아요. 그런 날씨 속에서 사람들이 비행기에서 다 내리니까 각 병원에서 원장들과 간호사들이 우리를 데리러 왔어요. 이름을 못 읽으니까 번호를 불렀죠. 제 번호가 불려서 가 보니까 간호사 아홉 명 보조원 여덟 명 해서 총 17명이었어요. 밤 10시 정도였고 비가 주룩주룩 내리는데 버스를 타고 정처 없이 가더라고요. 버스를 타면서 '도대체 우리는 어디로 끌려가는 거지?' 하고 생각했어요. 그러다가 병원에 도착해서 내리니까 컴컴하고 병원 건물도 보이지 않고 그랬습니다. 그때 간호원장이 우리에게 저녁을 먹여야겠다고 생각했나 봐요. 그래서 아시아 사람들은 쌀을 먹으니까(이때까지만 해도 이 사람들은 쌀밥은 모르는 것 같았고요), 독일 음식 중에 우유에 끓인 밥이 있는데 그걸 큰 통에 넣어가지고 먹으라고 줬어요. 그런데 우린 한 번 찍어 먹어보고는 밍밍해서 못 먹었어요. 사실 그 당시 저는 한국

최영숙/ 재독 간호사, 한민족 유럽연대 위원장.

에서 우유도 마셔본 적 없는 것 같아요. 그땐 우유도 없었잖아요. 그런데 반찬도 하나 없이 그런 밥을 주니 못 먹는 게 당연하죠. 지금이야 계피하고 설탕 넣어서 그렇게 먹는 건 줄 알지만요.

이용일 간식이죠?

최영숙 아니요. 여기서는 점심으로 먹는 식사예요. 병원에 가면 환자들에게도 많이 줘요. 아예 그 음식이 나오죠. 그래서 안 먹으니까 이 사람들은 통역이 없어서 말은 안 통하지, 어깨를 들썩들썩하며 "왜 안 먹지?" 그러는 거예요. 그렇게 시작이 되었어요.

이용일 그게 베를린이었나요?

최영숙 네, 베를린이었어요. 당시 베를린이 동독 속에 있었잖아요. 저는 교육을 받을 때 아예 공산국에는 안 가고 싶어서 베를린으로는 가고 싶지 않다고 말했어요. 저희 아버지가 6·25 때 돌아가셨고, 집안자체가 공산주의자 하면 질색을 해요. 그래서 아예 안 간다고 했더니 선생이 베를린에 가면 대우가 좋다고 가라더군요. 당시 베를린에 와서 살면 독일 남자들도 군대가 면제되었어요. 그만큼 베를린에서는 혜택

도 많고 월급도 많았죠. 우리가 받는 3개월 독일어 교육도 다른 지역
은 아침에 근무하고 점심에 독일어 교육받고 저녁에 근무하고 했는데,
우리는 3개월간 괴테 연수원에서 독일어 교육만 받았어요.

이용일 도착해서 제일 힘든 것은 무엇이었나요? 언어적 문제였습니까?

최영숙 언어 문제가 제일 힘들죠. 그런데 문화적 충격도 저에게는 컸
습니다. 3개월 교육을 받을 때도 노인들이 아주 많더라고요. 한국 노
인들은 밖에 잘 안 나오잖아요. 그런데 여기는 완전히 노인들 천지인
거예요. 어디 가는 데마다 노인들이었죠. '아, 독일은 젊은이들은 안
살고 노인들만 사나 보다'라고 생각할 정도였어요. 심지어 병원에서만
해도, 젊은 간호사가 대부분인 한국과 달리 제가 일하게 된 병원 간호
사들은 전부 50세 이상이었어요. 제겐 정말 충격적이었죠. 그런데 사
실 일 자체는 힘들지 않더라고요. 한국의 간호사 교육이 그때만 하더
라도 독일보다 훨씬 우등했거든요. 독일은 당시 경제적으로 호황기였
기 때문에 간호사라는 직업이 인기가 없었어요. 너무 힘드니까. 보호
자들이 병원에 없고 그 일을 다 간호사들이 했죠. 환자를 옮기고 옆으
로 눕히고 하는 일을 전부 간호사들이 해야 하니까 간호사라는 직업을
사람들이 굉장히 싫어했어요. 그래서 거의 중학교 10학년쯤까지 마치
고 간호사 교육을 받고 나서 일하는 사람이 많았어요. 한국에서는 간
호사라면 보통이라 하더라도 고등교육을 받았기 때문에 일하는 건 힘
들지 않은데, 나이 많은 사람이 많다는 것, 그리고 보호자들이 방문을
거의 하지 않는 것이 문화적인 충격이었죠. 독일은 한국처럼 보호자들
이 환자와 같이 있지 않아요. 직장에 다니니까 자주 오지 못하고, 그래
서 환자들은 거의 일주일 내내 혼자 있는 거예요. 아무도 찾아오는 이
없이 말이죠.

이용일 보통 이민을 가면 자기 능력보다 낮은 곳에서 일을 하게 될 수 있잖아요. 선생님께서는 한국에서 정식 교육을 받고 간호사로 오셨는데 실제적으로 능력에 맞는 합당한 일을 하셨습니까?

최영숙 시스템 자체가 다릅니다. 한국에서 간호사는 거의 의사 보조잖아요? 허드렛일은 보호자가 하고요. 지금은 간병인들이 있어서 그 일을 하기도 하지요. 그런데 사실 간호, 즉 케어 개념이 독일과 한국에서 많이 달랐어요. 환자를 씻기고 똥오줌 받아내는 일까지 우리가 다 해야 했으니, 우리로선 엄청난 충격이었죠. 생각해본 적도 없고, 학생 때도 해보지 않은 일이었으니까요. 간호사 되고서도 해본 적 없는 일을 독일에 와서 해야 하니까 힘들었죠. 육체적으로도 체격이 큰 독일인들과 달리 우리는 다 가냘프고 키도 작고 하니 힘들 수밖에요. 의식 없이 누워 있는 사람들 자세를 바꿔주는 것도 힘들고 옮기는 것도 힘들고 그랬죠. 그래서 '이건 우리 일이 아니다', '완전히 잡부들의 일이 아니냐' 그렇게 생각했죠. 저는 사실 운이 좋은 편이었어요. 제가 일했던 데는 결핵 병원이었어요. 당시 결핵 환자들은 6개월씩 약을 복용하고 주사를 맞았는데, 저는 주사실에 배치됐죠. 보조원 아홉 명, 간호사 여덟 명이 왔으니까 두 사람씩 짝을 지어 한 병실에 배치를 하더라고요. 저와 짝이 된 보조원은 부산 메리놀 간호학교를 다니다 중퇴한 친구였어요. 그 친구는 피 뽑은 것을 검사실에 가져다주고 저는 주사실에 들어가 하루 종일 주사만 놓았는데, 독일과 한국의 주사 방법이 다른 거예요. 독일에서는 같은 자리에 꾹 찔러 넣어요. 그런데 우리는 탁 때리면서 놓잖아요. 그걸 환자들이 그렇게 좋아하더라고요. 그래서 전부 한국 간호사에게 주사를 맞으려고 하는 통에 크게 힘들지는 않았는데, 다른 병동에 배치된 간호사들은 너무 힘든데 말이 안 통하니 내가

왜 이런 일을 해야 하느냐 항의도 못 했어요. 뭐, 독일 간호사들 입장
에서는 자기들도 그렇게 하니까 당연한 거죠. 그래서 한국 간호사들은
발로 문을 뼁 차고서 복도에서 울곤 했는데, 독일 사람들은 잘 안 울지
도 않고 우는 건 나약하다고 생각해서 또 이해를 못 했죠. 우리는 너무
안 맞는 허드렛일을 한다는 생각에 화장실에 가서 우는 경우가 종종
있었어요.

이용일 간호사로서도 허드렛일을 하셨다는데 간호보조원들은 더 허
드렛일을 했을 것 같습니다.

최영숙 그랬죠. 그래도 간호사들도 마찬가지였어요. 양쪽 다 말을 못
하니까 제대로 구별이 안 된 거죠. 1년이 지나니까 소문이 어떻게 났
느냐면, 가짜 수련을 하고 온 사람이 있다는 얘기가 돌았어요. 그러니
까 우리 병실에서는 테스트를 하더라고요. 저와 보조원에게 이것 해봐
라, 저것 해봐라 시키더군요. 우리 둘은 테스트에 합격을 했어요. 그렇
지만 일반적으로 일들 자체가 그런 수준이었어요. 지금은 독일 간호사
들이 많이 업그레이드되었어요. 국제 수준에 맞추려고 간호 수업도 늘
리고. 그 당시는 시스템이 그러니까 자기들도 어떻게 할 수 없었던 거
예요. 그런 일을 시키고 싶어서 시킨 것은 아니고 말도 못하니까 다른
도리가 없었죠. 그들 입장도 이해가 가요.

김용규 제법 어려운 문제들이 언어 문제, 처우 대우 문제였다면, 그
외에 독일 사회와의 관계에서 어려운 점은 없었나요?

최영숙 처음에는 독일 사회와의 접촉이 아예 없었죠. 3개월 독일어만
배우고 병원에 배치되었으니까요. 1년이 지날 때까지 계속해서 병원
근무 후에 연수원에 가서 독일어 수업을 받았어요. 그러는 동안엔 아
무래도 언어가 제일 힘들었죠. 게다가 그 당시에는 독일에 아시아 사

람이 그다지 많지 않았어요. 그래서 독일인들은 아시아에 대해서 정말 무지했어요. 식생활만 해도, 배추 같은 게 없으니 김치도 담가 먹을 수 없어서 양배추를 사다가 한국에서 가져온 고추장이나 고춧가루에 무쳐서 먹었어요. 그러다 언어가 조금 되나 했는데, 독일도 단일민족 국가여서 외국 사람에 대한 차별이 심한 거예요. 우리를 원숭이처럼 보는 거죠. 병실에서도 그런 일이 자주 있었어요. 독일어도 존댓말과 반말이 다른데, 우리에게는 그냥 "du(너)"라고 해버리는 식이었죠. 제가 몇 년 지나서 부™수간호사 일을 할 때도 환자 보호자들은 저한텐 질문을 하지 않았어요. 쟤는 독일어를 못한다고 생각하고는, 다른 간호사 없느냐고 물어보는 거예요. 그럴 때 당신 앞에 보이는 게 뭐냐고, 내가 무엇으로 보이느냐고, 나는 간호사가 아니라고 보느냐고. 그렇게 대꾸할 때쯤 되어서는 그나마 괜찮았죠. 그 전에는 그런 대꾸도 못 하잖아요. 시켜도 뭘 시키는지 모르고. 우리 병원에는 통역이 생겨서 나중에 온 친구들은 쉬웠어요. 먼저 온 우리도 있고 통역들도 있었으니까요. 우리는 처음 왔기 때문에 더 힘들었지요. 아까도 말했다시피 독일에 대해 알았더라면 왔을까 그런 생각이 듭니다. 독일 사람들이 적대적이거나 아니면 우리를 인형처럼 생각하는 것도 나중에는 굉장히 속상했죠. 자신들과 동등하게 생각하지 않고 항상 애칭으로 부르려고 하고, "너, 조그만 애" 이런 식으로 부르고, 마구 반말도 하고, 체구가 조그마니까 우리를 마치 열몇 살쯤 된 애들처럼 보는 거예요. 그런 것들이 처음에는 굉장히 힘들었어요.

서민정 선생님이 겪으셨던 일들이 지금 한국 사회에서도 똑같이 일어나고 있어요. 다른 나라에서 온 사람들에 대한 내국인의 차별 같은 것이지요.

최영숙 단일민족이라는 우월감 때문이죠. 그래도 독일 사람들은 공식적으로 차별 대우는 하지 않았어요. 월급도 적게 주지 않았고. 우리가 3년 손님으로 왔기 때문에 특별 대우 비슷한 게 있었어요. 사실 3년 지나면 다 보내려고 생각하고 있었어요. 그런데 여건이 여의치 않아서 남게 한 거죠. 그렇게 볼 때 자기들은 나름 최선을 다한 건데 어쩔 수가 없었던 거예요. 한국과는 조금 다르죠. 한국에는 산업 연수생들이 와서 일하는 것이고요.

이용일 그렇게 힘들었는데 여기 머물려고 한 이유는 무엇인가요?

최영숙 힘은 들었지만 좋은 점도 있었어요. 일단 한국에서처럼 남의 눈치를 보지 않고 굉장히 자유스러운 점이 좋았어요. 무엇보다 경제적으로 독립이 돼 있었잖아요. 물론 처음에는 버는 대로 거의 다 한국으로 돈을 보냈지만 나중에 조금 적게 보내게 되니까 여기서라면 공부도 하고 내가 하고 싶은 것도 할 수 있겠고 남의 눈치 보지 않고 살 수 있는 그런 무한한 가능성이 보였어요. 3년 지나서 저는 한국에 애인도 있고 해서 돌아가려고 했었죠. 그런데 사실 당시 독일에서 우리를 붙잡은 거예요. 한국 간호사들이 워낙 일을 잘하고 환자들과 의사들의 반응도 좋았으니까요. 그리고 자기들에겐 노동 인력이 필요하니까 우리를 붙잡았고 무한정 체류 연장을 해줬어요. 그래서 '아, 여기 있어도 되겠구나, 있는 김에 1년 더 있지, 1년 더 있지' 하다가 그렇게 눌러 있게 된 거죠.

이용일 머문 이야기를 좀 더 해야겠는데요. 실제적으로 간호사들이 독일에 머문다는 것이 쉽게 된 게 아니잖아요. 어쩌면 쟁취를 했다고 할 수 있죠. 그 중심에 선생님이 계신 거고. 그런 이야기를 해주시면 좋겠습니다.

최영숙 1973년까지는 별문제 없이, 아까도 얘기했다시피 1년마다 연장을 해주어서 별로 힘들지 않았어요. 베를린은 조금 나았어요. 그런데 바이에른 쪽은 1973년에 오일쇼크 때문에 세계 경제 불황이 오기 시작하니까 독일 사람들도 옛날에 그렇게 싫어했던 간호사 직업을 원하는 거예요. 그들도 간호학교에 들어간다거나 간호보조원으로 취직하려고 하니까 우리가 사실상 필요 없어진 거죠. 당시 독일에 필리핀 사람들과 우리가 들어와 있었는데 우리를 내보내야 자국 노동자를 수용할 수 있는 상황이 됐어요. 정부는 더 이상 체류 연장 허가를 해주지 않았고, 그래서 한국 간호사 17명이 베를린으로 건너왔어요. 병원 측에서는 체류 연장이 안 됐다고 이야기하지만 사실은 해고죠. 다른 지역에서도 그런 일이 생겼어요. 그래서 가만히 생각해보니까 굉장히 속상하잖아요. 물론 우리가 오고 싶어서 온 것은 맞지만, 필요하니까 오라고 할 땐 언제고 우리가 무슨 짐짝이에요? 데려와서 필요 없으면 내보내게. 그래서 '우리는 상품이 아니다. 당신들이 보내고 싶을 때 보내는 그런 존재가 아니다', 그런 생각으로 서명 운동을 시작했어요. 베를린에 '서로돕는여성'이라는 여성 모임이 있었는데 그 단체에서 한인 교회 여신도들도 모아서 병원 앞에서 서명 운동을 벌였어요. 병원 환자들이야 우리가 가면 자기들이 큰일 나는 거예요. 저 친절한 한국 간호사가 가면 안 되니까요. 사실 한국 사람들이 무뚝뚝한 독일 사람들보다는 친절하잖아요? 그래서 서명을 많이 해줬어요. 앞이 안 보이는 장님들도 서명하고. 그렇게 1만 1,070명 정도의 서명을 모았어요. 그때 '카리타스' 등 사회단체들이나 신문기자들이 우리를 많이 도와주었죠. 세미나도 열고 서명도 받아서 연방 의회에 제출했는데, 우리 조건은 5년이 지나면 무기한 체류 연장, 8년 지나면 영주권을 획득할 수 있게 해달라는 것이었어요. 돌아가더라도 우리가 가고 싶을 때 갈 수 있게 했습니다. 사실 우리로선 한국에 돌아가도 설 곳이 없는 상황이었어요. 아실지 모르겠지만 한국 병원은 라틴어로 차트를 많이 써요. 그런데 우린 여기서 일하면서 다 잊어버렸거든요. 한국에는 젊은 간호사들이 많이 배출되는데, 우리는 나이가 서른이 넘었고 그러니까 가서 다시 적응하는 것도 힘들지 않겠어요? 그래서 그런 요구 조건들을 내세웠더니 연방 의회에서는 각 지역마다 알아서 하게 했는데, 베를린 지역은 수용이 되었어요. 5년 지나면 연장을 해주고, 1975년부터는 한국에서 간호사들을 데려오는 것을 중지했죠. 더 이상 오지 않으니까 문제가 없고 여기 남은 사람들은 체류 연장이 되고, 또 결혼하는 사람도 많아서 그럴 땐 독일 국적도 얻을 수 있었어요. 우리가 올 때 베를린에는 한국 유학생이 열한 명밖에 없었지만 나중에 광부들이 체류 허가 때문에 간호사들을 찾아오기도 했어요. 하지만 대부분이 이미 결혼을 했고, 루르 지방 쪽에서는 광부들과 결혼을 많이 했죠. 우스갯소리로 광부들이 와서 간호사기숙사 초인종을 아무 것이나 누른다고들 했어요. 열어주면 성공이고, 안 열어주면 할 수 없고요.

김정현 전체 한국 간호사가 몇 명 정도 되었나요?

최영숙 거의 만 명 더 되는데요. 반은 돌아갔어요. 통계적으로 반은 돌아가고 반은 여기 남았다고 그래요.

김용규 여기 남게 되면 결국에는 독일 사회에 완전히 적응도 안 되고 한국 사회로 돌아갈 수도 없는 그런 입장이 돼버리는 것 같은데요.

최영숙 예. 우리는 우리가 뿌리 없는 사람이라고, 공중에 뜬 사람들이라고 생각했어요. 독일 친구들이 "한국 돌아가 살 거냐", "독일이 좋으냐, 독일에서 살고 싶으냐"라고 물으면, 우리는 "독일도 안 좋고 한국

독일 베를린 소재 코레아협의회 공간에서 최영숙 선생과 만났다.

도 안 좋고, 한국도 좋고 독일도 좋다", "우리는 뿌리 없는 사람들이
다"라고 대답했습니다.

김용규 경험을 통해 독일 사회가 장점도 있고 단점도 있다는 것을 느
끼셨다면, 한국 사회도 말씀하셨다시피 여성으로서 돌아가면 구속이
참 많잖아요. 한국 사회의 장점과 단점을 좀 말씀해주세요.

최영숙 여기서 여성 모임을 통해서 아니면 서명 운동을 통해서 원하
는 바를 이루고 나니까, '아 우리가 스스로 찾으면 뭐든지 할 수 있겠
다'라는 생각이 들었어요. 남이 해주길 바라지 않고, 물론 독일 친구들
이 도와주었지만 우리 스스로 우리 문제를 가지고 한 거잖아요. 뭐든
지 하면 할 수 있다는 자부심이 생긴 거죠. 독일에 한국 여성 모임이
결성되고 거기 들어가서 공부를 하면서 '아, 우리는 여성으로서 항상
우리만 생각하고 살았구나'라는 생각이 들었어요. 그렇게 살다가 여기
오니까 '나', '내 존재'라는 것을 인식하게 되었고, 내 존재를 실현시키
기 위해서는 독일이 좋겠다는 생각이 들었죠. 사실 한국에 돌아간다면
과연 내가 결혼을 잘할 수 있을지, 또 결혼에 필요한 여러 조건에 순종

하며 살 수 있을지 의문도 들었어요. 그리고 여성 모임에서 공부하기 전까지는 내가 집이 가난해서 독일에 왔다고 생각했는데, 한국의 사회적·정치적·경제적 공부를 하게 되니까 과연 내가 자의로 여기 오게 된 건가 타자에 의해서 여기 오게 된 것은 아닌가 그런 생각을 하게 되었어요. 그러면서 내가 떠나온 지금 조국의 현실이 어떤가에 관심이 가고 그동안 몰랐던 정치적인 것들을 알게 되었습니다. 우리는 반공 교육을 받고 독일에 온 거잖아요. 그런데 그런 것들이 하나씩 보이기 시작하니까 너무 무서웠어요. 광주항쟁이 일어나기 전만 해도, 그 당시엔 책도 별로 없어서 『해방전후사의 인식』을 가지고 공부를 하는데 이승만 정부에 대한 비판을 공부하고 나니까 '내가 무슨 그룹에 오게 된 것인가, 이들은 빨갱이가 아닌가' 하는 생각에 겁이 덜컥 났어요. 그런데 그 무서움을 창피해서 이야기도 못 하는 거예요. 나는 잘 모르는데, 다른 사람들은 잘 아는 것 같아서요. 그래서 다음에는 안 가야지 결심을 했다가도 안 갈 수가 없어서 또 가는 거예요. 갈등이 굉장히 심했죠. 알아가는 과정이 정말 고통스러웠어요. 그때 저는 이미 독일 남자와 결혼해서 살고 있었는데, 독일 사람들이 그렇듯이 남편은 본인이 그 문제를 이해하지 못하더라도 저를 존중해주었어요. 남편은 비정치적인 사람이에요. 그러니까 그런 문제에는 관심이 없었죠. 그렇지만 내가 여성 모임에 나가고 행사에 참석하는 것을 인정해주고 아기도 봐주면서 지원해줬어요. 몇몇 친구들은 의식 있는 독일 남자와 결혼해서 같이 이야기하고 도움을 받기도 했고, 한국 남자와 결혼한 친구들 중에는 정치적인 활동을 하는 남편을 만나서 서로 이야기도 나누곤 했죠. 그런데 저는 혼자인 거예요. 집에 와서 남편과 그런 이야기를 하지 못하는 거예요. 혼자 끙끙 앓다가 가서 또 공부하고 집에 오고 그랬지

요. 그러다가 반공 사상에 대한 갈등이 없어진 것은 사실 광주항쟁 때
문이었어요. 광주항쟁이 터지고 나자 이곳의 제1 공영방송에서 프로
그램을 교체 편성해서 한 시간 동안 그 사건을 보여주더라고요. 당시
독일 외신이 제일 빨랐다고 하죠. 또 제일 적나라하게 보여준 게 독일
이라고. 그걸 보니까 정말 못 참겠다는 생각이 들더군요. 그래서 '아무
래도 여기서 무얼 해야 되겠구나' 하는 생각에 학생들과 같이 광주항
쟁 학살 반대 시위도 하고 그러면서 갈등을 풀었어요. 그래서 저는 광
주항쟁이 굉장히 고마워요. 물론 여전히 무섭기도 했어요. 당시 제 이
름으로 나간 문구가 하나 있었는데, 협박 전화가 오는 거예요. 제가 경
상도 사투리를 쓰니까, "경상도 사람이면서 왜 전라도 것들을 도와
줘?", "돈이나 벌어 한국에 보내!"라면서 협박을 하더군요. 어쨌든 그
후 우리 여성 모임에서 한국 여성 노동자들과의 연대가 시작되었어요.
당시 동일방직 똥물사건, YH 여공 김경숙 투신 사건 등등을 전해 들
으면서 가만히 생각해보니까, 우리 처지가 한국에 있는 여성 노동자들
과 다를 게 하나도 없더라고요. 여성 노동자들은 한국의 시골에서 돈
벌러 서울로 간 거고 우리는 한국에서 돈 벌러 독일로 왔잖아요. 그러
니까 그 사람들과 신세가 하나도 다를 게 없는 거예요. 그래서 한국 여
성 복지 활동가 이영순 씨 등과 연대를 하고, 여기서 우리가 모은 돈을
다달이 한국에 보냈어요. 그러면서 우리는 스스로 하이칼라라는 개념
이 없어지기 시작한 거예요. 한국에서는 우리를 '백의의 천사'라고 부
르고 대학 과정도 있고 하니까 우리가 노동자라는 생각을 전혀 해본
적 없었죠. 독일에 와서 한국 노동자들과 연대를 하면서 '우리도 노동
자다'라는 인식이 들기 시작했습니다.

서민정 말씀을 듣다 보니 내용이 이렇게 저렇게 연결되면서 제가 정

리가 안 된 부분에 대해 약간 힌트 같은 것이 얻어지기도 합니다. 아까 '나는 뿌리 없는 사람'이라고 하셨는데 그다음 이어진 말씀이 '나를 발견했다'는 것이었습니다. 어떤 면에서 우리는 뿌리가 있어야 내가 있다고 생각하는데 이쪽도 저쪽도 아니면서 뿌리가 없어졌다는 생각과 함께 다시 나를 발견하는, 나만의 새로운 뿌리를 만들어가는 과정을 겪으신 것 같다는 느낌입니다. 즉 기존의 사고방식을 넘어, 디아스포라로 있는 사람들의 목소리를 통해 어떻게 보면 뿌리를 놓아야 하는 반대의 이야기를 들으며 나를 제대로 보게 되신 거죠. 그리고 그렇게 나를 발견하면서 그다음 이어진 광주항쟁이라는 계기를 통해 이전 같으면 적극적으로 참여 못 할 수도 있었을 문제들에도 관심이 가게 되는, 요컨대 나를 제대로 보면서 인간과 사회에 대해 새로운 눈을 뜨게 되는 과정으로 연결이 됩니다. 그렇다면 결국 나를 발견함으로써 원래의 한국이라는 뿌리와 독일 사회에서의 새로운 뿌리를 함께 재발견하는 데 성공했다고 할 수 있겠군요.

최영숙 네, 맞아요. 제가 이민 2세들과 문화 활동도 했는데, 지금 여기 있는 2세, 3세 들이나 한국에서 자라나는 이주민 2세들을 보면 사실 우리는 조금 쉬웠다고나 할까요. 우리는 정체성이 한국에서 다 형성되어서 왔거든요. 그렇기 때문에 그 흔들림이 사실 크지 않았죠. 한편으로는 뿌리 없는 사람이다 이야기하면서도 무의식적으로 내 뿌리는 한국인 거예요. 그 뿌리가 이미 형성된 채로 독일에 왔기 때문에 좀 더 혼란기가 적었다고 할까요.

김용규 한국에서 형성된 정체성이 이 사회에서 또 뿌리를 내리는 데 역할을 할 수 있었다는 것이군요.

최영숙 네, 그런 것 같아요. 벌써 정체성이 정립돼서 왔기 때문에 여기서 뿌리내리기도 한편으로는 쉬운 거예요. 그게 없으면 흔들릴 수 있고, 2세들 이야기를 들으니까 여기서 태어난 한 친구는 한국을 오가 긴 했는데도 많이 힘들었다고 하더라고요. 한국 정체성을 부정하는 거예요. 우리는 부정하지는 않잖아요. 그럴 수가 없는 거죠. 이미 형성되어서 왔기 때문에 부정할 수 없고 또 하려고 해도 잘 안 돼요. 아무리 독일이 제2의 고향이라고 하더라도 이미 한국에서 고향이라는 개념이 박혀가지고 왔기 때문에, 축구 중계 등을 보면 표시가 나요.

서민정 아직까지요?

최영숙 아직까지도요. 애국가가 들리면 눈물이 핑 돌아요. 독일 국가는 하나도 가슴에 와 닿지가 않아요. 가사도 다 모르고요. 독일 국가를 불러본 적이 없으니까 모르고, 운동경기에서 독일과 다른 나라가 겨루면 물론 독일을 응원하지만 그게 온 가슴이 아닌 거예요. 그런데 한국은 애가 타서 못 보겠어요. 보다가 나가버리고 그래요. 이번에 영국 올림픽에서 일본과 한국이 대결할 때 가슴이 조마조마해서 보지를 못 했어요. 그런 게 있는 거예요. 내가 한국인이라는 생각들이. 그러니까 사랑 안 하려야 안 할 수 없는, 양가감정 같은 것이 있어요. 아무리 비판하고 그래도 한편으로는 가슴 아프고 그런 게 있는 거죠. 그게 다 디아스포라들이 갖고 있는 것일 거예요.

김정현 선생님, 그런 2세들을 보면 마음속으로부터 어떤 말씀을 하고 싶으십니까?

최영숙 그러니까 정체성이 언젠가는 확립되잖아요. 한 친구는 한국에 대한 나쁜 인상 때문에 한국말을 알아들을 수 있으면서도 한국말을 쓰지 않았어요. 그런데 일단 정체성이 확립되니까 한국말을 쓰기 시작하는 거예요. 현대음악 작곡가인데 스무 살 넘어서야 한국말을 하고 한국 문화에 관심을 보였어요. 그것도 열렬히 말이에요. 이처럼 그 정체성을 갖기까지가 힘든 거죠.

김정현 강하게 하기보다는 주로 기다려주는 것이 필요하겠네요.

최영숙 네, 그러니까 너무 힘들지 않게 정체성이 확립되면 좋겠어요. 아니면 정체성 두 개를 다 가지는 것도 충분히 가능해요. 2세들 특히 혼혈아 2세들을 보면 그들은 두 문화 속에 살았기 때문에 두 문화의 장점을 가지고서 한 문화가 지루하면 다른 문화가 있지 않느냐고 합니다. 그래서 독일 친구들더러 한 문화만 가진 너희가 가엾다는 식으로 자기를 합리화하는 친구들도 있지요. 그러니까 2세들의 의지에 달린 것 같아요.

김용규 1세대와 2세대는 같이 살면서도 사실 참 다른 것 같아요. 광주항쟁 같은 일들이 발생했을 때 저는 그 땅에 살았기 때문에 관심을 가졌던 것이지만 아마 자식들은 좀 다를 거예요.

최영숙 자식들은 머리로 보는 게 많고 우리는 가슴으로 보죠.

김용규 그런 차이도 있죠. 그런 게 아마 그다음 세대들이 뭔가 해나가는 데도 어려움이 되지 않을까 하는 생각이 듭니다.

최영숙 그렇죠. 그러니깐 2세들이나 3세들에게 바라는 건 그네들은 어차피 글로벌 세대니까 한국적인 것을 넘어 세계적인 안목과 일종의 톨레랑스를 가지고 자기 정체성을 정립했으면 좋겠다는 거예요. 그러면 제 경우처럼 꼭 광주항쟁 같은 사건이 아니더라도 세계 어느 나라에서든 그런 일이 일어났을 때 함께할 수 있겠죠.

김용규 참 중요한 말씀 같습니다. 선생님께서 나를 깨닫고 한국도 새로 보셨듯 이제 그다음 세대들은 세계의 이슈나 여러 문제까지 보는 것. 이것이 '뿌리 없는 삶'이 가질 수 있는 긍정적 의미가 아닌가 생각합니다.

최영숙 예. 그런데 그들에게 그 요구를 할 순 없잖아요. 우리는 가슴으로 와 닿는데 그들에겐 너희는 가슴으로 왜 와 닿지 않느냐고 이야기할 수는 없지요. 독일과 한국이 축구 경기를 하면 우리 애들은 "엄마, 난 그래도 독일 아니라 한국 편이야. 한국이 약한 나라니까"라고 이야기를 해요. 뭐, 그러니 2세들에게 그런 것을 요구하는 건 무리랄까요.

서민정 입양 디아스포라에 대해 이야기를 해보죠. 입양 디아스포라 같은 경우에는 조금 전에 이야기하셨던 그런 부분들, 즉 자기 뿌리에 대해 고민하다가 한국에도 와보고 자기가 살고 있는 그 나라에 적응하려고도 하다가 방황 끝에 결국 자기가 자기의 뿌리를 만들어가고 꽃을 피우고 열매를 맺고 사회적으로 자기 역할을 해내며 살아가는 발전적인 모습들을 볼 수 있었습니다. 그런데 선생님께서 만난 디아스포라들 중에 꼭 한인 디아스포라가 아니더라도 많은 디아스포라가 있었을 것 같은데 특별히 인상 깊었던 사람들이나 일화가 있었다면 소개를 해주십시오.

최영숙 네, 저는 1990년대 초반에 만났던 쿠르드족 사람들이 생각납니다. 그때 여기 그 범천항 학생들이 와 있을 때 그 학생들과 연대해서 활동한 사람들이 있었는데, 그 친구들을 보면서 정말 많이 생각하게 되었어요. 우리는 그래도 미우나 고우나 우리 민족이 있어서 항상 돌아볼 수 있는 곳이 있는데, 그 사람들은 그런 것이 없으니 그것을 찾아야겠다고 애쓰는 모습이 저에겐 굉장히 감명 깊었죠. 그리고 제가 재분배 재단에서 일할 때 이란에서 온 친구가 있었어요. 그 친구는 호메이니 정권 때 남편이 사형당하고 아들과 독일로 와서 난민으로 살다가 귀화했는데, 그 친구를 보면 정말 이란에 대해 관심이 많은 거예요. 이란의 민주화나 이란의 여성 문제 등등과 관련해서 많은 일을 했어요. 자기 남편을 죽이고 자기를 버린 나라인데도 그처럼 관심이 많은 것을 보면서 정말 민족이라는 것이 무엇인가라는 생각이 들더라고요. 그 친구는 이곳 이란 난민 협회에서 일하면서 이란에서 오는 난민들을 보살피고 있어요.

김용규 쿠르드족도 독일에 많이 들어왔습니까?

최영숙 예. 독일에 많이 있어요.

김용규 쿠르드족은 국적은 터키지만 터키에서 차별을 하니까요.

최영숙 예. 어제 들은 이야기인데, 우리는 8월 15일이 되면 항상 일본 여성들과 함께 정신대 문제와 관련하여 행사를 해요. 그런데 올해는 일주일 전에 시작해서 풍물을 했어요. 저는 베를린에 없어서 참석을 못 했는데 풍물을 하고 있는 사이 어떤 친구가 화장실에 가니깐 터키 애들 둘이 하는 말이, 무슨 음악인지도 모르고 저건 분명 쿠르드족 음악일 거라고 이야기하더래요. 자기들한테 이상하면 다 쿠르드족이라니까요.

이용일 여기 독일에 와서 보니 터키 사람이라고 생각했는데 절반 정도는 쿠르드족이더라고요. 그렇죠? 똑같이 생겼는데 서로 사이가 진짜 나쁘고.

김용규 서로 차별하죠?

최영숙 그렇죠.

이용일 적대적이죠.

최영숙 완전히.

김용규 쿠르드족과 우리가 정서적으로 교감이 될 만한 부분이 있는 것 같습니다.

최영숙 맞아요.

김용규 선생님은 이렇게 많은 경험을 하셨고 한국에도 최근에 어떤 형태로든 관계를 많이 맺고 계신 것 같습니다. 지금 한국도 다문화주의에 들어서고 있습니다. 하상복 선생님도 이런 다문화주의를 공부하는데 한국은 훨씬 열악하거든요. 혹시 그런 문제와 관련해서 말씀해주실 것이 있으신지요?

최영숙 『KORA FORUM』이라는 책에도 나오는 것 같은데 사실 좀 의식 있는 사람들은 독일의 다문화 정책이 실패했다고 그래요. 여기에는 물티쿨티(MultiKulti, 다문화) 라디오 센터가 있었는데 없어졌어요. 문제가 된 점은, 사람들이 다문화라고 말하는 것도 사실 항상 주류 문화를 만들어놓고 그 상대를 다문화로 인정한다는 겁니다. 그러니까 여기 사람들은 다문화보다는 상대문화, 상호문화를 더 선호해요. 그래야 더 민주주의가 아니냐는 것이지요. 이렇듯 다문화는 항상 단점을 갖고 있어요. 그런데 한국은 그 단계까지도 가지 않았어요. 아직 초보적인 단계인데, 저는 한국에서 제일 걱정되는 부분이 2세들이에요. 지금 학생들의 4분의 1이 다문화 가정 자녀들이라고 하죠?

이용일 농촌 지역에서 특히 심하지요.

최영숙 네, 농촌 지역에서. 그런데 그 아이들이 나중에 커서 주류 문화를 이룰 텐데 그러면 지금처럼 차별받으며 성장한 아이들이 이루는 사회는 어떤 사회가 되겠어요. 그런 생각을 해야 할 것 같아요. 물론 이주민들이 우리나라에 와서 문제를 일으키니까 그렇다고도 하지만, 정책적으로 내보낼 생각만 하지 말고 다문화 가정에 대한 지원에 신경을 써야 합니다. 그런데 부산에 가서 이야기를 들어보니 지원이래야 사람들이 선물 공세만 하고, 또 이주민들도 선물을 주지 않으면 가지도 않는다고 하더라고요. 좀 더 생각이 있는 지원들이 많아져야 할 것 같습니다. 다문화 NGO 단체들이 많으니까 그 단체들과 같이 일을 해서 정책적으로 개선하고, 특히 2세들을 위해서 신경을 많이 써야 해요. 요즘은 다문화 강사라는 이야기도 들리더라고요. 그렇죠? 그러니까 선생님들을 교육하는 그런 프로그램들도 많이 만들고 학교에서 선생님들도 의식이 있어야 할 것 같아요. 학생들을 가르치는 데 다문화 사회에서 한국인이 시혜자고 그 사람들은 수혜자라고 생각하지 말고 더불어 사는 것에 대해 생각해봐야겠죠. 한국인 이주민들을 보면 물론 좀 다른 형식이긴 하지만 우리도 독일에 와서 겪었기 때문인지 정말 짠해요. 우리 유럽연대에서 그 사람들을 2010년에 초대했어요. 그때 외국인 활동가 네 명과 한국인 두 명이 왔었는데, 한 친구가 이런 얘기를 하더라고요. 한국에 사는 이주민들이 온 걸 보고, '우리는 독일에 살고 있는데 저들이 우리와 무슨 관계가 있지?'라는 생각을 했다고 합니다. 그러면서 그 한국에 사는 이주민들을 데리고 차를 몰아 다니는데 하루는 아침에 일어나서 거울을 보니까 그 사람 얼굴이 자기 얼굴에 비치더라는 거죠. 그 사람이 나고 내가 그 사람이 되더라는, 그런 이야기를 했어요. 그러니까 정말 그 사람들이 짠하게 느껴졌다고 하더라고요. 동정과는 다르죠. 한국의 여러분들이 생각하는 구조와 제가 생각하는 구조는 달라요. 저는 여기 와서 경험을 했기 때문에 외국에서 외국인으로 사는 일이 얼마나 힘든가를 알지요. 우리 아이들은 좋은 지역에서 산 덕분에 학교 다닐 때 별로 큰 문제가 없었어요. 오히려 외국인들이라고 더 예뻐하고 그랬는데, 저에게는 그게 오히려 차별인 것 같아요. 제가 보기에 그 사람들은 고상해서 말로 표현은 않지만 '저 사람들은 우리와 달라'라고 생각하는 것 같았거든요. 자격지심인지는 모르지만. 와비뜨나 크로치 아키아 같은 곳에서는 한국인들이 대놓고 차별을 당하고 아이들은 그런 아픔을 가진 부모와 살아야 해요. 그런 고충을 생각할 때, 한국에 온 사람들은 얼마나 힘들까 공감이 되지요. 게다가 한국에서는 때리기까지 하잖아요. 우린 맞고 살진 않았다고 우리끼리 말하면서 웃기도 했었는데, 그렇게 사람을 때리고 하면 안 되지요.

이용일 옳은 말씀입니다.

김용규 한국 사회는 이제 서양 사회의 다문화주의가 실패했다고 봅니다.

최영숙 예. 영국 정책은 요즘 더 심해져서 힘든가 봐요.

김용규 보통은 동화 다음에 다문화인데 한국은 아직 동화도 되지 않았죠.

최영숙 예.

김용규 그게 제일 큰 문제인 것 같아요.

최영숙 아직 20년밖에 안 되었으니 경험이 많지 않아서 그렇겠지요. 하긴 독일도 2005년에야 비로소 자기들이 이민국이라고 선포했어요. 예전에는 손님 이주자, 방문 이주자 같은 식으로 구분했는데, 지금은 이주민 배경을 가진 사람을 이주민 누구누구로 통일해서 칭해요. 얼마 전에 터키 그룹에 갔다가 들은 얘기인데, 그래도 여전히 차별이 심해서 취직하기가 힘든 거예요. 그래서 생각한 방법이 이름을 적지 않고 사진도 붙이지 않은 채로 지원서를 내는 거래요. 자기 능력이나 졸업 학교, 경력만 쓰면 되니까 그러면 이주민들이 훨씬 취직이 잘된다더군요. 이름만 보고 '아, 터키 사람', '외국인이군'이라고 생각하게 되면 아예 선정 대상에서 배제하는 거죠. 그런데 아시아 사람들은 그래도 여기서 좀 대우를 받고 차별을 덜 당하는데 제가 생각하기에는 사실 터키 사람들이 우리의 방패가 되어주는 거예요. 다른 나라의 다른 소수민족들이 방패를 해주는데 한국 사람들이 잘나서 그런 줄 알죠. 자기들이 잘나서 "우리는 차별당하지 않아. 우린 괜찮아. 터키 쪽만 그래"라고 이야기하는데 문제입니다. 한인회에 가면 그렇게 말하는 사람들이 있어요. 제가 생각하기에는 그들이 우리 방패 역할을 해주는데 그걸 모르고 터키 사람 욕을 같이 하는 거예요. 그러니깐 미국에서 흑인 폭동이 났을 때도 아시아 사람들, 한국 사람들이 많이 당했잖아요. 한국 사람들이 백인들보다 더 자기들을 무시했다고 이야기하면서요. 여기도 그런 면이 있어요.

김용규 왜 터키에 대해서 그렇게 차별적인 시선을 가질까요?

최영숙 터키 사람이 많으니까요.

이용일 일단 무슬림이라는 것도 있고요. 사람 수가 많지 않습니까. 전체적으로 250만에서 300만이니까요.

김용규 어마어마하죠.

이용일 베를린에만 48만 정도입니까?

최영숙 베를린에 외국인이 48만 명 정도 되는데 터키인이 그중에서 제일 많죠.

김용규 위협적으로 느껴지겠군요.

이용일 작은 이스탄불이죠.

최영숙 그리고 아까 이야기했던 무슬림이라는 것이 문제가 됩니다. 독일은 기독교 국가잖아요. 국교가 기독교니까 무슬림들을 종교적으로도 차별하지요. 그리고 얼마 전에는 포경수술 때문에 난리가 났어요. 포경수술이 인권침해라는 것이지요. 무슬림에겐 포경수술이 하나의 문화적인 전통인데, 아이들에게 고통을 준다는 이유로 신문에 실리고 그것을 허락해야 하느냐 말아야 하느냐로 논란이 일었어요. 판결은 허락한다 쪽으로 났던 것 같아요. 그에 대해 무슬림들은 독일이 자신들의 문화와 종교를 침해하는 것이라고 반응했지요.

서민정 일단 선생님 말씀은 그 국민국가의 문제가 한편으로는 나를 소외시키고 차별하는 도구이면서 또 한편으로는 나를 안정시키는 도구이기도 하다는 말씀이신 것 같습니다.

최영숙 예, 맞아요.

서민정 이론적으로 민족이나 국가의 문제란 규정하기도 참 어렵고 복잡한 부분들이 있는 것 같습니다. 간단하게라도 선생님께서 생각하시는 민족, 국가, 국민에 대해서 편안하게 말씀해주시면 좋을 것 같습니다.

최영숙 제가 생각하기에 민족이라는 것은 내가 속해 있는 곳을 뜻해요. 저는 몸이 독일에 와 있고 법적으로도 독일 국적이거든요. 그럼에도 내가 속한 곳은 한국이에요. 제가 생각하기로는 그게 민족이 아닌가 합니다. 내가 머문 곳, 떠나온 곳, 내가 속해 있는 곳. 그러니까 그건 부정을 할 수가 없는 거죠. 머리로는 부정을 해야지 하면서도 가슴으로는 부정이 안 되는 거예요. 일본 사람들에 대한 감정들도 그렇게 무의식적으로 드러나나 봐요. 제 생각에는 집에서 일본을 욕하거나 한 적이 별로 없었던 것 같은데 우리 애들을 보면 아차 할 때가 있어요. 애들이 일본을 그렇게 또 싫어하는 거예요. 그래서 일본 사람들이 나쁜 게 아니라 일본은 무척 아름답고 좋은 곳인데 일본 정부가 나쁜 것이라고 이야기를 해줬지요. 젊었을 때는 초민족적인 성향이 강했지만 나이가 드니까 그런 민족적인 감정이 남는 것 같아요. 우리 코리아 모임에 일본 친구가 같이 일하는데, 그 친구가 한국말을 잘하기 때문에 일본 사람인 걸 잠깐 잊어버렸어요. 그러고선 글쎄, 축구를 보는데 우리 선수들은 정말 예쁜데 일본 선수들은 못났다고 했지 뭐예요.

김용규 대학 강단에서도 그런 점을 느낍니다. 한 10년 전만 해도 '우리'라는 말을 편안하게 썼는데, 요즘은 중국 학생들을 포함해서 외국 학생들이 많으니까 '우리'라는 말을 사용하기가 조심스럽지요.

최영숙 그러니 말이에요. 나중에 그 친구도 그때 이야기를 하더라고요. 제 말을 듣고선 진짜 일본 사람들이 못났는가 하고 유심히 봤다는데, 그때 정말 미안했어요. 우리가 일본 정부 비판하는 말에도 귀 기울이고 정신대 문제 관련 행동도 함께하는 친구거든요. 한국 나눔의 집에도 3년간 있다 오고 그런 친군데 아무리 그래도 일본 사람 못났다고 하면 섭섭하지 않겠어요?

서민정 선생님이 한국에 대해 느끼시는 것과 비슷한 마음이었겠지요.

최영숙 그랬을 텐데. 그런 것 같아요.

김용규 국가의 폭력 등등은 싫어해도 사람은 싫어하면 안 되겠지요.

최영숙 예, 사람은 싫어하면 안 되지요. 일본이 얼마나 아름다운데요. 재일 동포 친구들이 있어서 작년에 한국 갔을 때 5일간 일본을 방문했는데 정말 아름답고 사람들도 좋아요. 그리고 사실 옛날에는 연금도 받고 사정이 허락되면 1년의 절반은 한국에서 살고 절반은 독일에서 살아야겠다 했는데 지금은 생각이 바뀌었어요. 한국에서 반년을 살아보지도 않았지만 진짜 '독일에 가야겠다' 싶더라고요. 첫째는 소음 때문에 힘들었어요. 동생 집이 서울에 있는데 소음 때문에 머리가 지끈거리더라고요. 그리고 어떤 때는 사람들의 인식이 거슬려요. 돈 많은 사람들 우대하는 것이라든지 도로에서 자는 것 등등. 그러니까 좀 오래 있으면 슬슬 불편해오기 시작하죠. 그래서 생각을 바꿔서 한국에는 더 짧게, 독일에는 더 길게 있기로 했어요.

김용규 사실 한국에서 사는 우리도 정말 정신이 없어요. 이제 경제적으로는 발전이 많이 되었는데 준비가 안 된 것이 워낙 많아요.

최영숙 경제가 너무 빠르게 앞으로 나아가니까 사람들의 사회적인 인성이 따라가질 못하는 것이지요. 여기는 그렇게 세월 바뀌고 하는 건 없지만 사실 기술적인 면에서는 뒤떨어져요. 독일에 살다가 한국으로 간 사람이 다시 독일로 오면 "여긴 후져서 못 살겠네"라고들 해요. 그건 사실이에요. 그런데 그렇기 때문에 오히려 더 사람이 살기 좋은 거예요. 한국은 너무 빨라서 따라가지 못하는 사람들이 많잖아요. 그리고 그 황금만능주의 때문에 돈이 없으면 도저히 인정받지 못하는 사회니, 자기들도 힘든 마당에 이주민들을 신경 쓸 여유가 있겠어요?

김용규 마지막으로 저희 같은 연구자들도 종종 만나실 것 같은데 저희에게 조언이나 훈계하실 것이 있으면 말씀해주십시오.

최영숙 제주대학교에서 나온 책을 보니까 연구를 많이 하시더라고요. 그래서 참 좋다고 생각했습니다. 중고등학생 대상으로도 연구를 하고 대학생 대상으로도 연구하고, 제주대학에는 이주민 문화에 대한 교양 과목도 있다면서요?

이용일 부산대학교에도 있어요.

최영숙 그렇군요. 그렇게 이주민 문제를 좀 더 많이, 그리고 대학뿐 아니라 중고등학교의 선생님들 연수 프로그램 등에서도 다루었으면 좋겠어요. 아니면 학생들이 위화감 없이 보편적으로 이주민들을 바라볼 수 있게끔, 왕따 같은 일 없이 잘 지낼 수 있게끔 하면 좋겠습니다.

대학에서는 연구를 많이 하셔야죠. 연구한 것이 나중에 실천으로 이어지니까 그렇게들 연구를 많이 하시는구나 생각을 했어요.

김용규 좋은 지적이신 것 같아요. 저희도 연구소에 있지만 그런 쪽 교육 등에 신경을 쓰겠습니다.

최영숙 한국에 가면 이주민 관련 단체가 많아서 좋아요. 그런데 2006년인가 2007년에 한국 갔을 때는 비판한 적도 있어요. 문제는, 이주민들에게 '그 단체에서 모두 해결해줄 것이다, 그러니까 우린 아무것도 안 해도 돼'라는 의존감을 심어주는 거예요. 지금은 그렇지 않은 것 같지만요. 이젠 이주민들이 스스로 만든 방글라데시 단체, 미얀마 단체 등이 많이 생겼더라고요. 그게 옳아요. 자기들 고민들은 스스로 해결해야 하지요. 여기서 우리도 스스로 우리의 체류 문제를 해결했어요. 물론 친구들이 옆에서 도와주었지만 특정 단체가 그렇게 적극적으로 도움을 주거나 한 적은 없었어요. 분명 장단점이 있는 것 같아요. 이주민 노동자 센터에 가보니 으리으리하더라고요. 오죽하면 우리가 가서 앉아봤어요. 치프의 자리라고, 한번 만져보자 하면서요. 거기 와서 근로자들이 자기 문제점을 어떻게 말할 수 있겠어요? 위압이 되어서 나 같아도 한마디도 못 할 것 같아요.

김용규 맞습니다. 그런 것이 권력화되기도 하지요.

최영숙 그래도 일단 이주민들에게 많은 사람이 관심을 갖는 건 중요한 것 같아요. 그런데 〈러브 인 아시아〉인가, 그런 프로그램은 유치해서 못 보겠어요. 그렇게 이주민들 데려와서 하는 것 말고 좀 다른 접근이 필요해요.

김용규 빈부 차이나 느끼게 만들지요. 한국에서 이만큼 산다고 보여주려는 것처럼 오지의 가족에게 찾아가고.

최영숙 맞아요. 좀 다른 식으로 그릴 수는 없나 하는 생각이 들더라고요. 우리가 처음 여기 왔을 때도 독일 사람들이 한국을 워낙 모르니까 교회 같은 데서 와서는 한복 입고 돌잔치하는 모습을 촬영하고 그랬어요. 지금은 베를린에 200개 국가에서 온 사람들이 살고 있대요. 200개국. 200여 개의 민족들이 살고 있으니 다른 나라 문화도 많이 전파됐죠. 한국 식당도 열 개가 넘을 거예요. 앞에서 말했듯이 옛날에는 배추도 없어서 배추를 치나콜Chinakohl, 즉 차이나 배추라고 불렀는데 지금은 아시아 음식들, 특히 한국 음식이 웰빙으로 유명해져서 사람들이 많이 좋아해요. 한국 2세들도 다 잘 살고요. 제 주위의 2세들은 그래도 독일 정체성이든 한국 정체성이든 갖고 있어요. 또 한국 사람들이 교육열이 높잖아요. 그래서 자기들끼리 모여서 "우리 부모들은 '사' 자를 좋아해"라고 말하곤 해요. 의사, 변호사, 변리사, 법무사, 뭐 그런 직업을 선호하는 친구들도 많고요. 꼭 그런 게 아니더라도 제각기 자기를 찾아서 잘 살아요. 그래서 독일 정부에서는 한국 2세들을 사회 통합자, 그러니까 사회의 모범이라고 하기도 해요. 그러면 젊은이들은 또 그런 평가에 대해 문제의식을 느끼죠. 그 타이틀을 가지고 심포지엄을 열어서 과연 우리 한국 사람들이 모범이냐는 논의를 하는 거예요. 그런 계기를 통해 이란, 독일, 한국, 혼혈 등등 서로 출생 배경이 다른 젊은이들이 어울리기도 하고요. 여기서 2세들은 잘 살고 있는 것 같아요. 문제가 있는 사람도 있겠지만 한두 명이야 뭐 늘 있으니까요.

김용규 장시간 이야기 잘 풀어주셔서 감사합니다. 구체적인 부분들에 대해서 또 다음에 여쭤보겠습니다.

서민정 고맙습니다.

김용규 대학에만 있으면 모르는 게 참 많습니다. 글만 보고 하니까요.

최영숙 연구자들은 그럴 수밖에 없죠. 그래야 심층적인 연구를 할 수 있으니 필요한 일이라고 생각합니다.

이용일 감사합니다.

언어적 한계와 그림

송현숙 대담

일시: 2012년 8월
참석자: 김용규, 서민정, 이용일, 하상복, 김정현
장소: 독일 함부르크 송현숙 선생님 자택

송현숙 제 일상에서 그림은 종종 언어를 대체해요. 예를 들어서 주전자가 내 작업실에 있는데 그걸 가져다가 오늘 여기서 차를 끓여야겠다고 생각을 하면, 그냥 말(글)로 쓰는 게 아니라 이렇게 그림을 그려서 나타내는 것입니다. '내일 아침 손님 오실 때 차를 끓여야 하니까 이걸 가져가야겠다', 이렇게 길게 쓰는 것이 아니라 말이에요. 자전거를 타고 시장에 가려고 한다면 칠판에 그것을 그리고, 또 쥐덫을 놓았는데 쥐를 파묻는 것은 남편 담당이니까 쥐덫을 하나 그려놓으면 지금 쥐가 잡혔다는 신호라든가 하는 방식으로 우리 나름의 의사소통을 했지요.

서민정 저는 그래서 선생님 일기와 그림을 보면서 그런 생각을 했습니다. 언어가 발달하면 언어가 의사소통의 도구라는 얘기를 강조하고 주입한 것이지, 실제로는 상징적인 상형 자체가 더 잘 표현할 수 있다는 것입니다. 지금 우리가 그림에 대해서 지나치게 기법적으로 뛰어나

송현숙/ 재독 간호사. 화가 및 영화제작자.

야 하고 묘사성이라든가 예술성을 강조하다 보니 그림들이 힘들고 어려워진 것일 뿐, 내가 내 것을 보기 위해서 또는 직접적인 일대일의 소통 방식에 있어서는 상형이라는 것이 어떤 면에서는 좀 더 편리하고 가장 근원적인 문제일 수 있습니다. 그럼에도 현재 의사소통의 도구로서 언어라는 것 자체의 명제가 지나치게 일반화된 것은 아닌가, 어떤 면에서는 고민하지 않는 것이 아닌가 하는 생각이 많이 들었습니다.

송현숙 '언어와 그림의 차이'라는 질문에 대해 말하자면, 여기 와서 느꼈는데 제가 생각하기에 언어는, 아니 그림은 원래 원초적이거든요. 사실은 인간이 언어로 서로 표현을 주고받지 못할 때 그림으로 그 부분을 표시해서 의사소통을 했다는 것이지요. 예컨대 러시아혁명 때도 글을 못 읽는 사람이 많아서, 혁명 시인 마야콥스키Vladimir Vladimirovich Mayakovskii는 벽에 표시를 하는 방법으로 사람들을 모으곤 했어요. 글로써 뜻을 전달하면 글을 아는 사람만 알아듣고 그렇지 않은 사람은 못 알아듣는 경우가 생기지요. 제가 생각하기에 언어는 그림보다 주입적인 면에서 용이한데, 단점이라면 언어로 상대를 억누르거나 강요할 수 있다는 점이에요. 그런데 또 긍정적인 면으로는 언어는 쉽게 배울 수 있고 다른 사람과 소통하는 데 가장 빠른 수단이므로 편리하고 대중적일 수 있어요. 자기 발전을 하는 데 언어를 통해 많은 것을 배운다든가 하는 좋은 면이 작용하기도 하고요. 아무튼 어린아이들을 보면 아직 말로 확실히 표현을 못 할 때 그림을 많이 그리죠. 정신병 환자들도 비슷해요. 저도 1년 동안 브레멘에서 일을 해봤는데, 그들은 누가 방문해도 하루 종일 말도 하지 않고 친척들에게도 반응하지 않고 거의 입을 닫고 있지만 종이에 의사를 표현하는 걸 보면 그럭저럭 그리거든요.

독일에서 딱 한 번 전혀 그림과 관계되지 않은 여성 25명과 워크숍을 한 적이 있어요. 그때 저는 사람들에게 오늘은 우리가 거의 말을 못 하는 사람이라 생각하자고 제안했어요. 그러고는 종이와 물감 등을 주면서 오전 두세 시간 동안 자기 삶을 그려보라고 했죠. 다들 자기는 초등학교 이후로 그림을 그려보지도 않았다고 하더군요. 그런데 그중에 한국 사람이 세 명인가 있었는데 한 명이 먼저 그림을 그린 거예요. 누구를 어떻게 만나서 결혼을 하고, 그 후 한국 아이를 양자로 들인 그런 내용이었어요. 그러면서 하는 말이, 그때까진 자기 삶에 대해서 이야기를 한 적이 없는데 그림을 통해서라고 하니까 해봤다더군요. 만약 그 시간에 자기 삶에 대해서 글을 써보라고 했으면 못 했을 거라고 말이에요. 그리고 처음엔 한사코 이야기를 하지 않으려고 했는데, 그림을 완성한 후 오후에는 한 명씩 자기가 그린 것에 대해서 발표를 했어요.

김용규 브레멘의 병원은 정확히 이름이 어떻게 됩니까?

송현숙 닥터 하이네스Dr. Heines 정신병원이었어요. 주로 알코올이나 약물 중독자를 반강제 아니면 본인이 원해서든 가족이 원해서든 무조건 6개월 동안 입원시키고 각자 상태에 따라 치료하는 병동이었어요. 제가 맡은 사람들은 그중에 좀 호전된 경우나 외출할 수 있는 사람들, 방문객을 받을 수 있는 사람들이었죠. 그렇기 때문에 치료 방법도 다양해요. 그림 치료, 음악 치료, 수영 같은 것도 하고, 어떤 사람은 산책을 하기도 해요. 그림 치료를 할 때 보면 성인들인데도 어떤 사람은 색으로만 칠하고 어떤 사람은 사물만 그리기도 했어요. 어떤 사람은 매일 얼굴만 그리고, 어떤 사람은 귀만 그렸죠. 그래도 다 자기 나름대로 뭔가 표현력 있게 그림을 그렸어요.

김용규 독일에 처음 오셨을 때의 경험들이 궁금합니다. 고향에 대한 기억도 많이 떠올랐을 것 같은데요.

송현숙 예, 처음 독일에 와서는 음식도 낯설고 다 낯설었어요. 하루 여덟 시간 일하는 데도 습관이 안 돼서 매일 늦잠을 자고 그랬죠. 늦잠 이래야 6시 반에는 일어나야 해요. 12월 1일에 도착했는데 어두컴컴하고 사람도 별로 없고 날씨도 안 좋았어요. 김치도 쌀도 없이 맛없는 독일 음식 주는 것만 조금 먹었죠. 매일 속이 쓰리고 허기지고 위장에 구멍이 뚫리는 것 같았어요. 독일 사람들은 아침 일찍 일어나서 식사하고 일을 하는데 우리는 그냥 빈속으로 가서 힘든 상태에서도 일 하나는 제대로 배웠어요. 어디 나가고 싶어도 차를 타고 브레멘으로 가야 하는데 길을 몰라 나갈 엄두를 못 냈죠. 그러니 매일 일할 때면 한국 사람들끼리 삼삼오오 모여서 서로 위로해주곤 했어요. 이런저런 고충이 많았는데, 공통적으로 처음 겪은 건 이름 문제였어요. 혜련, 영자, 현숙, 혜선, 이런 이름으로 부르는 것이 힘드니까 일주일 안에 이름을 싹 바꾸라는 거예요. 그런데 독일 이름을 알아야 바꾸든가 할 것 아니겠어요? 어쨌든 미션스쿨을 다녀서 그랬는지 저는 '마리아'라는 이름을 지었고 다른 친구들도 '수마', '한나', '디젤라' 같은 이름을 골랐는데, 그러다 보니 우리도 우리 이름을 잊어버리는 거예요. 그래서 브레멘에 있는 다른 병원으로 갈 때는 '아, 이래선 안 되겠다' 싶기에 처음부터 무조건 '슈베스터 송'이라고 성으로 부르게 했어요. 원래는 나이를 조금 먹은 사람을 부를 때 성을 부르는데 우리는 매일 환자들 이름을 잊어버릴까 봐 적어뒀다가 '헤어 누구', '프라우 누구' 하면서 불러줬죠. 뭐, 이름을 외울 만하면 퇴원했지만.

그리고 특히 언어 문제로 힘든 건 전화받을 때였어요. 혼자 있을 때 실험실에서 전화로 혈액검사 결과를 말해주면 잘 알아듣질 못하는 거예요. 예를 들어 숫자도 32인지 23인지 헷갈리는 식이어서 꽤 오랫동안 고생했죠. 또 환자들 이름을 정확하게 부르지 못하면 우리가 외국인이니 그런가 보다 이해해주는 사람들도 있었지만 어떤 사람들은 우릴 보고 비웃었어요. 환자 중에 '프라우 호흐Höch'라는 사람이 있었는데, 발음이 어려워서 '프라우 호크'라고 부르곤 했거든요. 우리는 그 발음이 맞는지 틀린지도 모르고 그렇게 부르고, 그러면 환자도 웃고 그랬어요. 그렇게 한참 동안 헤매다가 나중에 귀가 트이니까 'ch'와 'ck'가 다르다는 것을 알았지요. 그런 것이 어려웠어요. 그리고 여기서는 매사에 시시비비를 분명히 해야 해요. 예를 들어 다른 간호사들과의 사이에서 내가 뭘 잘못했고 그게 민망해서 웃으면 한국 사람들은 그 뜻을 알아차리잖아요. 내가 뭘 깨트리고는 미안해서 웃는데, 독일 사람들은 "네가 깨놓고 빙긋빙긋 웃어?"라며 화를 내고 그러다 보면 결국 싸움으로 번지는 거예요. 억울한 상황이라면 수간호사에게 가서 이러저러해서 그랬다고 설명하면 되는데 그땐 무조건 "잘못했어"라고 말해야 했어요. 그리고 내가 잘한 경우에도 따져야 해요. 예를 들면 밥을 먹다가도 호출이 오면 우리는 한국식으로 얼른 일어나서 가잖아요. 그러면 다음엔 다른 사람이 가도록 눈치껏 하는데 독일 사람들은 꾀가 생겨서는 한국 애들이 가겠지, 하고 안 가요. 그럴 땐 나중에 따져야 해요. 그러지 않고 내가 벌떡 일어나 가면 쟤가 기꺼이 가는가 보다, 하는 것이지요. 어쨌든 말이 통하지 않으니까 자기들은 필요 없는 잔소리나 하고, 그러고는 우리에겐 관심이 없으니 환자들에게 가버리고, 우린 억울한데 어떻게 해결을 해야 할지 모르는 거예요. 그러다 나중에 다른 친구에게 그 고충을 얘기하면 그 친구가 수간호사에게 말을 해주곤 했어요. 1년 정도 지나면서는 우리도 요구를 하기 시작했죠. 크리스마스 파티 때, '독일어 선생이 필요하다', '우리는 일주일에 두 번 정도 배우는데 그것도 근무 시간에 배워야 한다'고 병원의 모든 사람이 있는 자리에서 요구했더니 들어주더군요. 또 '우리는 모두 성인이니까 한방에서 둘이 살 수 없다. 각자 방을 쓰고 싶다'고도 했고요. 그때 기숙사밖에 없다기에 기숙사라도 좋다고 했는데, 거긴 부엌이 없었어요. 그래서 '우리는 한국 음식을 부득이하게 끓여 먹어야 하니까 냉장고 및 부엌이 필요하다'고 했죠. 안되면 우리는 일하다가도 서무과에 쫓아갔어요. 그런 식으로 필요한 것에 대해 조금씩 우리 요구를 받아들이게끔 하면서 독일 사회에서 적응해나갔죠.

김용규 몇 년 정도 지나서 조금 편안해지셨습니까?

송현숙 그렇게 일한 지 2년이 지나 다 같이 유럽 여행을 했어요. 다른 사람들은 레코드도 사고 카메라도 사고 결혼할 사람 시계도 사고 했는데 저는 그런 데 관심이 하나도 없었어요. 3년 정도까지는 독일 문화의 영향을 전혀 받지 않고 텔레비전도 보지 않는 게 좋다고 생각했어요. 우물 안 개구리였죠. 그런데 유럽 여행을 두 번 다녀와보니까 세계가 정말 넓더라고요. 그때는 미술도 몰랐는데, 파리에 가서 피카소 미술관을 보니까 정말 볼거리가 많고 그러다 보니 한국 가면 일만 죽어라 하면서 억울해할 것 같았어요. 벨기에로 간 다른 사람들은 3개월 동안 언어도 능숙해지고 운전도 배우고 다양하게들 살고 있었죠. 그래서 우리도 브레멘으로, 말하자면 큰 도시로 가서 살기 시작했어요. 한 친구는 브레멘에서 피아노 레슨을 열심히 받더니 음악학교 진학을 고민하기도 했고, 대학에 들어가는 사람도 있었고요. 큰 도시로 가니까 직장을 옮길 수도 있고 공부를 더 할 수도 있고 여러 가지 조건이 좋더라고요. 저는 브레멘에서 1년 동안 계속 그림을 연습했어요. 브레멘에 오기 전에도 연필이나 색연필로는 조금씩 드로잉을 했는데 브레멘에서 더 집중적으로 그렸죠. 그때는 밤 근무도 하고 혼자 근무하는 때가 많아서 그림 연습을 하기에 좋았거든요. 그렇게 해서 미대에 합격한 거예요. 그러는 동안 언어도 더 늘었고, 그때는 각 대학에 외국인들을 위한 청강 제도도 있었어요. 그래서 가만히 생각하니까 한국에 가면 직장을 구할 수 있다는 보장도 없고 결혼을 하게 되면, 결혼이 나쁜 건 아니지만, 앞으로 한국 사회에서 제가 더 발전할 수 있는 계기가 보이지 않기에 독일에 머물기로 했지요.

그렇게 학교를 다니기 시작하면서 점점 세상을 보는 눈이 달라졌어요. 그동안 내가 몰랐던 것, 말하자면 학생운동 이후로 독일의 대학들에 유행한 상당히 진보적인 정신에 영향을 받은 거예요. 예전에는 한국에 대해서 다 좋게 생각하고 내 나라에 대해 나쁘게 말하는 걸 경계했는데 점점 부조리도 보이고, 또 내가 부족한 부분은 노력을 적게 한 탓도 있지만 환경의 영향도 있다, 나도 개발할 수 있다, 하는 생각을 갖게 되었어요. 그러면서 재독한국여성모임을 알게 되었어요. 독일 교회 계통을 통해 그곳을 알게 됐는데, 1978년에 창립되었죠. 거기서 만난 한국 여성들은 상당히 활동적이고, 서명 운동을 해서 독일에서 추방될 처지에 놓인 간호사들을 장기 체류할 수 있게끔 해주기도 했어요. 또 독일 사람들도 그렇지만 한국 간호사들도 간호보조원들에 대한 차별이 심했는데, 거기서는 전혀 그런 분위기도 아니고 부족한 면이 있어도 무시하기보다 서로 도우면서 발전하는 것을 추구했죠. 그리고 특히 우리가 여성으로서 한국에서 제 목소리를 내지 못한 것도 남성들에게 기회를 많이 빼앗기고 우리에게 기회가 적었기 때문이지 우리가 못나서 그런 게 아니라는 것을 배웠습니다. 저만 해도 말을 하면 전라도 억양이 나오니까 남자들 모인 데 가면 웃기만 하고, 특히 경상도 사람들은 전라도 말만 나오면 고쳐주려고 하니까 말을 더 못 했거든요. 그러다 모임에서 한번은 우리더러 탈춤의 역사와 발전에 대해 발표해보라고 했어요. 그러면서 책을 한 권 주기에 받았지만 발표 같은 건 한 번도 해본 적이 없으니 엄두가 나지 않더군요. 그런데 마침 한 친구가 시간을 내서 도와주겠다고 했는데 그 친구도 바빠서 그랬는지 최현덕 씨를 보냈어요. 최현덕 씨도 말수가 적어서 서로 어색한 분위기였는데, 탈춤에 관한 책을 보더니 우리더러 탈춤의 역사에 대한 내용으로 서론을 쓰고, 글의 동기 등등을 추려서 발표를 하면 되겠다고 하더군요. 그렇게 준비를 해서 그때 처음으로 발표라는 걸 하게 됐어요. 그러면서 다시 한국의 역사에 대해 공부하기 시작했고, 『장길산』이나 『토지』 같은 책도 읽었어요. 교회나 여성 모임에 한국 도서관들이 있었기 때문에 이런저런 책을 주문해서 받아 보곤 했죠.

김용규 남편분은 언제 만나셨나요?

송현숙 처음 만난 건 1975년이었는데, 1년 뒤인 1976년에 우연히 다시 만나게 됐죠.

김용규 한국 떠나실 때 생각하면 독일 사람과 결혼한다는 게 고민이 많으셨을 것 같습니다만.

송현숙 그랬죠. 처음 독일에 올 때 가족들에게 3년만 있다가 오겠다고 했거든요. 아버지는 저를 믿고 보내주신 거고, 1년 더 있겠다고 했을 때도 여기서 어떤 사정이 있겠거니 이해해주셨죠. 그런데 그때는 확실치가 않아서 학교에 다닌다는 말을 하지 않았어요. 뭐, 워낙 시골에 있다가 큰 도시로 가서 구경도 하고 다니까 마음이 들뜨고 그런 점도 있었어요. 그런데 부모님으로서는 제가 여기서 학교를 다닌다는 건 계속 독일에서 산다는 것이고 당시로선 상상할 수 없는 일이었죠. 나중에는 독일 사람과 결혼한다고 하니까 집안 망신이라고 생각해서 명절 때 아무도 제 안부조차 물어보지 않았어요. 게다가 돌아갈 형편도 못 되었어요. 학교 마치고 1년 동안 한국 동생들에게 학비조로 돈을 절반씩 보내줬는데, 어머니가 "네 앞으로는 돈을 한 푼도 모으질 못했으니 들어오기 전에 마지막 해라도 네가 뭘 좀 해야지 그냥 왔다간 막막할 것 같다" 그러시더라고요. 그래서 1년 동안 모은 것하고, 한국 갈 때 찾으려고 일하면서 보험 들어놓은 걸로 버텼어요. 한 2년은 그렇게 하고, 2년은 독일에서 아르바이트슈튜펜 받아서 하고. 게다가 그때 결핵이 생겨서 반년 동안 병원 일도 못 하고 학교도 못 다녔어요. 그러는 동안 말하자면 이중 문화에 대해서, 그러니까 한국 문화를 완전히 무시할 수도 없고 여기에 완전히 뿌리내릴 수도 없는 그런 딜레마를 느꼈죠. 한국에서는 부모에게 순종하고 내가 하고 싶은 바에 대해 제대로 주장을 못 하면서 살았으니 이제 독일에서는 내가 내 삶을 결정하고 싶다고 생각한 거예요. 그런 생각을 우리 7형제는 알고 있었는데 부모님에겐 누구도 말을 못 했어요, 겁이 나서.

　그래도 우리 언니가 제일 용기가 있어서, 여기서 제가 아들을 낳고 나서 이윽고 부모님이 아시게 됐어요. 그 전에 형제들에게는 비밀로 서류를 보냈지만 도저히 말할 엄두를 못 내고 있었는데, 아들까지 낳았으니 이제는 부모님도 받아들여주시지 않을까 했던 거죠. 여기서 11년이나 살다가 한국에 돌아간 친구 얘길 들어보니까 1년 동안이나 인식을 시켜드리려고 했는데 도저히 안 되겠다고 하더라고요. 그래서 1982년에 부모님을 독일로 초청했어요. 직접 와서 저희 사는 모습을 보시는 것이 최고의 해결책이겠다 생각한 거죠. 원래 아버지는 저만 보고 가시려고 했는데 아무튼 손자도 보셨고, 그때 시골에 살고 있었는데 그런 모습도 흡족하셨나 봐요. 처음에 아버지는 제가 독일식으로 바뀌어서 독일 여자가 다 된 건 아닌가 걱정하셨다고 해요. 머리도 염색했고, 11년 동안이나 독일에 살면서 모습이 완전히 바뀌었으니까요. 그래도 변함없는 전라도 말투로 말하는 걸 보시고는 이제 걱정할 필요 없겠다고, 언제 다시 돌아와도 괜찮겠다고 마음을 놓으셨어요. 그러고 나니까 오랫동안 한국에 못 간 것이 한이 되었는지 결심이 서서 1984년에 아들 한솔이를 데리고 1년 동안 유학을 가기도 했어요.

서민정 아, 그때 한국으로 유학을 가셨군요.

송현숙 예. 한이 되어서라기보다 일단 가면 장기간 머물고 싶었어요. 지금 생각해보면 그때 와서 한국에 대해 많이 배운 것 같아요. 중국이나 베트남에 대해서는 책을 통해 봤지만 한국에 대한 자료는 거의 없었거든요. 그러다가 한국에 와서 답사도 많이 하고 여러모로 배울 수 있었죠. 한번은 광주항쟁으로 복역하셨던 전남대 송기숙 선생님을 학교에서 우연히 만날 기회가 있었는데, 함께 식사도 하고 황석영 선생

송현숙 선생의 자택에서 대화는 계속됐다.

님도 뵙고 그랬어요. 그리고 전남대 이태호 교수님에게 영향을 많이 받았어요. 그분이 어떻게 보면 한국에서 나의 스승이죠. 나이는 같지만 그분에게 한국 미술사를 배웠으니까요. 제가 전남대에서 서예도 배우고 동양미술사도 배웠는데, 슬라이드로 한국 작가들의 작품도 많이 보여주시고 자료도 챙겨주시고 답사에도 매번 동행하게 해주셨어요. 지금까지도 그분과는 기회가 있을 때마다 한국 와서 계속 만나고 자료도 주고받고 합니다. 당시 한국 화가로서 제게 영향을 준 사람은 겸재 정선, 김홍도, 그리고 서화가인 추사 김정희 선생입니다. 당시 서예를 공부하기도 했고 선으로 작품을 많이 하니까 간접적으로 영향을 받았던 거죠.

저는 6·25 전쟁 때 태어났어요. 고향집인 담양 무월리에서 태어난 건 아니고 어머니가 친정인 곡성 옥과면으로 피난을 가서 저를 낳으셨죠. 그 무렵 아버지는 군대에 가지 않고 산에 숨어서 지내고 있었어요. 당시엔 군대에 가면 많이 죽었는데 아버지가 독자인 데다 몸도 아파서 그랬다고 들었어요. 그렇게 숨어 지내다가 제사 지내러 내려왔을 때 어머니가 임신을 하신 거예요. 그러니 사람들도 남편이 왔다 갔다 하는가 보다 눈치를 챘고 마을에 인민군들도 다니고 하니까 어머니가 피난을 가신 거죠. 아무튼 그렇게 해서 6·25 때 태어났고, 그 후로 전기나 현대 문명의 혜택을 받지 못한 전남 담양 무월리 산골에서 1972년까지 살았어요. 그런데 한편으로는 전혀 문화 혜택을 받지 못했지만 다른 한편으로는 시골 공동체의 대가족 속에서 농촌의 삶을 잘 느끼면서 살았어요. 요즘 식으로 말하자면 아무런 환경 문제나 쓰레기 문제도 없는, 농사짓고 길쌈하면서 할머니, 어머니, 온 집안 식구들이 자급자족해서 살고 저는 동생도 돌보고 그러면서 말이에요. 그래서 사철 어떻게 농사를 짓고 어떻게 길쌈을 하는지, 어떻게 전통혼례를 치르고 장례를 지내는지 등등을 어린 시절에 모두 보았지요. 그런 전통적인 환경 속에서도 여자애가 계속 공부를 할 수 있었던 건 아버지 덕분이라고 할 수 있어요. 우리 아버지는 초등학교만 다녔지만 라디오나 신문을 통해서 의식이 깨어 있었어요. 할아버지는 굉장히 고지식했지만 제가 초등학교 다닐 때 돌아가셨고, 그래서 저는 계속 학교에 다닐 수 있는 혜택을 받았고 광주에 있는 오빠 밥도 해주고 자취하면서 학교를 다녔어요.

서민정 광주에서 다니신 학교가 수피아 여고였군요.

송현숙 예. 역사가 깊은 학교죠. 20세기 초에 미국인 선교사에 의해 설립된 후 일제강점기에는 학생운동도 활발했고, 조아라 장로처럼 광주항쟁 때 여성으로서 민주화에 힘쓰며 송기숙 선생과 뜻을 같이한 분도 계시고. 아무튼 우리 부모님은 유교 사상, 불교, 무속 등 완전히 전통적인 사고에 익숙한 데다가 기독교라고는 전혀 모르는 시골 동네에서 살아온 분들이었기 때문에, 그래도 아버지는 여성에게 좋은 여중학교라고 하니 그 학교(수피아 여고)에 가기는 가되 기독교에 푹 빠지지는 않는 편이 좋겠다는 말씀을 하셨죠. 저 역시 기독교에 대해선 아무것도 모르는 상태로 학교에 들어갔고요. 하지만 오히려 그런 차이점 때문에 영향을 받은 면이 많았어요. 말하자면 시골과 도시의 차이, 기독교와 불교 등 한국 종교의 차이, 또 여성과 남성의 차이를 느꼈죠. 예를 들어 우리 시골에서는 할아버지, 아버지, 할머니 상을 세 개를 차렸는데 기독교 가정에서는 한 상에서 다 같이 먹는 것만 봐도 상당한 평등사상이 느껴졌어요. 시골에서는 저보다 세 살 위인 오빠가 어른으로서 존경받고 오빠에게는 동생을 보호해야 할 의무가 주어졌고, 자식들은 부모에게 순종하도록 유교적인 교육을 받았는데 학교에서는 그렇지 않았죠. 하지만 세례를 받지는 않았어요. 어느 정도 학교를 다니면 원하는 사람은 세례를 받기도 했지만 제 입장에서는 시골에 가면 제사도 지내고 해야 하니 여의치 않았어요. 좋은 것은 배우고 받아들이되, 세례를 받고 기독교인으로서 완전히 성경 말씀대로 살 자신은 없었거든요.

서민정 세례는 받지 않아도 내적으로 영향을 받으셨을 것 같고, 왠지 간호사라는 직업과도 연관이 있었을 것 같습니다.

송현숙 그렇지요. 학교 바로 옆에 선교사들도 살고 기독교 병원도 있었거든요. 그리고 당시 시골에서는 서로 배려하는 공동 의식이 있어서 항상 내가 먼저가 아니고 친척 형제들과 떡 하나도 나눠 먹게 했어요. 늘 친구들과 지내고 학교에서는 남에게 봉사를 했고요. 그런데 사회에 나와서는 그렇게 할 수 없었어요. 어릴 때는 같이 사는 형제들뿐 아니라 한동네에 같은 성씨가 많았고, 초등학교 때부터 다른 성씨들과도 어울렸지요. 그런데 도시에 가니까 가뜩이나 사투리가 심한 터라 정말 지금과는 딴판으로 고등학교 2학년 때까지 선생님과도 말을 못 했어요. 주눅이 들어서는 교무실에도 못 들어갔어요. 그랬으니 초등학교 동창이 만나서 한다는 말이, 옛날의 그 송현숙이가 독일에 와서 낯선 데 산다는 게 도무지 상상이 안 된다더군요.

서민정 수줍음도 많고 말도 별로 없던 친구가 외국에서 사니까요.

송현숙 같이 걸어서 학교에 다녔는데 심심했다고 할 정도로. 그때 시골 문화가 그랬던 것 같아요. 뭔가 내 의사를 표현하면 안 되고, 어머니에게 어쩌다 의사 표현을 하면 고생해서 학교에 보내줬는데 부모에게는 이렇다 저렇다 하는 게 아니고 순종해야 한다고 하셨죠. 그러다가 사춘기 무렵 자아가 눈을 뜨기 시작하니까 그런 환경이 답답해진 거예요. 독일에 오게 된 데는 그런 이유가 컸죠. 형제도 많은 데다가 당시 시골에서는 고등학교만 나와도 큰일인데, 그렇다고 취직을 할 수 있는 것도 아니고 공부를 아주 잘해서 교대나 그런 데를 갈 수 있는 것도 아니었어요. 그때는 내가 노력한 만큼 대가가 없다고 생각했지만 사실 애초에 그럴 환경이 아니었다는 생각이 들더군요. 주말이면 시골에 가서 일하고 방학 때도 가야 하고, 그러니 학교 공부에 집중할 수가 없었어요. 예를 들면 「메밀꽃 필 무렵」 같은 소설 한 편도 끝까지 읽지를 못했지요.

서민정 가사와 학업을 병행하기가 힘드셨겠어요.

송현숙 예, 공부하랴 빨래하랴 김치 담그랴 하니까 힘들었죠. 그러니 어디 취직을 하고 싶은데 그것도 쉽지 않았고요. 그런데 학교 동창 중에 아버지가 광주 간호사 양성소 소장인 친구가 있었어요. 그 친구 언니가 독일에 갔고 그 친구도 가면서 저더러 같이 가자고 했지만 그때는 갈 생각이 없어서 친구가 먼저 떠난 뒤에 편지를 주고받았어요.

좋다면서 너도 오라고 편지도 계속 오고 해서 저도 가기로 했지요. 집에서는 반대를 했지만 결국 독일에 오게 됐고, 그렇게 일을 시작한 거예요.

이용일 그때가 언제였습니까? 독일에 오신 것이 몇 년도였지요?

송현숙 1972년요. 1972년 12월 1일인가 그랬으니 올해가 40년째지요. 제 나이도 벌써 예순이고요. 작년에는 양력으로, 올해는 음력으로 예순이 되는데 그래서인지 올해는 버릴 건 버리고 이것저것 정리를 좀 해야겠다는 생각을 하고 있습니다. 날짜가 꼭 40년이 되어서라기보다 주변을 돌아보면 여기도 저기도 환갑이라 자연스럽게 그런 생각이 드는 것 같아요. 제가 1951년생인데 주위에 제 또래도 많고 좀 더 나이 든 분들은 일흔이세요. 저는 1970년대에 독일에 왔고, 우리 선배들은 1960년대에 오셨으니까요. 그분들은 우리보다 더 어려움이 있었겠지요.

이용일 1972년에 오셨다고 했는데, 사실 1973년이 되면서부터 갑자기 독일 경기가 어려워졌잖아요. 한창 일을 시작하실 때가 어려운 시기였으니, 선생님 선배들은 어떻게 보면 독일 경제가 참 좋을 때 오신 것 아닌가요?

송현숙 모르겠어요. 그때가 경기가 좋을 때였는지 어땠는지. 아, 그러고 보니 생각나는데 원래 우리가 1972년 초에 오려고 했었어요. 그런데 독일 경기가 뭐가 진짜 안 좋았는지 갑자기 간호사들만 먼저 떠나고 저를 비롯한 보조원들은 10개월쯤 기다렸다가 출발했는데 저한테는 참 좋은 기회였어요. 갈 수 없게 된 게 아니고 가을로 연기된다고 하니까 여유 시간이 생긴 셈이었달까요. 당시 다른 사람들은 가발 공장, 전자 공장, 평화시장으로들 가는데 그래도 저는 중고등학교를 광주에서 다녔으니 말하자면 완전히 외국 유학한 것처럼 특별 대우를 받은 거라고 할 수 있어요. 그래도 시골에 가면 모도 심고 밭도 매고 안 해본 게 없었죠. 게다가 여섯 살 위인 언니가 있었기 때문에 원래 집안 일보다는 아버지와 함께 밖에 나가서 일하는 걸 좋아했어요. 그런데 10개월 동안 기다리던 시기에 마침 젊은 사람들도 예비군을 나가야 하고 해서 굉장히 일손이 딸렸어요. 그래서 그때만큼은 작정을 하고 아버지와 동등하게 농사일에 뛰어들었죠. 마지막으로 나락 베어놓고 한국을 떠나온 걸 떠올리면 마치 영화의 한 장면 같아요. 독일 가기로 한 날이니 출발은 하는데, 하필 11월 말인 그때 눈이 하얗게 와버렸어요. 아버지와 기차를 타고 서울로 가면서 제 생각에는 아버지가 그래도 독일에 가면 뭐를 조심해라, 착실해라, 절약해라, 이런 말씀을 하시려니 했는데 내내 조용하시더니 한다는 얘기가, 들에 나락을 널어놨는데 눈이 싹 덮여가지고 큰일 났다, 괜찮아야 할 텐데, 그런 걱정만 하시는 거예요. 저도 무슨 말을 해야 할지 모르고 그랬죠. 지금 생각하면 참……. 다른 사람들은 공항에 가족들이 나와서 울기도 하는데 저야 제가 원해서 가는 거니까 별로 슬퍼하지도 않고 담담했고 아버지도 6·25까지 겪으셨으니 눈물을 흘리고 그러셨겠어요? 그런데 비행기로 가는 버스 안에서 그만 눈물이 터지더라고요. 옛날에는 공항에 가면 배웅객들이 위에 올라가서 인사하는 데가 있었거든요. 버스를 타고 비행기로 가는 동안 시골 사람치고 키가 큰 편인 아버지가 검정 코트를 입고 손을 흔드는데, 그제야 아, 우리 아버지를 조금 있으면 못 보겠다는 생각이 들면서 다른 사람들처럼 눈물을 흘렸죠.

김용규 형제가 모두 8남매이신데 선생님은 몇째셨습니까?

송현숙 저는 넷째예요. 큰오빠는 사범학교를 나와서 초등학교 교사가 됐고 언니는 할아버지가 진짜 엄하셔서 시골에서 중학교만 나왔죠. 저는 광주에서 공부했고, 작은오빠는 무슨 끼가 있었는지 배우가 되려고 서울 서라벌예대를 다니다가 군대 갔다 와서는 시골로 들어가 농사짓고 축산업을 하고 있어요. 여동생 하나는 저를 따라오려고 간호 보건소에서 일을 했었고, 남동생 하나는 건축 전문학교를 나와서 건축 회사에 다니죠. 그 밑의 남동생은 저와 약간 비슷하면서 다른 점이 있는데, 군대 갔다 와서 독학으로 도자기를 배워서는 고향 무월리에서 도자기도 빚고 농사지으며 살고 있지요.

원래 남동생들이 손으로 하는 걸 다 잘하는데, 아버지 영향도 있는 것 같아요. 아버지는 소달구지든 물레방아든 직접 만들어서 사용하셨어요. 산골이기 때문에 어디를 가려면 산을 넘어 10리 길을 가야 했으니, 지게를 지고 그 먼 길을 가니 동네에 물레방아를 만들어서 온 동네 고추도 빻고 나락 훑는 것도 했지요. 시골 사람치고 우리 아버지는 개발 정신이 꽤 강했던 것 같아요. 연장이 필요해도 직접 만들고, 나무가 필요하다 그러면 산에서 나무를 베어다가 톱으로 착 맞춰 자르고. 저는 그런 걸 보면서 컸어요. 따라 다니면서. 아버지가 닭 잡는다고 저리 가라 해도 졸졸 따라 다녔죠. 부모님은 나중에 꼬부랑 노인이 되어서도 소달구지를 타고 들에 가서 일을 하셨어요. 두 분 다 허리가 좋지 않아서 구부정하시니 노인네 둘이서 들에 가려면 얼마나 힘들겠어요. 그러니까 소달구지를 자가용 삼아, 그걸 타고 들에 가서 일을 하고 다시 집으로 오시고 했죠.

서민정 그럼 아버님이 직접 만들고 창작하신 것이 선생님 작업에도 일종의 기초가 되었다고 할 수 있겠네요.

송현숙 예, 그런 것 같아요. 한국에서 제가 기록영화를 만들면서 누에

키우는 과정을 찍었거든요. 그때도 실을 빼는 데 이것저것 필요한 도구를 아버지가 만들어주셨어요. 따로 말씀드리지 않아도 헌 나무 주워다가 물레도 만들고. 고향집에 가보면 대청에 제 키만 한 항아리가 많이 있는데, 그것도 다 아버지가 만드신 거죠. 제가 그런 아버지의 영향을 많이 받은 것 같아요.

서민정 어릴 때부터 미술을 특별히 좋아하셨나요?

송현숙 저는 말이나 글보다 그림으로 나 자신을 표현하는 데 더 편안함을 느껴요. 어릴 때도 어렴풋이 그런 걸 느꼈던 것 같아요. 일화를 하나 얘기하자면, 초등학교 방학 때 그림일기를 착실히 써서 냈는데 그걸 선생님이 다시 돌려주기에 엄마에게 줬던가 했어요. 당시 시골에선 화장지가 무척 귀했던지라 엄마는 그걸 화장실에 가져다뒀고, 저보다 세 살 많은 오빠가 그 일기를 읽고는 저를 얼마나 놀렸는지 몰라요. 그림이래야 콩 주워 먹기, 아기 업고 오자미 하기 같은 별것 아닌 것들이었지만 글씨 부분에는 잘 기억은 나지 않지만 아마 순진하게 어린 속내를 다 썼던 것 같아요. 그걸로 오빠가 놀리는 데 저는 꽤 큰 상처를 받았죠. 그래서인지 그 뒤로는 일기가 아니더라도 학교에서 글짓기를 하라 그러면 선뜻 쓰지 못했어요. 가능하면 내 일상과는 멀리 떨어진, 예를 들면 먼 나라 이야기를 술술 써서 낸다든가 하면서 진짜 내가 하고 싶은 말은 못 했던 것 같아요.

김정현 숨겨두신 거군요.

송현숙 마치 누군가가 보고 있는 것 같았죠. 그런데 독일에 올 때는 누구도 볼 사람이 없으니까 일기를 써야겠다 해서 이만큼 두꺼운 일기장을 사서 가져왔는데, 한 방에 두 사람씩 지내게 하니까 또 누가 볼까봐 못 썼어요. 쓰긴 쓰는데 어디어디 갔다 왔다 이런 내용뿐이고 진짜 고민스러운 문제는 못 썼죠. 그러다 보니 편지를 써도 그렇게 힘들더라고요. 그래서 한국에 다시 갔을 때 이오덕 선생님의 글쓰기에 관한 책을 다 구해 와서 이젠 나도 어린이처럼 일기를 써야겠다, 그렇게 노력을 했지만 어렸을 때 문장 쓰는 교육을 받지 않아서인지 쉽지가 않았어요. 그런 면에서, 그림을 그리게 된 것도 뭔가 나만이 볼 수 있는 것이었기 때문이라고 할 수 있죠.

저는 남편과도 글보다 그림으로 소통해요. 처음에 마음을 표현할 때도 그랬죠. 언어의 문제도 있었고, 원래가 그런 데 서툴렀으니까요. 예를 들어서 한국에서 대학 다닐 때 리포트를 써내려면 책을 읽고 요약 정리해야 하는데 저는 그런 훈련이 되지 않아서 어려움을 겪었거든요. 모국어로도 못하는데 독일어로는 어땠겠어요. 그래서 저는 토론한다든지 언쟁이 붙을 때 내 의견을 충분히 표시하지 못했다는 느낌이 오면 말하자면 그림이라는 기구로 그 아쉬움을 담아 상대방을 비판하죠. 그 상대가 남편일 때면 남편도 그림을 이해하고 그것도 하나의 표현방법임을 알기 때문에 웬만하면 잘 기분 나빠하지 않아요. 그런 식으로 제게 그림이라는 건 다른 사람들이 대개 언어로 많이 표현하는 것을 가능하게 하는 도구죠.

이용일 지금 함부르크에 사시잖아요. 오랫동안 사셨는데 처음 왔던 브레멘과 함부르크 중 어디가 더 마음이 가시나요?

송현숙 함부르크지요. 그 전에는 임시로 살았어요. 언제든 한국으로 떠날 거라는 생각에 그릇도 그냥 선반 같은 데 쌓아두고 썼어요. 함부르크에 와서야 비로소 여기 정착해야지 했죠. 남편도 언제든 한국에 가도 좋다고 했고요. 그런데 지금은 한국을 오가며 살 자신이 없어요. 여러 가지가 너무 다르고 낯설고 새로운 게 많아서. 여기서는 하고 싶은 일 하고 편안한데 한국 가면 이래저래 인사 차려가며 살아갈 자신이 없어요. 옛날에는 한국 가고 싶은 생각도 강했고 한국 사람만 만나도 마음이 흔들렸지만 지금은 여기가 고향이에요.

부모님이 돌아가시고 나니 한국에 가도 예전 같지가 않아요. 형제간의 끈도 예전 같지 않고요. 다들 각자 떨어져 살고 자기 자식들도 있고. 저만 해도 그동안 열심히 독일에서 살았으니 가까운 이웃과 친구를 더 챙기게 돼요. 자식들과 손주들이 있는 여기가 고향이죠. 어디든 바로 지금 마음 편히 살 수 있는 곳이 고향이잖아요. 지금은 여기가 편해요. 작업실에서 시간에 구애받는 일 없이 아이디어가 떠오르면 일하고 쉬고 싶을 때 쉬고, 편지도 스캔해서 보낼 수 있고, 모든 것을 할 수 있어요. 차츰 그렇게 되더라고요. 이제 나이 들어가는 시기가 아닌가 하는 생각이 들어요. 그 전엔 어디 다니고 여행하는 걸 좋아해서 기록영화 세 편도 전부 한국에 가서 작업했는데, 지금은 힘도 없고 그렇게 안 되더라고요.

저는 일단 떠나오면 다시는 거기에 가지 않아요. 갈 마음도 없고. 예전 이웃이 찾아오면 챙겨주지만 제가 갈 생각은 없어요. 뭔가 얽히고 설키면 괴로움이 생겨요. 한국에 있는 친구가 꾸준히 책을 보내주는데 법정 스님이 아우에게 보내는 글도 좋았고, 『금강경』은 어려워서 보지 않다가 강의를 들어보니 좋더라고요. 여러 가지를 정리하고 맺는 데 도움이 되었어요. 지금도 고향 가면 일가친척이 다 가까이 살아요. 예전에는 늙으면 다 같이 모여 살자 했는데 그건 꿈이었고, 디아스포라와도 관계되는 이야기 같은데 오랫동안 살았던 곳에서 각자 삶을 마무리하는 게 좋은 것 같아요. 사람마다 다르긴 하지만 저의 입장은 그래요. 저는 몸이 움직이는 한 제 작업을 꾸준히 하는 것이 즐거움인데 여기는 그런 터전이 마련되어 있으니까요.

김용규 독일과 한국에 모두 뿌리가 닿아 있는 예술가로서, 사회적 문제의식과 고민 들이 작품과 연결되는 지점들이 있었을 것 같은데요?

송현숙 초창기에는 이주 문화에 대한 주제를 가지고 공부했어요. 예를 들어서 여긴 수질이 좋지 않아 머리를 감으면 뻣뻣해요. 그래서 처음엔 뭔지도 모르고 욕실에 있는 샴푸 같은 걸로 머리를 감곤 했는데 알고 보니 그건 독성이 강한 욕실 세제였어요. 당시엔 문화적 열등의식 때문에 표현을 못 했는데, 미술을 시작한 뒤 보니까 우리나라는 물이 좋고 깨끗해서 독한 세제를 사용하지 않지만 여기는 이걸 사용해서 환경문제가 생긴다는 것을 알았지요. 그래서 그것을 소재로도 그림을 그리고, 간호사들이 일하느라 시간이 없어서 화장실에 앉아서 편지를 읽는 것도 표현하고, 또 우리는 현대식 화장실이 있는 병원에서 실습을 했기에 사용할 줄 알았지만 터키 사람들은 양변기 위에 올라가서 볼일을 본다든지 하는 문화적 갈등 같은 주제도 다루었지요.

한국 민주화운동 시기에는 전태일 분신 사건으로 어머니 이소선 여사가 통곡하는 장면을 소재로 다루기도 하고, 김지하 씨가 박정희 독재에 굽히지 않고 푸른 천을 감고 있는 것을 성탄절 카드로 그린다든가, 그가 투옥된 감옥 창문으로 평화를 상징하는 비둘기가 보이는 그림을 그려서 알려보기도 했어요. 그때는 정보부가 무서웠어요. 여기서도 찍히면 감시하곤 했죠. 광주항쟁 전에는 저도 여성회에 참석하면서 찍힐까 봐 쉬쉬했는데, 매일 보도를 접하고 텔레비전으로도 보고 하면서 말하자면 겁이 없어졌어요. 뭔가 거시적인, 즉 민족적인 문제나 투쟁적인 이념의 차원이라기보다 내 형제, 내 가족, 내 친구일 수 있는 사람들이 누구든 희생될 수 있으니 겁이 없어졌어요. 조선대학교에서 제작한 설명서를 복사해서 나눠 주고, 1981년에는 함부르크에서 열린 '교회의 날Kirchentag' 대회에서 집회를 했어요. 가정집이든 어디든 유명한 목사들을 모시고 평화나 환경문제 등에 대해 토론했죠. 그런 자리에는 의식 있는 사람들이 오기 때문에 여성 모임도 자리를 만들어 설명서를 나눠 주고 '한국, 지금 광주에서 이런 일이 일어나고 있다'고 호소했어요. 사진이 찍히든 말든 신경 쓰지 않았죠. 그리고 당시 제가 다니던 미대에 김대중 구속 석방 호소문도 붙였는데, 미대는 규모가 작아서 학생 식당에 붙이니까 눈에 확 띄었어요. 유학생들이 저걸 누가 붙였는지 궁금해해도 차마 내가 했다고 당당하게는 말을 못 하겠더라고요. 그래도 아무튼 1982년에 그런 소재를 가지고 작품도 만들고, 독재에 항거한 서울대생 자살 사건을 주제로 전시회도 열었어요. 박정희 대통령이 죽었다는 소식을 텔레비전에서 보고는 박정희 대통령을 상징하는 뱀이 화살을 맞은 그림을 그리기도 했죠. 1982년 첫 전시회에 그런 작품들이 꽤 있었어요. 당시 함부르크에서 미술을 공부하던 사람과 나중에 우연히 공동 전시회를 하게 되면서 들었는데, 당시 그 사람은 제 전시회에 가거나 저와 함께 활동하면 한국에 가는 데 방해가 될까 봐 전시회에 오지 않았다더군요. 저는 앞장서서 활동하지는 않았지만 그래도 동일방직 똥물사건 등등을 접하며 느낀 울분을 소재로 해서 즉흥적으로 표현을 하곤 했어요. 그 작품이 원래 여기 있었는데 서경식 선생님이 구입해 가셔서 지금은 평화박물관에 있다는 얘기를 들었어요.

김정현 디아스포라 예술가로서, 민족과 예술에 대해 어떻게 생각하십니까?

송현숙 민족예술이란 게 따로 있다고 생각하진 않아요. 미술이란 한

개인이 자기 삶을 표현하고, 내가 어떻게 살고 어떻게 사회를 보고 느끼느냐를 주제로 그것을 표현하는 거라고 생각해요. 독일에 왔을 때 저는 몸은 성인이었지만 정신은 성인이 아니었어요. 그런데 그림이 나 자신을 성숙시키는 데 커다란 도움이 되었죠.

디아스포라 예술가인 제게 그림은 자부심을 갖게 해주었어요. 잘못하면 이곳 사람들에게 주눅 들기 쉽습니다. 주눅 들지 않게끔 연습해야 하는데, 그림을 통해 자부심, 나 자신의 잘못, 약점을 들여다보게 되어 도움이 되었죠. 그리고 독일에 살면서 그림 보는 눈을 길렀어요. 모든 사물을 그냥 스쳐 가지 않고 다르게 보는 거예요. 그건 하루아침에 생기는 것이 아니라 오랜 세월에 걸쳐 길러지는 거예요. 초기에는 전시회를 할 때 내 마음을 낯선 사람들에게 보이는 것 같아 작품을 선정하지도 못했는데, 나중에는 그림에 대한 판단이 생기고 왜 좋은지 또 좋지 않은지를 보는 눈이 생겼어요. 다른 예술도 마찬가지예요. 사진에서 피사체를 고르는 것과 같이 미술에서도 순간을 포착하는 것이 중요하기 때문에, 연필과 노트를 가지고 다니며 꿈을 꾸거나 누구를 만난 인상을 기록했어요. 그러고는 버리고 정리하고 찢어버리는 작업을 반복했죠. 다른 이는 명상을 하고 산책을 하는데 저의 방법은 기록이었어요.

그리움에 대해 꼭 얘기를 해야겠어요. 1996년 금호미술관 전시회 때 많은 사람이 제 그림을 보고 한국의 잃어버린 향수를 느끼게 한다고 하더군요. 그림이 어렵지 않고 옛 시골에 간 것 같은 느낌이 든다며 계속 얘기했어요. 그래서인지 2003년, 2006년, 꾸준히 전시회를 열었지만 언론에서는 항상 제 작품을 고향 생각과 그리움에만 초점을 맞추는 거예요. 제 생각에 그런 해석은 본인들이 자주 가보지 못한 고향에 대한 그리움을 그림에 투사한 것 같아요. 그러나 저 자신은 한국에서 작업을 하든 다른 나라에서 작업을 하든 별로 다르지 않았을 것이라 생각해요. 물론 저도 작업을 끝내놓고 보면 옛 생각이 나기도 하지만, 그런 점을 의도하고 그리지는 않아요. 아마 제가 서울에서 태어나서 공부하다 왔으면 이런 그림을 그리지 못했을 거예요. 시골에서 살다가 독일에 왔기 때문에 한국적인 것을 표현할 수 있었던 거죠. 한국적인 것은 억지로 발현되는 것이 아니에요. 그렇기 때문에 한국 안에 있지만 낯선 것, 우리 것이긴 하지만 내가 몰랐던 나의 것이라고 할까요.

서민정 작품 제목을 획수로 붙이시는데 숫자에 대한 특별한 의미가 있는지, 그리고 템페라를 안료로 사용하시는 이유도 궁금합니다.

송현숙 그림 그릴 때 획수를 제목으로 붙이지만 수에 대한 의미는 특별히 없어요. 미리 숫자를 정해서 3획, 4획으로 하겠다는 건 아니에요. 그림을 그리고 나서 제목을 붙이는데, 보이지 않는 법칙처럼 숫자를 제목으로 했어요. 템페라를 사용하는 이유는 첫째, 제가 하는 작업은 안되면 모두 지우고 다시 해야 해요. 그런데 유화는 지우는 과정이 힘들고 선이 제대로 나오지 않아요. 아크릴도 한번 그리면 지워지지 않아서 사용하지 않지요. 템페라는 유럽 전통의 안료인데 저는 그것으로 한국적인 것을 그리지요.

김정현 관람자가 작품에 대해 무엇을 표현한 것이냐고 묻는다면 뭐라고 답하시나요?

송현숙 전시회를 해보면 오히려 저보다 보는 사람에게서 더 다양한 의미가 도출되는 것 같아요. 함부르크에서 전시할 때 어떤 독일 여자분은 그림을 둘러보고 있으니 뭔가 자신이 살아온 것을 다시 생각하게 하고 명상하게 하는 것이 있다고 하더군요. 그림에 대해 묻는 관람자가 있으면 저는 그 사람에게 어떤 느낌이 드느냐고 물어요. 보는 사람마다 느낌이 다르거든요. 예를 들어 흐릿한 천을 보며 어떤 사람은 삼베라고 하고 어떤 사람은 펄럭이는 바람이라고 하고, 기대고 있는 기둥을 아들과 엄마가 기대는 것을 표현한 것 같다고 하면서 나름대로 답해요. 제가 그릴 때 연상한 것은 할머니가 길쌈을 많이 하셨는데 명주나 삼베에 노란 물을 들이려고 양잿물에 계속 담갔다가 널고 했던 걸 표현한 것으로, 뭔가 살살 바람이 불면 날아갈 듯이 없어질 듯이, 시작은 우아했는데 살다 보면 여러 가지로 변화할 수 있는 것을 담아 표현하고 싶었죠. 그래서 제 그림에 나오는 기둥들은 반듯하지 않고 유연하게, 색깔도 너무 어둡지 않게 조절해요. 그러노라면 스릴도 있고 그 순간에 폭 빠져서 집중하게 되죠. 안되면 이튿날 또 지우고 하고, 색깔을 많이 묻혀도 안 되고 적게 묻혀도 안 되고 움직일 때도 발을 유유하게 춤추는 사람처럼 놀려야 해요.

김정현 작업하실 때 컨디션이 중요하겠군요.

송현숙 예. 내 상태를 살펴가며 작업을 해야 하죠. 예를 들어서 너무 피곤하다든가 너무 들뜬다든가 속에서 화가 바글바글 끓는다든가 하면 일을 못 해요.

김정현 작업하기 좋은 상태란 편안하고 가라앉고, 안정적인 것을 말씀하시는 건가요?

송현숙 안정은 아니고, 말하자면 나태해서 되려면 되라지 하면 안되고, 어떨 때는 사흘씩 그러기도 하죠. 그럴 때는 작업하던 걸 싹 치워야 해요. 어떻게 보면 모든 일은 최선을 다해도 안될 때가 있고, 또 안될 듯하더니 생각지도 않았는데 될 때도 있잖아요. 어떤 때는 기분이 한껏 좋다가 이튿날 기분 나쁜 일이 생기고. 저도 일이 잘 풀릴 때도 있고 아닐 때도 있어요. 예전과 달라진 점은 전에는 힘들 땐 안 해야지 했는데 지금은 힘든 고비를 넘어야 뭐가 나오지 싶은 생각을 해요. 물론 힘들면 도망가고 싶기도 하죠. 그런 면에서 텃밭은 제게 큰 힘이 돼요. 가꾸기만 하면 쑥쑥 크고, 뿌리면 되고 묻으면 되고.

김정현 말씀을 들으니까 앞서 말씀하신 노장사상의 실천적인 결과가 선생님의 그림이 아닌가 합니다. 뭐랄까 굉장히 노력하지만 이게 내 노력에 의해 완전히 결정되는 것이 아니고 오히려 손을 놓아버리는, 즉 실제로는 작업을 하면서도 마음 가운데서 손을 놓아버리는 것이 동시에 있어야 이런 그림이 나오겠다 싶습니다.

송현숙 예. 독일은 표현주의에 대한 선호가 있어서 제 작품에 큰 호응이 없는데, 독일 사람들 중에도 말씀하신 그런 점을 느낀 사람은 제 그림을 좋아해요. 일반적으로 한국 사람들은 저를 몰라도 제 그림을 좋아하는데, 독일 사람들은 저와 대화를 해보고 싶어 하고 질문을 많이 해요. 그런 사람들은 뭔가 마음이 열린 사람이죠. 외국인에 대한 편견이 없다든가, 개인의 가치관이나 사상이 열려 있어서 낯설지만 관심을 가지는 사람들이지요. 자기들에게 끌리는 것이 있으니까 관심 있는 것이겠지만, 저마다 나름대로 상상을 하고 연상하는 부분들이 있어요.

김정현 독일 사람이지만 독일적인 것에 너무 집착하지 않는 사람들이 선생님 그림에 관심을 갖는군요. 한국적 그리움을 넘어선 보편적인 정서와 연결되는 지점인 것 같습니다.

서민정 긴 시간 감사합니다.

1.5세, 무엇을 말하는가

한정화 대담

일시: 2012년 8월

참석자: 김용규, 서민정, 이용일, 하상복, 김정현

장소: 독일 베를린 코레아협의회

이용일 어릴 때 독일에 오셨다고 들었는데, 가족의 이주사에 대해 설명해주시기 바랍니다.

한정화 제가 독일에 온 것은 만 열여섯 살인 1978년이었어요. 한국에서 중학교를 졸업하고 연합고사까지 보고 고등학교 올라가는 4월이었죠. 당시만 해도 여권 발급이 쉽지 않은 때라 제가 알기론 경찰이 찾아와서 아버지가 따로 돈을 주고 여권을 발급받았어요. 그리고 그 직전에 KAL기 폭파 사건이 있어서 독일을 비롯한 해외로 가기가 불안한 시대였어요. 제가 생각하기에는 1세대로 오신 분들보다, 오히려 1970년대 유신 정권이 극에 달했을 때 그것을 직접 경험하며 초등학교, 중학교를 다닌 경험이 여기 살면서 제 경험을 많이 좌우했던 것 같아요. 제가 초등학교 4학년 때 유신 발표가 났고, 심지어 초등학교에서도 반장 선거를 못 하게 했어요. 담임이 임명을 하게 했죠. 지금 생각하면

한정화/ 재독 번역문학가.

말도 안 되는 이야기인데 그런 공포와 불안이 있었어요. 제 어머니는 1971년에 간호사로 독일에 오셨어요. 1960년대 중후반까지 아버지가 영자 신문《코리아 헤럴드》,《코리아 타임스》에서 근무하셨는데 영자 신문임에도 자유롭게 의사를 표현할 수 없어서 분노하신 끝에 빨간 펜으로 사직서를 써서 내셨죠. 어머니는 저를 업고 오빠를 걸려서 마지막 월급을 받아 왔어요. 그런 생활이 힘에 부친 나머지 어머니는 그 당시 많이 모집하던 간호사 자리에 지원하셨죠. 6·25 때 피난 가서 간호고등학교를 나오신 뒤로 간호사로 일한 적은 없다가, 그때 지원해서 일을 하시고 독일로 떠나신 거예요. 원래 3년 계약으로 출발했는데 1년 정도 더 연장을 하고, 우리 자식들을 독일로 데려와서 교육하기로 하셨어요. 그런데 당시 독일에서는 체류 문제가 유동적이었어요. 유류파동 이후에 간호사들을 다 돌려보내고 그랬으니까요. 특히 남쪽 지방인 슈투트가르트에 계셔서 더욱 불안한 상황이라 미루다가 저만 데려오게 됐어요. 오빠는 남자니까 군 복무를 마치기 전에는 해외에 나갈 수 없는 상황이었으니까요.

김용규 독일로 오시기로 한 건 아무래도 어머니의 상황이 안정적인 부분이 있어서인가요? 아버지가 영자 신문사에 계셨으면 미국 쪽도 생각하셨을 텐데요.

한정화 그렇잖아도 양쪽에 다 지원을 했는데, 미국은 전 가족이 갈 수 있었고 독일은 지원자인 저 혼자만 가게 되어 있었어요. 그런데 독일에서 먼저 연락이 와서 비행기 표며 서류 준비도 다 마쳤죠. 그런데 마지막 날 미국에서 초청장이 날아온 거예요. 사실 미국으로 갔으면 온 가족이 갔을 텐데 그게 여의치 않아서 저 혼자 독일에 왔죠. 그 후에도 부모님은 미국에 가고 싶어 하셨어요. 제가 독일에 도착했을 때도 미국에 가라고, 독일어 배울 필요 없이 영어를 배우라고 하셨는데 막상 오고 나서는 저도 학교에 들어가게 되고 미국으로 가는 게 쉽지 않게 되면서 여기 남게 되었죠. 그러고서 4년 후에 부모님은 헤어지셨고요.

이용일 그러면 어머니와 7년이라는 긴 시간 동안 단절이 있으셨겠네요. 아직 어린 나이인 아홉 살 때 어머니와 떨어져 사셨는데 힘들지 않으셨나요?

한정화 쉬운 건 아니었어요. 그래도 아버지가 워낙 자상한 분이어서 늘 옆에서 함께해주셨지요. 그리고 어머니와 편지를 많이 주고받게 되었기 때문에, 대개 부모 자식 간에 글로 소통하는 경우가 잘 없으니 그런 면에서 돈독한 관계를 유지할 수 있었던 것 같아요.

서민정 독일에 오실 때는 독일어를 모르는 상태셨겠네요?

한정화 처음 왔을 때는 어머니가 독일어를 배울 필요 없이 영어를 배우라고 하셨어요. 일단 독일에 왔다가 미국에 가라고 하셨죠. 독일에서는 체류 허가를 받는 게 쉽지 않았었거든요. 저도 2년 동안 그랬어요. 초기에는 2개월에 한 번씩 연장을 하다가, 1978년 10월에 독일

가톨릭 기숙사에 들어가 거기서 김나지움을 다니는데도 계속 체류 허가가 나지 않았어요. 독일어를 배워서 허가를 취득해야 했죠. 그래서 슈투트가르트에서 떨어진 슈비바딩에서 살았는데, 거기 면사무소에서 일하시는 분이 제가 미성년자로 독일에 왔을 때 본인이 원해서 온 게 아니라는 걸 근거로 체류 허가를 받을 수 있게 도와주셨어요. 열여덟 살 지나서 성인이 된 다음부터는 독일에서 지내는 게 많이 편해졌지요.

이용일 무기한 체류 허가지요?

한정화 네. 그런데 저희 오빠는 지금까지도 어려운 상황이에요.

이용일 지금 독일에 계신가요?

한정화 네. 최근에 독일 회사에 엔지니어로 취직이 돼서 그때서야 체류 허가를 받았어요. 한국 여성과 결혼해서 더 어려웠던 것 같아요. 여기와 연관이 없어서. 가족으로 이민을 했지만 군대에 다녀오느라 성인이 돼서 오는 바람에 저희 가족도 여기 살면서 오빠의 체류 문제로 부담스러웠어요.

김용규 1세대들은 간호사로 와서 여기서 결혼해 살았으니 그런 문제가 없는데 가족으로 이민을 오다 보니 실질적으로 더 문제가 많았겠네요. 이 사회와의 관계, 차별의 문제가 있을 수도 있고요. 선생님의 경우 1.5세대이고 바로 앞 세대와는 다르신데, 독일 학교에서의 경험은 어땠습니까?

한정화 처음 독일에 왔을 때 문제가, 제가 만 16세라서 의무교육이 끝났어요. 독일 학교에서 저를 받아들일 의무가 없었지요. 김나지움은 5학년부터 시작하니까 어느 학교도 갈 수 없었어요. 하우프트슐레는 9학년이면 끝나고, 레알슐레는 1년 다니고 김나지움 상급 과정으로 진학해야 하는데 독일어도 못하지, 또 라틴어나 프랑스어 같은 제2외국어가 필요한데 그게 불가능하니까 들어갈 수 없었어요. 그래도 헤센주나 베를린에서는 자기 나이에 맞춰서 들어갈 수 있는데, 슈투트가르트는 보수적이어서 학교에 들어가기가 힘들었죠. 그러면 언어를 배우려고 괴테어학원에 들어가려고 했더니 18세 미만은 미성년자라 또 안 된대요. 그처럼 상황이 굉장히 애매해서 언어 학원만 2, 3개월 다니고 있을 때, 중국에 오래 계셨던 한 신부님이 한국 간호사들에게 제 이야기를 듣고 연락해오셨어요. 당시 그분은 바이에른 주의 잉골슈타트에 계셨는데, 저를 보내면 책임지고 그곳 기숙사에 넣어주겠다고 하셨어요. 저는 그때 언어 코스를 하나 끝내고 두 번째 코스에 신청을 해서 900마르크라는 큰돈을 낸 참이었죠. 어쨌든 그분 연락을 받고 부랴부랴 잉골슈타트로 짐을 싸서 갔고, 신부님을 따라 기숙사 수녀님과 원장님, 교장 선생님을 만났어요. 그때가 30년 전이었으니 바이에른 주에 처음 있는 일인지라 교장이 고민을 하니까 신부님이 그러면 5학년으로 받으라고 설득하셨어요. 키도 크지 않고 눈에 잘 띄지 않으니까. 결국 교장 선생님 허락이 떨어졌죠. 독일에 온 지 6개월 정도 됐으니 다 알아듣진 못했지만 그때 신부님이 하시는 말이, 중국 사람은 못 하지만 한국 사람은 할 수 있다고 하셨어요. 중국에서 수십 년을 살고 중국어 자격증까지 따신 분이 말이에요. 그다음에는 차를 몰고 학교에서 조금 떨어진 기숙사로 가서 원장님을 만났어요. 주말이라 학생들은 집으로 가고 아무도 없었고, 창문에 철조망이 있었어요. 여학생 기숙사니까 담을 타고 넘어올까 봐 철조망을 쳐둔 거죠. 거기에 엄마가 저를 떨어뜨려놓고 가셨어요. 그날 하룻밤 자고 다음 날 오후가 되니까 아이들이 돌아왔고, 그다음부터 학교에 다니기 시작했어요. 그런데 말을

잘 알아듣지 못하니까 선생님이 시험 친다는 말을 하셨는데 준비를 못
해서 시험을 망칠 때도 있었고, 때로는 운이 좋아서 우연히 준비했다
가 점수가 잘 나올 때도 있었지요. 특히 5학년이니까 산수를 잘했어
요. 언어가 필요 없는 과목이고 한국에서 중학교를 졸업하고 왔으니
덧셈뺄셈을 못할 수가 없었죠. 독일 애들은 처음에는 저를 보며 신기
하니까 가방도 들어주고 잘해줬는데, 2, 3개월 지나자 공부를 잘한다
고 해서 질투를 했던 것 같아요. 수녀님들이 자꾸 애를 봐라, 미개한
나라에서 왔는데 이렇게 부지런히 해서 공부를 잘하지 않느냐, 본보
기로 삼으라고 얘기한 것 같아요. 그래서 아이들은 선생님들이 예뻐
해서 시험 문제를 미리 받기 때문에 공부를 저렇게 잘한다고 생각했
나 봐요. 그래서 하루아침에 반 애들이 저와는 말을 안 했어요. 5학년
이니 아직 어린애들이니까요. 그러다가 라틴어 선생님이 처음엔 독일
어도 못하는 제가 라틴어 문법까지 배울 수 있겠느냐며 걱정하시다가
좀 가르쳐보고는 월반을 제안하셨어요. 10월에 들어가서 2월에 6학년
으로 월반하고, 그다음에 8학년, 그리고 10학년으로 올라갔죠. 어려
운 점도 있긴 했지만 다행히 한국에서 사춘기를 보내고 나서 독일에
왔기 때문에 그럭저럭 괜찮았어요. 게다가 독일에서 학교에 들어가기
가 얼마나 어려운지 경험한 뒤라 감동했던 것 같아요. 처음에는 공부
하기가 싫었지만 자식들 뒷바라지를 위해 독일까지 오신 어머니 생각
도 났고요. 또 한국에서만큼 열심히 하지 않고 10분의 1만 해도 점수
를 적당히 받을 수 있으니 학교에서 하라는 만큼만 하고, 그러면서 재
미도 느꼈던 것 같아요. 아이들이 따돌리는 데는 신경을 쓰지 않았기
때문에 그런 점에서 정체성에 대한 타격도 없었어요. 저보다 어린 나
이에 온 청소년들은 상처를 많이 받는 경우를 봤어요. 저는 다행히 학

급 아이들이 저보다 어렸으니까 그런 어려움은 없었던 것 같아요. 쉬운 건 아니었죠.

김용규 다른 한국 학생은 없었나요?

한정화 한 명 있었어요. 잉골슈타트는 뮌헨에서 70킬로미터쯤 떨어진 도시인데 그곳에 유일하게 한국인 가족 두 가구가 있었어요. 한 집은 딸이 둘이고 다른 집은 아들이 둘인데, 제가 다닌 학교가 여학교여서 저보다 한 살 위인 한국인 여학생이 같은 학교에 다녔죠. 12학년인가 그랬고, 1, 2년 지나서 그 친구는 대학에 진학했어요.

김용규 차별은 상대적으로 많이 못 느끼셨을 것 같아요.

한정화 학교 내에서는 어찌 보면 선생님들이 차별을 하셨던 것도 같고 아니었던 것도 같아요. 언어뿐 아니라 여러 면에서 제가 워낙 다르고 항상 예외적이었으니까요. 선생님들은 비교적 예뻐해주는 편이었는데, 지금 생각하면 한국이라는 가난하고 미개한 나라에서 온 애가 저렇게 잘할 수 있다는 게 신기해서 잘 대해주셨던 것 같아요.

서민정 선생님 말씀을 듣지 않고 상상하면 참 힘든 상황이거든요. 어머니와 몇 년을 떨어져 있다가 다시 특별한 상황에서 혼자 기숙사 생활을 하게 되셨으니까요. 생각을 언어로 표현할 수도 없고, 미래도 불안하고, 라틴어에 외국어를 배워야 하고요. 힘든 상황 같은데 말씀하시는 것을 들어보면 이론과 실제 상황이라는 게 이렇게 간격이 있구나, 하는 생각이 듭니다. 의사소통 면에서 1세대의 경우 언어 문제에서 부침이 크지요. 1세대들은 언어의 문제가 현실, 바로 삶에서 부딪히는 문제라 힘들었다면, 1.5세나 2세가 되면 배우는 과정에서 만나는 문제이기 때문에 언어보다는 오히려 자기 정체성이라든가 다양한 상황에 대한 극복 의지가 더 큰 문제였을 것 같아요.

한정화 저는 1세대와 2세대의 중간 입장에서 둘 다와 친하기 때문에 그들이 어떤 문제를 겪는지 알아요. 2세대들은 어렸을 때부터 여기서 자랐기 때문에 언어 문제를 전혀 모르죠. 1세대들은 하고 싶은 말이 있는데 표현하지 못하고, 아는 것이 많아도 그걸 멋있게 표현하지 못하고 유치원 아이들 수준으로 말을 하게 돼요. 처음에 몇 년은 앉아서 상대방이 얘기하는 걸 보고 듣고 하지요. 그래도 나이가 있으니까 빨리 느는 재미도 있어서, 주변에서 잘한다고 해주면 그 맛에 힘을 내기도 해요. 두 나라 언어를 어느 한쪽이라도 완벽하게 못 한다는 생각도 들고요. 저도 독일에 온 지 한참이 지나도록 회화는 몰라도 글로 쓰면 한계가 많았어요. 거기서 오는 괴로움이 하루아침에 풀어진 게 아니라, 오랜 세월 동안 문제로 남아 있었죠. 그러다 어느 순간 완벽주의적인 것을 버리자는 생각이 들었어요. 독일어를 완벽하게는 못 해도 필요한 정도만 하면 된다 하고 마음을 편히 가져야 되는데 말처럼 항상 쉬운 건 아니에요. 어디 가서 발표를 하고 그러면 문법 안 맞는 것만 기억나고, 단어 모르는 것만 기억나요. 논문 작업 때 마음대로 쓰지 못하는 것 때문에 많이 울기도 하고 괴로웠죠. 그런데 어머니를 보니까 저보다 훨씬 어려움이 많더군요. 어머니는 30대 후반에 오셨으니 다른 간호사들보다 훨씬 나이가 많았고, 그만큼 입이 굳어서 발음도 나쁘셨지요. 그래서 예쁘게 차려입고 나가면 사람들이 잘해주지만, 덜 신경 쓰고 나가면 외국인이라고 따돌리고 하는 것을 옆에서 많이 봤어요. 그런 면에서 1세대들이 겪는 고충을 저도 많이 느껴요.

저는 아무래도 언어를 빨리 배운 편이라 대화할 때 독일어로 받아치면 상대방이 놀라요. 말을 못한다고 생각했는데 잘하니까 의아해하기도 하고요. 그래서 어느 순간부터는 그런 걸 가지고 허점을 노리기도 하고, 여러 가지 전략을 부리면서 이상한 수작을 걸면 받아칠 수도 있게 되었어요. 처음에는 그냥 귀를 닫고 지내다가 마음을 고쳐먹었어요. 안 되겠다, 아시아 여성들이 말을 못 알아들으니까 주변에서 함부로 하는데, 내가 독일어를 잘해서 그 사람들을 창피를 주면 다음번에 그들이 아시아 여성들을 봤을 때 한 번 더 생각을 하고 대할 것 아니냐, 그렇게 생각했죠. 지금은 시간이 많이 흘렀지만 그런 식의 변해가는 과정을 많이 겪었다고 할 수 있죠.

이용일 김나지움을 마친 후 대학에 들어가서 한국학을 공부하셨는데, 처음부터 전공을 그렇게 정하셨는지 아니면 나중에 바꾸신 것인지 궁금합니다.

한정화 가톨릭 기숙사에 3년 있다가 도저히 못 견디겠어서 어머니가 계시는 슈투트가르트로 옮겼어요. 거긴 그래도 중소 도시고 학교도 남녀공학이니까요. 그 학교에 들어가면서 굉장히 좋았어요. 기숙사에 있을 때는 5학년 때 반에서 그랬듯이 8학년 때도 기숙사 내에서 따돌림을 당했어요. 기숙사에 들어오는 아이들이 문제아가 많다 보니 질투하는 게 있었거든요. 그리고 주변에 김나지움이 없는 시골 출신들이 많고 해서인지 기숙사에서 친하게 지낼 친구를 찾는 게 어려웠어요. 에티오피아에서 망명한 친구 한 명이 유일하게 마음이 통하는 친구였죠. 아버지가 대사관에서 일하다가 정권이 바뀌는 바람에 망명했다고 했는데, 그 친구가 있어 많이 위안이 됐어요. 그러고 나서 슈투트가르트로 옮겼더니 다들 취향도 비슷하고 아무래도 도시니까 깨어 있는 면도 있고 해서 좋았어요. 그때 3년 다니면서 친구도 많이 사귀고 여자애들끼리 케이크도 만들고 하면서 재밌게 잘 지냈어요. 그러고 나서 전공을 미술사로 정했는데, 원래는 건축을 하려고 했고 자리까지 다 나왔었어요. 하지만 당시 사귀던 남자친구 아버지가 유명한 건축가였는데, 그 남자친구가 자기 아버지를 보니 건축을 하면 가족을 위한 시간이 전혀 없다면서 말리는 거예요. 그래서 미술사로 바꾸고 슈투트가르트에서 튀빙겐으로 가서 대학을 다니기 시작했어요. 부전공으로 고고학과 중국학을 선택했는데 그러다가 한국학을 해보니까 재밌더라고요. 그래서 한국학, 일본학, 미술사를 공부하다가 베를린 자유대학으로 옮겼어요. 하지만 당시 그 대학에 한국학과가 없어서 졸업하기가 어렵다가, 통일이 되면서 훔볼트 대학에서 졸업했어요. 대학을 세 번 옮기느라 졸업하기까지 오래 걸린 편이죠.

이용일 훔볼트 대학이면 북한을 방문하기도 했던 헬가 피히트Helga Picht 교수에게 배우셨나요?

한정화 당시 피히트 교수는 동독공산당SED과 가깝다는 의심을 받고 있어서 본인이 미리 은퇴를 하신 뒤였고, 저는 레타 렌트너Reta Rentner 교수 밑에서 졸업했어요. 나중에 피히트 교수님과는 『토지』를 함께 번역했지요.

서민정 한국학 하면 범위가 굉장히 넓잖아요. 그런데 특별히 관심이 있으셨던 분야가 문학이었나요?

한정화 미술사를 공부해보니 재미가 없어서요. 독일은 남쪽이 상당히 보수적이라서 튀빙겐에서 미술사를 배우는데 너무 재미없더라고요. 그래서 한국학으로 바꿔서 베를린 자유대학에 왔는데 한국학과가 없어서 나중에 옮길 요량으로 일본학을 택했어요. 한국학이나 일본학이나 공통분모가 있어서 이론상으로 많이 배웠죠. 그 시기에 자유대학에서는 대학 개혁에 반대하는 학생들의 스트라이크가 한창이었어요. 민협에서 활동하는 운동권 사람들을 만나게 된 것도 그 무렵이었죠. 남쪽에 있을 때 느낀 답답함과는 완전히 다른 분위기였어요. 그 전엔 한국과 연결된 사람을 만나기도 힘들고 유학생들과는 나이 차이가 많이 나고 배타적인 분위기가 있어서 어울리기가 쉽지 않았어요. 제가 여기서 자라고 김나지움을 졸업했으니 유학생들이 보기엔 독일 사람이 다 됐겠다고 생각한 거죠. 그런 상황에서 여기 와서 최성옥 선생님도 만날 수 있었고, 민협에서 만드는 《민주조국》이라는 신문에도 참여하게 됐어요. 처음에는 독일어판을 번역하다가 나중에는 한국학을 공부하는 친구들과 따로 한국 신문을 만들었어요. 3년 동안 그렇게 신문을 만들면서 굉장히 힘들었지만, 그때 신문을 만들지 않았으면 한국어를 다시 배울 수 없었을 거예요. 중학교 3학년까지 배웠어도 몇 년을 쓰지 않으면 잊어버리는 단어들이 많거든요. 신문을 만들면서 한국어-독일어 번역을 열심히 정확히 해야 하니까 한국 단어를 많이 알게 되고 한국 사회도 많이 접할 수 있었지요. 늦었지만 소위 운동권에 들어간 것이 한국과 더 가까워질 수 있는 계기가 되었던 것 같아요. 친구들은 한국에서 386 세대로서 뛰고 있는데 저만 여기 나와 있는 것이 늘 양심의 가책이 되었는데 베를린에 오게 되면서 최소한이라도 여기서 그런 일을 할 수 있겠다 생각한 겁니다.

자유대학 스트라이크 중에 동양학 쪽에서도 여학생들이 서클을 만들기 시작했고 저도 그런 쪽으로 관심이 생겼어요. 그러다 우연히 《한겨레》에 실린 '두레방' 기사를 읽게 되었어요. 매춘 여성 두 명의 사진과 함께 두레방을 소개한 기사였죠. 처음 독일에 온 지 얼마 되지 않을 때 제게 문화 충격을 느끼게 한 일이 있었는데, 1978년 당시 독일에 '휘드라'라는 매춘 여성 단체가 있었어요. 그 조직이 만들어진 계기는 어느 매춘 여성이 강간을 당한 뒤 소송을 했는데 매춘 여성은 강간을 당할 수 없다는 판결이 난 사건이었죠. 그러자 매춘 여성들의 운동이 유럽의 여성 운동과 함께 맞물리면서 매춘 여성들이 '우리도 보통 여성이다'라고 주장을 했어요. 한국에서 온 저로서는 상상이 안 됐어요. 텔레비전에 나와서 '나는 매춘했던 여성이다'라고 하는 걸 보고 충격을 받았죠. 그게 가능할까, 그 생각이 남아 있었는데 두레방 기사를 보고 한국 사회가 이렇게 많이 변했구나 했어요. 그래서 두레방 연구를 하겠다고 하고 장학금을 신청해서 1991년에 동두천으로 가서 3개월 동안 리서치를 했죠. 사실 그걸로 논문을 쓰려고 했는데 렌트너 교수님이 석사 논문 주제는 강석경 씨가 쓴 「낮과 꿈」이라는 작품으로 하라고 하셨어요. 기지촌 여성에 관한 것이니까요. 제가 쓰고 싶었던 건 사회학적인 것이었는데 맞지 않는 것 같아 아주 오랫동안 고민을 했어요. 그런데 워낙 좋은 작품이었기 때문에 완전히 주제를 바꿔서, 한국의 1950년대부터 1990년대까지 기지촌에 비친 양공주 여성상을 중심으로 모든 작품을 연구해서 그 틀을 가지고 강석경 씨의 「낮과 꿈」을 분석했어요. 그래서 문학 쪽으로 가게 됐죠. 처음부터 의도했다기보다 하다 보니 접목을 하게 돼서 그쪽으로 나가게 된 것 같아요.

김용규 어찌 보면 한국 사회에서 가장 어두운 부분인데 그에 대한 연구에 독일에서의 페미니즘 운동이나 매춘 여성들의 운동 등이 큰 영향을 준 것 같습니다.

한정화 네. 그렇죠.

김용규 한국 사회를 보고는 어떤 생각이 드셨습니까?

한정화 시작하기 전부터 마음속에 갈등이 있었어요. 제가 독일에서 페미니즘과 매춘 여성들의 운동에 대해 연구하러 갔었는데, 본인이 매춘 여성이 아닌데 매춘 여성을 연구를 하는 것은 독일에서는 터부시되어 있었어요. 그러니까 장본인이 대변해서 얘기를 해야 하기 때문에 굉장히 갈등이 많았죠. 장학금을 신청하고 히드라 여성 단체에 가서 매춘 여성 관련 연구 자료들을 보는데, 과연 내가 할 수 있을까, 어떤 취지를 가지고 가서 해야 하나, 그런 마음이 들었어요. 그래서 일단은 당사자들이 어떤 생각을 가지고 있는지에 중점을 두어야겠다고 결심했지요. 당시 독일 사회학 연구에서 중점은 연구자들이 이론의 틀을 가져가는 게 아니라 당사자들과 얘기하면서 그것을 이론으로 만드는 것이었어요. 그래서 방향을 정하고 준비를 해서 한국에 도착해서 연구 파트너인 독일 여성 한 명과 같이 동두천으로 가는 버스를 탔어요. 아침에 출발할 때는 옷차림에 특별히 신경을 썼죠. 1.5세대로서 독일에서 자랐으니 평소 옷차림으로 다니면 한국에서는 한눈에 교포라는 티가 난다는 걸 알고 있었기 때문에 가능한 한 평범해 보여야 한다고 생각했어요. 교포처럼 보이면 섹시하게 보고, 그러면 나를 양공주처럼 생각하겠지, 그런 마음이었죠. 그래서 일부러 가능한 한 수수하게 입고 버스를 탔는데 아저씨 승객 한 분이 저더러 동두천에 남편을 찾으러 가냐고 물어보더라고요. 거기 미군들이 있는데 외국 여자와 함께 가니까, '네가 아무리 아닌 척해도 동두천에 갈 때는 너는 당연히 양공주다. 그리고 양공주에 대한 사회적 인식이 어떤지 알아야 한다'라고 말하는 것 같았죠. 그 순간 저는 부끄러움을 느꼈어요. 그런 마음을 가지고 동두천에 가서 양공주 문제를 연구하겠다는 것은 자세가 틀린 거니까요. 그걸 부끄럽게 생각한다면 나 자신도 한국 사회와 똑같은 생각을 가지고 있는 거라고 깨달았죠. 그러고 나서 두레방에 도착해서 여성들을 만나 이런저런 대화를 나누다 보니, 제 안에 가지고 있던 시각들이며 윤리적 잣대, 도덕상, 한국 사회의 가치 등에 대해 많은 반성이 생겼어요. 그 후 두레방 여성들에게 영어도 가르쳐주고 한국 여성과 결혼할 미군들에게 한국어도 가르쳐주면서 3개월 동안 거기 머물렀죠.

그 여성들의 외로움이라는 것은 말로 다할 수 없었어요. 그때가 1991년이었는데 그 무렵 동두천은 이미 때가 다 지나간 곳이었어요. 매일 기자들이 와서 취재를 하고 미군 문제나 한국 정부에 대한 비판 기사들이 실렸지만, 실제로 남아 있는 여성들은 그곳에서 10년 이상 지내다 갈 곳이 없어진 사람들이었죠. 당시는 한국 군인을 상대로 하는 편이 돈도 더 많이 벌 수 있고 대우도 훨씬 나았어요. 거기 남은 여성들은 20대 초반으로 나이는 저보다 어렸지만 10대 초반부터 거기서 살아온 상태였어요. 그들이 말하기를, 한국 남성들은 절대로 자기들과 결혼하지 않는다, 과거를 알고 나면 누구도 자신들을 한 여성으로서, 인간으로서 봐주지 않는다고 했어요. 그래서 이들은 미군과 결혼하고 싶어 하고, 자연스럽게 미군들을 만날 수 있는 공간을 바랐어요. 매춘을 통해서가 아니라 자연스럽게 만날 수 있는 공간을 갖고 싶어 했죠. 그러면서 이제 술만 조금 마시면 자기네들이 겪었던 일, 예컨대 몸을 팔아 여동생 뒷바라지를 했는데 중학교 교사가 되어서는 '나는 언니가 그러는 걸 원하지 않았다' 했을 때의 비참한 감정 같은 얘기를 들려주었어요. 그들의 사연을 들으며 정말 안타까웠어요. 독일 친구들을 떠올려보면, 슈투트가르트로 옮겼을 때 들은 얘기인데 독일에선 딸이 열여섯 살쯤 되고 남자친구가 생기면 엄마가 딸을 데리고 산부인과에 가서 피임약을 줘요. 임신할까 봐. 부모들이 다 아는 것이지요. 그런 일을 사회에서도 자연스럽게 여기고, 어릴 때부터 여러 명과 사귀는데도 제가 아는 독일 친구들은 한 번도 자기가 윤리적으로나 도덕적으로 더러운 여자라는 생각을 하지 않아요. 두레방 여성들에게도 사실 그렇게 말해주고 싶었어요. '하나도 더러운 거 없다. 당신네들은 굉장히 자립심이 강하고 훌륭한 여성들이다'라고. 그런데 해줄 수가 없었어요. 그러면서 당시 한국 사회에 '이중 도덕'의 문제가 극심하다는 생각을 했죠. 그래서 논문에서도 남성 소설가들이 좋은 의도로 양공주에 대해 묘사할 때 나오는 모습들이 굉장히 전형화되어 있고 여성 폄하적인 시각이 깔려 있다고 쓰기도 했습니다. 그런 것들이 복잡하게 꼬리를 맞물고 있는 것을 보면서 하루아침에 해결될 문제가 아니란 것을 알게 되었지요.

김용규 실제로 그런 시선이 굉장히 필요한 게 한국 사회이기도 하죠. 저도 외국 문학을 전공하다 보면 미국에서 흔히 게이나 레즈비언 연구들을 접하게 되는데 그 연구자는 70퍼센트 이상이 자신이 게이나 레즈비언의 경험들을 가진 사람들입니다. 한국은 기본적으로 경험이 없어도 쓰거든요, 관념적으로. 그래서 어떤 의미에서는 한국 사회에서의 경험을 오히려 한국 사회 안에서는 놓치는 부분이 상당히 많은 것 같습니다. 지금 말씀하시는 것도 그렇고요. 아마도 선생님이 두 문화 사이에 있기 때문에 그것을 잘 활용할 수 있는 측면이 많은 것 같아요. 그리고 그 과정에서 한국 사회의 가장 어두운 면들을 통해 이 사회의 여러 가지 모순을 드러낼 수도 있고요. 한국 안에서는 사실 동두천 문제 같은 것들은 배제의 영역입니다. 누구도 관심을 두지 않는.

한정화 한국도 마찬가지고 독일도 마찬가지예요. 레즈비언, 아나키스트, 이주민 문제 등등이 그렇죠. 그중에서도 가장 열악한 게 여성이고 또 여성에다가 레즈비언이고 그 하위 주체로 겹치면서 내려갈수록 더해요. 그런데 그 사람들이 가지고 있는 문제를 보면 한 사회가 가지고 있는 가장 큰 문제, 사회적인 문제가 적나라하게 드러날 수 있어요.

김용규 집중돼 있죠.

한정화 예. 그래서 어떻게 보면 제가 한국 사회에 대해서 좋지 않게 생각할 거라고 보실 수 있는데, 그런 문제에는 다 양면성이 있잖아요. 제가 생각하기에 독일 친구들도 사실 자기 사회에 대해 굉장히 비판적이거든요. 그런 시각을 저도 독일에서 배우게 된 것 같아요. 독일 사회는 지금도 극우파들이 있고 양극화돼 있지만, 독일에 살면서 제게 가장 큰 도움이 된 것은 친한 친구들이 있고 그들이 자기 사회를 굉장히 비판적으로 본다는 것이었어요. 과거의 나치 경험을 항상 반성하고 배워야 한다는 생각을 가지고 있기 때문에 자기를 비판적으로 보고 자기 사회를 비판하죠. 그래서 저도 한국 사회를 비판적으로 봐야 한다고 생각해요.

서민정 개인에게는 자기반성을 요구하고 사회는 자기반성을 못 하는 게 현재 한국의 모습일 수 있는데 선생님 말씀은 한국 사회에 꼭 필요한 말이 될 수 있을 것 같아요. 한국 사회에 '자기반성을 하라, 자신의 어두운 면에 대해 객관적인 시각으로 보라'고 충고하는 거죠. 사실 선생님에 대해 저희가 가지고 있는 정보가 워낙 제한되다 보니 『토지』 번역에 초점이 맞춰져 있었는데 오늘 선생님의 다양한 모습을 보게 되는 것 같습니다.

한정화 실제로 위안부나 양공주, 동두천 관련 연구를 하고, 그다음에 『토지』를 번역하고 있고, 위안부 할머니 운동을 하고 있다고 하면 사람들은 저를 굉장히 민족주의적이라고 보는데, 사실 그것과는 많이 다릅니다. 어떻게 보면 그렇게 보여서 여기서 활동하는 데 편한 것도 있긴 하지만요. 그런데 『토지』와 관련해서 말씀드리자면, 『토지』를 공동 번역하게 된 건 우연이었어요. 『토지』로 박사 논문을 마치지 못한 건 굉장히 유감스러웠습니다만, 한국 사회에서는 『토지』를 가장 한국적이고 민족적인 문화라고 하는데 그것은 『토지』를 잘 모르셔서 그래요. 『토지』 안에서 박경리 선생이 담아내고자 한 바는 그런 차원을 넘어서 있어요. 예를 들어 김길상이라는 인물을 통해 추구한 것은 민족의 차원이 아니라 그것을 넘어선 새로운 탈식민주의적인 의미, 그리고 하이브리드라기보다 그 이상으로 나아간 것이었죠. 그리고 이미 1969년에 1, 2권을 집필하면서 가야트리 스피박이 말했던 '서벌턴은 말할 수 있는가'를 윤씨 부인을 통해서 추구하셨어요. 알고 하신 건 아닐 수도 있지만 제가 보기에 박경리 작가는 탁월한 작가이자 여성이었기 때문에 어쩌면 여성적 글쓰기에서 한 단계 넘어서는 차원에 들어가신 것 같아요. 그것을 좀 알리고 싶은데 다른 일도 바빠서 못 하고 있네요. 사실 이런 역사소설이 제 취향에 맞는 건 아닌데 그럼에도 박경리 작가의 문학적 의미가 한국적인 것을 살리는 게 아니라 그것을 뛰어넘는다는 점을 알리고 싶습니다.

김용규 실제로 한국 사회 안에서는 『토지』를 비롯해 다양한 작품이 민족 문제와 결합되어 읽히고 있는데 말씀하신 방식들이 최근 관심을 끌고 있는 것 같습니다. 포스트콜로니얼과 연결해서 조금 더 이야기되고 있지요. 이런 작품의 번역 과정에서도 그와 관련한 지점을 찾아볼 수 있을 것 같은데 어떠셨나요? 번역도 일종의 창작이고 어떤 형태로든 해석이 가미되는 부분이 있게 마련인데, 한국에서 생각하는 기본적인 민족 개념이나 그 민족이 가지고 있는 상투적 고정관념들이 번역 과정에서 녹아든다면 나중에 그런 부분들이 굉장히 중요한 연구 자료가 될 거라고 생각합니다.

한정화 일단은 제가 피히트 교수와 공동 번역을 하면서 굉장히 많이 싸웠어요. 처음에 1권은 영문판과 불문판으로 번역이 돼 있어서 그분이 혼자서 하시고, 2권과 3권을 하시다가 도저히 불가능하니까 부탁을 하셨어요. 그분이 느낀 한계는 대화가 왔다 갔다 하면 누가 어떻게 말했는지를 놓친다는 것이었죠. 그러고 나서 계속하다 보면 모르는 채로 번역하는 게 많아져요. 그 교수님도 단어 하나를 놓치는 바람에 딴 방향으로 가게 되곤 했죠. 언어 감각이라는 것은, 이론의 차원이 아니라 문학적 차원이라서 삶에 배어나는 것 같아요. 어떤 때는 신기할 정도로 두 나라 말이 다르면서도 비슷하게 직감적으로 말할 수 있는 부분들이 훨씬 많죠. 제가 독일에 처음 와서 느낀 즐거움도 비슷한 게 얼마나 많은지를 경험하고 그 공통분모를 찾는 일이었어요. 사람들은 항상 다른 것만 보고 차이를 보라고 하는데 제 생각에는 비슷한 것들이 정말 많았어요. 감성이라는 것, 그 느낌이란 것은 언어로 표현할 수는 없지만 근본적으로 우리 인간의 삶에 굉장히 비슷하게 깔려 있다고 생각합니다. 그러면서 동시에 차이가 나는 부분이 있다면, 아직까지 저도 여기 살면서 느끼는 것이지만 한 사회 안에서의 자신에 대한 인식인 듯해요. 저도 한국에서 교육을 받고 왔기 때문에 '민주주의가 무엇이며 내 권리가 무엇인가, 내게 권리와 권한이 있다면 나의 책임은 무엇인가, 그런 점에 대해서는 지금도 저는 배우지 못한 것 같아요. 독일 아이들이 어렸을 때부터 교육받으며 형성된 그 감이란 것이 제가 한국 유학생들을 접하면서 느끼는 가장 큰 차이점입니다. 최근에 깨달은 점인데, 한 사회 안에서 개인이라는 나의 정의, 그리고 내가 이 사회에서 살면서 개인으로서 가지고 있는 권리가 무엇인가는 기본법적으로 정해져 있지만, 그것을 내가 현실에서 내재적으로 느끼는 것은 무엇이며 권리가 부여됐을 때 책임이 무엇이냐 하는 부분은 아직까지 독일과 한국의 가장 큰 차이라고 생각해요. 한국 사회와 독일 사회가 어렸을 때부터 교육하는 것의 차이가 그것이죠. 그것을 어떻게 극복해야 할지는 앞으로의 과제라고 생각해요. 수수께끼예요.

김용규 여기 계신 이용일 선생님은 독일에서 유학 생활을 10여 년 하셨고 선생님은 고등학교부터 독일에서 다니셨는데, 실제로 유학생과 고등학교 시절을 여기서 보낸 분들의 차이도 아마 이런 디아스포라 문제와 연결될 것 같아요. 유학생들에 대해 한국에서는 대부분 특권층은 아니더라도 혜택을 입은 부류로 보고 한국 사회로 돌아가도 나름의 혜택을 받을 잠재적 여지가 굉장히 많습니다. 그렇기 때문에 권리나 책임 의식에서 조금 더 차이가 있지 않을까라는 생각이 듭니다.

한정화 네. 그러니까 그게 굉장히 생각지 않게 다양합니다. 어떤 면에서는 제가 독일 친구들과의 관계에서 한계를 느끼는 면이 바로 그 지점일 수 있습니다. 한국에서 온 유학생들에게서 느끼는 것이 바로 내 안에 뭔가 정확하게 개념 정리가 돼 있지 않은 부분이 아닐까 싶어요. 그게 뭔지는 저도 아직은 말하기가 명확하지 않아요.

김정현 가정에서의 교육이나 한 사회의 문화를 통해 자연스럽게 습득할 수 있는 것을 그런 문화라는 과정을 통하지 않고서 습득하려고 할 때는 거의 불가능한 것이 아닐까 생각합니다.

한정화 그럴 수 있어요. 저도 그런 맥락의 말을 많이 들었어요. 한국 사람과 만나서 얘기를 나누면 제가 교포인지 전혀 못 느끼겠다고. 그런데 한번은 통역을 맡은 자리에서 이런 일이 있었어요. 큰 회사가 작은 회사를 사들이는 상황의 사업 미팅 자리였고 양쪽이 굉장히 긴장된 관계였어요. 한국 쪽 사람이 저를 향해 말하는데, 그 사람이 보기에는 제가 통역하는 사람이니까 편하게 여기고는 마음대로 손가락질을 하면서 지시를 했어요. 하지만 저는 완전히 독일에서 자란 사람인지라 그런 태도는 큰 실례라고 느꼈어요. 그래서 화가 나서 이런 식으로는 할 수 없다고 말했죠. 그랬더니 그 사람이 말하기를 "겉모습이나 말하는 건 100퍼센트 한국 사람이지만 안은 독일 사람"이라고 하더군요. 물론 제가 독일 사람일 수는 없죠. 그런데 유학 온 친한 친구를 보니까, 그 친구는 한국 사람들이 표면적으로 한 말과 그 이면에 깔려 있는 말을 설명해줘요. 겉으로 그런 말을 하는 것이 속뜻과는 조금 다르다는 것이지요. 독일 사람은 고지식하잖아요. 저는 완전히 고지식하게 있는 그대로 받아들이기 때문에 한국 사람이 자연스럽게 말하는 것들이 저에게는 부자연스럽게 느껴지곤 해요. 가끔 그런 뉘앙스의 말을 들으면 다시 기억나는 부분도 있고, 잊어버리는 부분도 있고 그래요.

서민정 이런 이야기가 있죠. 미국에서 한국인이 교통사고가 났는데 누가 와서 괜찮으냐고 하니까 피가 줄줄 흐르는데도 괜찮다고 했다는. 한국 사람들은 괜찮지 않은데 괜찮다 그러고, 배고파 죽겠으면서도 배고프지 않으냐고 하면 괜찮다고 한다면서 말이에요. 그런데 그 괜찮다는 의미를 곧이곧대로 받아들이고 가령 두 번 권하지 않는 건 한국인의 입장에서는 서양의 문화라고 보는 거죠. 반면에 독일이든 프랑스든 또 미국이든 영국이든 서양의 입장에서는 예의상 사양하는 건 한국뿐 아니라 일종의 동양의 문화이자 사고라고 보죠. 아까 말씀하셨던 번역의 문제도 그런 맥락에서 같이 생각해볼 수 있을 것 같습니다.

한정화 강의를 하면서 그런 걸 느낀 경험이 있어요. 한국학으로 훔볼트 대학 때 강의를 했었고 그다음에 자유대학에서 강의를 했었는데, 그때는 저도 졸업한 지 얼마 안 됐을 때라 강의 시간에 학생들에게 편하게 부르자고 그냥 '두du'를 썼어요. 그랬는데 재작년인가 강의를 하는데 학생들이 '두'를 쓰지 못하는 거예요. 제가 나이가 많아 보이니까요. 제가 대학 다닐 때만 해도 교수님들이 68세대 분들이라서 '두'를 제안했었고 저도 그렇게 했었죠. 그런데 문제는 학생들이 저에게 '두'를 쓰지 않으면 저도 학생들에게 '두'를 못 써요. 그게 차이예요. 한국에서는 교수는 반말을 하고 학생들은 존댓말을 하는데 독일에서는 학생들이 저한테 존댓말을 쓰지 않으면 저도 못 써요. 그러니까 내가 '두'를 쓰자는 것이 꼭 좋은 게 아니라는 것을 처음으로 느꼈죠. 학생들을 존중해주자, 그러려면 거리감을 두는 것이 좋다고 생각하면서 그 장벽을 넘어가지 못하면, 아무리 그 학생들이 귀엽고 예뻐도 '지Sie'를 써줘야 된다는 거죠. 거기서 오는 개념이라는 게 상당히 강하고 독일 사람들이 가지고 있는 레스펙트Respekt의 의미가 한국 사회에서 존댓말과 반말을 쓰는 것보다 훨씬 강하다는 사실을 저는 큰아이의 친구들을 통해서 처음 알았어요. 큰아이가 성인이 된 후에 어렸을 때부터 잘 알던 그 아이 친구들을 길에서 만나 얘기를 나누는데, 물론 '두'를 쓰지만 분명한 존경의 의미가 느껴졌어요. 독일 사회도 고정된 사회가 아니라 변화합니다. 그것을 우리가 항상 잊어버리죠. 제가 학교를 다닐 때 독일 친구들은 한국과 비슷하게 부모 세대를 어려워하는 분위기였어요. 가능한 한 정보를 많이 주지 않고, 더군다나 그들은 부모 세대를 비판하고 있었기 때문에 그것이 저에겐 하나의 문화 충격이기도 했죠. 그런데 독일의 68세대에게 교육받은 교사들이 교육한 세대들은 큰 변화가 있어요. 하나의 사회 개혁을 이룬 68세대에게 교육을 받음으로써 사고가 바뀐 사람들이 교육한 아이들은 변화가 있는 것이지요. 그래서 그들과 대화할 때면 감사하다고 느끼는 게, 친근하게 하면서도 굉장히 존경하는 것을 보여줘요. 말로만 그러는 게 아니라 진짜 우러나는 존경심, 저는 그런 게 한국 사회에서는 많이 없어졌다고 생각해요. 형식적이라고 느껴지죠. 형식적으로는 '교수님', '아무개 님', '선생님'이라고 하면서 실제로는 존경을 하지 않아요. 저 사람이 교수라서, 인격보다는 돈이 많아서, 그래서 형식을 갖춘달까요. 성별과 조건을 떠나 어디까지나 그 사람의 인격을 보고 그를 존경하고 있는 건지 생각해보면 아닌 것 같아요. 그런 생각을 한국에 가면 굉장히 많이 해요.

김정현 요즘에는 말도 예전에 비해서 존경하는 어투가 담겨 있는 것 같지 않습니다. 학생들끼리 이야기할 때 보면 그냥 '교수'라고 하죠. 우리 세대는 비록 옆에 없더라도 '님' 자를 붙였다면 요즘에는 그런 경우가 없는 것 같아요.

김용규 언어의 형식성이 살아 있었는데 실체가 사라지니까 언어조차도 리스펙트가 없어지는 것이지요.

한정화 그랬을 때가 진짜 위험한 것 같아요. 그럴 때야말로 아까 말씀드렸듯이 진정한 민주주의라면 무엇이 개인을 존중하는 것이며 개인이 어떤 권리를 가지는지, 그리고 그 개인의 사회적 책임이 무엇이며 상대방과의 관계는 무엇인지가 정확하게 정의되어야 해요. 나 자신부터 그러지 않으면 한국 사회의 기반이 흔들린다고 생각해요. 가령 나이 든 사람에 대한 존경이 사실은 진짜 마음에서 우러나는 존경이 아니라 형식이라면, 그것을 걷어낸 후에 남는 것, 즉 사람의 인격을 보는 눈과 그 인격을 존중하는 가치관이 중요하죠. 그렇다면 한국 사회에서 그것이 남아 있는 부분은 무엇인가, 과거에 있었던 훈훈함 같은 것인가, 그럼 그것마저 없어진다면 무엇이 남아 있는가, 그런 생각을 많이 하게 됩니다. 그것을 알기 위해서는 내 앞에 있는 저 사람이 나를 바라보는 시각은 어떤 것이며 내가 저 사람을 바라보는 시각은 무엇인가를 찾아내야 한다고 생각해요.

김용규 그게 문화 차이의 결정적인 지점일 거예요. 리스펙트라는 것 자체가 아마 양쪽 문화의 차이를 연결 짓자면 그런 쪽과 관계되죠. 한국에서는 리스펙트가 그 사람의 본질적 실체가 아닌 어떤 의미에서는 그 사람이 가지고 있는 간판들에 연결돼 있죠. 그 사람의 실체를 보고 진가를 느껴서 리스펙트를 느끼는 것이 많이 취약하고, 그런 면이 지금은 거의 고착화되어 있어요.

한정화 아들 친구들이 저를 좋아하는 이유도 제가 그들을 한국식으로 생각해서 잘해줬기 때문이에요. 한국에서는 자기 아이의 친구들도 자식처럼 생각하잖아요. 원래 사춘기의 남자아이들은 얼굴 표정부터 해서 사회에서 굉장히 미움을 받는 나이예요. 부모들과도 제대로 대화를 하지 않고, 공부하기 싫어하고 불량하게 거리를 배회하는데 누가 좋게 보겠어요. 그런 걸 지적하면 더 비뚤게 나가고 계속 구박을 받죠. 그런 식으로 청개구리처럼 반항하는 나이인데, 우리 아들이 하는 말이 독일 엄마와 다르게 한국 엄마는 있는 거 없는 거 다 준다고 하더군요. 저는 누가 오면 먹을 것 하나라도 더 챙겨주고 신경 써주는데 아들 친구들이 그런 걸 무척 고맙게 생각했대요. 제가 자기들을 좋아하고 사랑한다는 것을 느끼니까 그런 이유로 제가 아들 친구들 사이에서 인기가 있었어요. 독일 엄마들은 프라이버시를 침해할까 봐 조심하는데 저는 한국식으로 그냥 내 아들 친구들이니까 귀엽고 예뻐서 잘해준 거죠.

이용일 주제를 조금 바꿔서, 지금 이곳이 코레아협의회인데 저희가 이 단체에 대해서 자세히 아는 게 많이 없습니다. 어떤 단체인지 그리고 선생님이 여기서 하시는 일이 구체적으로 어떤 일인지 소개해주시

코레아협의회 공간에서 만난 한정화 선생.

면 어떨까요?

한정화 코레아협의회에 대해서 아시는 부분은 어디까지인가요?

이용일 저는 사실 최현덕 선생님을 통해서 들었습니다. 그래서 《코리아 포럼》이라는 잡지를 주시더라고요. 보니까 한국 지식인들의 글을 번역해서 독일 사회에 알리고 있는 것 같더군요. 사실 저는 독일 유학 생활 동안 한 번도 코레아협의회에 대해 구체적으로 알지 못했는데 잡지를 보고서야 이런 일을 하는구나, 했습니다.

한정화 최현덕 선생님이 에센에서 베를린으로 이사하셨다가 추진하셔서 1990년에 코레아협의회가 발족됐어요. 사실 그 전에 민주화 운동 시기에 코코코Kokoko라는 모임이 있었는데, 코레아협의회 재단을 맡아서 재산을 양도해주신 귄터 프로이덴베르크Günter Freudenberg 교수가 그 일원이었습니다. 그분은 철학 교수로 동베를린 사건 때 윤이상 작곡가와 알게 되셨죠. 그렇게 해서 윤이상 작곡가와 프로이덴베르크 교수, 그 외에 한국 민주화 운동 1세대들과 최현덕 선생, 그리고 한국의 민주화 운동을 지지하는 독일 지식층이 단체의 주류를 이루고 있

었어요. 그러다가 1990년에 우리 협회가 성립되고《코리아 포럼》발간
을 시작했죠. 어떻게 보면 모든 운동권이 그렇듯이 기관화되면서 힘을
잃는 면이 있는 것 같아요. 저희도 그 전에 한국분들과 독일분들이 함
께 정말 열심히 일을 했었거든요. 여성운동도 마찬가지여서 독일의 여
성운동권이 강하게 권리를 주장하다가 그 주장이 수용되면서 대학에
여성학과가 생기고 하니까 오히려 약화되었죠. 코레아협의회의 경우,
그 많은 활동을 하던 사람들과 교회 단체 등을 합해서 80여 명의 회원
이 독일 전 지역에 분산되어 있어요. 그래서 에센에 다른 기관들과 연
합된 형태의 '아시아 하우스'라는 기구가 설치되면서 잡지도 만들고 직
접적으로 운동을 할 수 있게 되었죠. 그런데 1990년대 초반 이후 한국
이 민주화되자 우리 단체의 활동이 조금 기운이 빠져버렸어요. 그러다
2000년에 마리온 에거트Marion Eggert 교수님이 이사로 취임한 후, 코레
아협의회가 존재해야 하는지에 대한 의문이 제기되었어요. 한국이 민
주화됐는데 왜 이 단체가 있어야 하느냐는 거죠. 그런 토론을 거치면
서 다시 최현덕 선생님이 들어오시게 되었어요. 저는 1987년부터 베
를린에 살고 있었는데 최현덕 선생님이 초기부터 같이하자고 하셨지
만 당시에는 아이들도 있고 어머니가 편찮으셔서 그러지 못했어요. 결
국 최현덕 선생님이 그만두시고 나서 2008년에 들어왔죠.

　지금은 코리아 커뮤니케이션 리서치 센터를 맡고 있고《코리아 포
럼》도 제가 맡아하면서 위안부 문제를 다루는 여성 모임들 및 교회 단
체와 힘을 모으게 됐어요. 그 프로젝트를 위해 '기억, 책임, 미래
Erinnerung, Verantwortung und Zukunft'라는 재단에서 재정 지원을 받기도
했고요. 그 일환으로, 나눔의 집에서 3년간 봉사 활동을 하기도 했던
일본 사진작가와 함께 2010년에 순회공연을 시작했어요. 독일 전역에

네트워크가 형성돼서 지금까지 12개 도시에서 스무 차례 정도 전시를 했고, 올해도 에를랑겐과 프랑크푸르트에서 초대를 받았어요. 그리고 『토지』와 김혜순 시집 번역을 계기로 한국문학번역원과 관계를 맺으면서 한국 작가들을 초청해 몇 차례 낭독회를 주관하기도 했어요. 그런 사업 외에 이주와 관련한 프로젝트를 하나 진행하고 있습니다. 문제는 저희가 돈이 없다는 겁니다. 사무실 유지비와 사무직원 월급을 주고 나면 남는 게 없어요. 나머지는 다 프로젝트를 신청해서 충당해야 하는데 저는 운이 좋아서 통역을 많이 하거든요. 통역을 하면 돈도 벌 수 있지만 그 과정에서 프로젝트 아이디어에도 도움을 받을 수 있어요. 다양한 사람들을 만나게 되고 학술회 같은 자리도 많으니까요.

지금 추진하는 프로젝트가 공동의 과거 청산 문제의 중요성을 강조하는 내용인데, 로베르트보슈 재단Robert Bosch Stiftung과 독일-폴란드 협력 재단Stiftung für Deutsch-Polnische Zusammenarbeit, 동북아 역사 재단, 그리고 프리드리히에베르트 재단Friedrich Ebert Stiftung의 일본 지부에서 얼마간 지원을 받을 수 있게 되었어요. 5개국 학생 교환 프로그램을 올해 10월에 추진하고 있어요. 독일, 폴란드, 프랑스, 일본, 한국까지 일단 5개국에서 각각 네 명씩 뽑아서 어떠한 식으로 유럽의 통합이 이루어졌으며 한국에서 과거사의 청산이 얼마나 중요한지, 또 과거사 해결이 미완인 상태에서도 우리가 만났을 때 어떤 식으로 편견을 극복할 수 있는지, 그런 트레이닝을 시작하는 거죠. 저도 여기서 활동하면서 일본과 한국의 시민단체들이나 여성 모임들과 같이 일을 하는데 눈에 보이지 않는 그 장벽을 먼저 깨닫지 않으면 서로를 이해하기 힘듭니다. 독일과 프랑스, 폴란드도 마찬가지예요. 어떻게 젊은 사람들이 그 문제를 해결해가고 있으며 과거사를 바라보는 시각이 어떠해야 하는

지, 유럽연합이라는 것이 이상적인가, 경제 통합이 가능한가 등등 많은 질문을 이야기하는 자리를 마련할 생각입니다. 내년에는 독일, 일본, 한국의 예술가들과 함께 위안부 할머니들의 그림 전시회 및 평화비 건립 행사도 할 예정이에요. 이주민 프로젝트와 함께 지금 일본인과 독일인 등 다양하게 모여서 준비를 하고 있습니다.

우리 단체의 성격에 대해 다른 사람들은 모르겠는데 저는 고민을 많이 해요. 작년에 이명박 대통령이 독일에 왔는데 가만히 있을 수는 없고 해서 우리 단체 이름으로는 아니지만 운동 모임을 만들어서 4대강 반대 시위도 하고, 제주 강정마을의 해군 기지 반대 활동에도 참가하고 했는데, 저는 그렇게 해야 한다고 생각해요. 그런데 한국에서 오해를 하는 것 같아요. 이명박 정권이라서 특별히 비판적인 것이 아니라 노무현, 김대중, 또 앞으로 어느 정권이든 우리가 한국 사회의 문제들을 비판적으로 바라보는 것은 마찬가지예요. 이주민 문제, 인권 문제 등은 그 전 정권 때도 마찬가지였거든요.

서민정 잘못된 것들에 대해 비판적 시각을 유지할 뿐인데 말이지요.

한정화 그럼요. 지금 해외에서 더 많이 느끼고 있어요.

서민정 선생님이 생각하시는 민족에 대해 말씀을 듣고 싶습니다. 아주 개인적인 이야기도 좋고요.

한정화 여기 살면서 항상 느끼는 것이 내가 독일 사람이라고 생각하면서 사는 게 쉽지 않아요. 더군다나 남부에 있을 때는 매번 사람들이 한국으로 언제 돌아갈 거냐는 질문을 해서 저도 항상 돌아가야 할 것처럼 생각했어요. 어디서 왔냐는 질문을 받을 때도 그런 기분이죠. 그래서 1996년경에 문예진흥장학금을 받고 6개월 동안 한국에서 생활했는데, 그때 처음으로 '나는 한국에 살 수가 없구나' 하는 한계를 느꼈어요. 아무런 인맥도 없고 대학을 졸업한 것도 아니고 또 결혼을 한 것도 아니니, 가진 것 하나 없이 이 사회에서 무얼 할 수 있을까 싶었죠. 그래서 독일에 돌아와서 '이제 독일에서 열심히 살아야겠다' 처음으로 그렇게 생각을 했어요. 그 후 한번은 독일 친구들이 저에게 "너는 독일에서 살고 있는데 네 권리를 주장하지 못할 이유가 무엇이냐"라고 했어요. 그때까지 저는 나는 독일 사람이 아니니까 당연히 남의 나라에서 남의 눈치를 보며 살아야 하며 내 권리라는 게 있을 수 없다고 생각했거든요. 그런데 내가 그렇게 생각을 하면 민족주의적으로 다른 나라 사람을 배타적으로 대하는 것을 인정해주는 거잖아요. 그래서 그 생각부터 바꿔야겠다고 다짐했어요. 인종차별을 반대하려면 나부터 그 생각을 바꿔야 하는데, 나부터가 남의 나라 사람이니까 조심하고 눈치를 봐야 하고 권리가 없다고 생각하며 살았다는 거죠. 그래서 나의 권리가 무엇인지, 내가 아무리 독일 국적을 가지고 있지 않지만 독일에서 이렇게 오래 살고 독일 사람과 결혼해서 여기서 아이를 낳고 사는데 꼭 국적만이 나에게 권리를 주는 것인가, 국적이란 무엇인가, 그럼 시민으로서 내 권리는 무엇인가, 이런 것들을 더 많이 생각해야겠다는 결심이 들었어요. 한국 사회에서도 이주민과 관련된 여러 가지 문제를 다룰 때 이 부분을 생각해야 해요. 독일이 통일되었을 때를 예로 들면 당시 동독 사람들은 같은 독일 사람이라고 금방 인정을 받고 사회적인 지위를 찾을 수 있었는데, 외국 사람은 그런 식으로 되지 않잖아요. 마찬가지로 지금 한국이 통일된다면 북한 사람은 당연히 한 동포, 한 핏줄, 그런 얘기가 나오겠지만, 이주민들에게는 현재 오히려 더 배타적인 상황이죠. 저도 독일에서 동등하게 인격을 존중받고 살고 싶다는 고민을 많이 했기 때문에 한국 사회에서도 그런 인식의 전환을 많이 고민해보면 어떨까 바라봅니다. 말처럼 간단하지는 않겠지만요.

김용규 말씀을 듣다 보니 1세대들과 조금 차이가 있구나 하는 생각이 듭니다.

한정화 저도 다른 1.5세대가 개인적으로 궁금해서 인터뷰해보고 싶은 마음이 있어요. 다른 친구들은 어떻게 생각하고 있는지 들어보고 싶어요. 1세대들은 인터뷰 경험이 있어서 감이 있는데 1.5세대는 중간에 낀 세대잖아요. 안동에서 온 1.5세대 친구와 얘기해본 적이 있는데, 여기에 적응하느라 고생하다가 고향집에 가서 툇마루를 만지며 눈물이 났다고 해요. 그런데 저는 서울에서 태어났어요. 1960년에 태어나서 1978년까지 살았는데, 당시 서울은 산업화 과정에서 급속히 인구가 팽창되던 때였어요. 그래서 제가 충정로2가에 있는 초등학교에 입학했을 때 한 반에 90명씩 반이 18개였어요. 다른 초등학교가 생길 때까지 오전반, 오후반이 있을 정도로 굉장히 복잡했던 사회였죠. 나중에 다시 서울에 갔을 때도 제가 살았던 서울 북쪽에는 많은 것이 남아 있었어요. 유치원도 남아 있고. 하지만 독일에 올 때까지 이사를 몇 차례 갔었고 헐리고 없어진 데가 많다 보니 저에게 고향 감각이란 흔히 말하는 향수와는 조금 달라요. 독일에 와서 한번은 뭔가 허전하다 싶었는데 바로 고층 빌딩이 없는 거예요. 제가 기억하는 서울이라는 공간이 그렇다 보니 저는 어쩌면 고향이 없는 사람일 수도 있죠.

서민정 그것 자체가 고향이죠. 고층 빌딩이 있는 나의 유년 기억들.

한정화 고층 빌딩 뒤에 있었던 어수선한 서울 뒤쪽의 모습들, 그렇죠. 그게 고향이니까 1세대들이 생각하는 고향집이라는 게 저에게는 전혀 없어요. 우리 어머니를 비롯해 부모님들 세대와 비교할 때 어쩌면 그것이 큰 차이일 수도 있겠다 싶어요. 인도에서 온 친구 하나는 뿌리를 내릴 필요 없이 뿌리를 가지고 다니는 식물로 자신의 고향 개념을 설명하더군요.

김용규 조금 다른 이야기일 수 있는데, 고향은 고향을 잃어버린 자들만 갖는, 나중에 재구성하는 것이죠. 자기 고향이 파괴되고 난 다음에 훗날 자기 고향을 발견하는 것. 있는 것을 생각하는 것이 아니라 없기 때문에 재발견하는 거죠. 제 경우에도 고향이라는 게 산업화를 통해 다 파괴되고 난 다음에 서울에서 일하는 사람들이 내 고향을 만들었다고 할 수 있어요. 즉 고향이 있어서 고향이 아니라, 나중에 고향을 발견한다는 식의 얘기를 많이 들었습니다.

한정화 그래서 어떻게 보면 한국의 문학부터 시작해서, 사실 한국의 현대문학은 식민지 시대부터 시작했기 때문에 산업화 이후에 고향이 굉장히 큰 주제가 되면서 고향이 구성되었다고 생각해요. 저만 해도 한 번도 시골에 간 적도 없고 개나리꽃, 진달래꽃을 먹어본 적도 없는데 시를 통해서 그 정서라는 것을 느꼈어요. 사실 소도 아홉 살 때 처음 봤거든요. 그런데도 내 머릿속에는 그런 그림들이 잔뜩 들어 있어요. 그건 문학 작품, 학교에서 배운 노래, 그림을 통해 심어진 것이고, 아마 그런 것이 제 생각에는 독일 친구들과 함께 나눌 수 없는 것이 아닐까 생각해요. 여기 친구들도 자기네들만 가지고 있는 공통점이 있어요. 어렸을 때 봤던 텔레비전 프로그램이나 과자 이름 같은 건 저는 잘 모르죠. 하지만 가끔 1970년대와 1980년대 시절의 경험을 공유하는 사람을 만나게 되면 잘 모르는 사람인데도 굉장히 반갑게 느끼지요. 한국 친구들도 마찬가지잖아요. 자기가 살았던 그 시대를 공유할 수 있으면 가까워지는 것. 그래서 독일 친구들과는 가까운 면이 있는데, 한국 친구들과는 그 빈틈을 느끼게 되곤 해요. 하지만 서운한 건 있어도 나이 들면서 더 가까워지는 것 같아요. 결혼해서 애 낳고 살다 보면 더 친해지고 그런 거죠. 아무래도 나이가 들어가면서는 문화적인 차이보다 우리가 가지고 있는 가장 근본적인 것만 남지 않을까 싶어요.

김용규 그렇죠. 늙어가면서, 보편적인 것만 남는. 마지막으로 더 들려주고 싶은 말씀 자유롭게 부탁드립니다.

한정화 코레아협의회에서 일을 하면서 느낀 건데, 다른 유학생들과 제가 여기서 학교를 다니고 아이를 교육한 것이 엄청난 인적 네트워킹이 되었다는 걸 느껴요. 고등학교 동창, 대학 동창, 이사도 많이 다녔고, 부모들도 다양하잖아요. 어떻게 보면 2세들보다 더 많이 독일 사회에 편입이 되어 살았다는 생각도 들더라고요. 2세들은 베를린 등에서 부모들이 큰 영향을 줘서 한국식 문화를 유지한 면이 있지만, 제 경우에는 아버지가 굉장히 진보적인 생각을 가지시기도 했고 여기서의 생활은 부모님의 영향이 그리 크지 않고 나 스스로 내 삶을 개척해야겠다는 마음이 많았어요. 게다가 남편과 독일 친구들의 역할이 굉장히 컸던 것 같아요. 베를린으로 오기 전에 서독에 살 때는 한국 사람들이 없었기 때문에 그런 면이 어떻게 보면 코레아협의회에 와서 일 하는 데 많은 도움을 줬던 것 같아요. 민협에서 일하면서 많이 배우고 두레방 같은 프로젝트를 하면서 장학 단체를 통해 독일에서 운동하는 친구들도 많이 알게 되었죠. 그래서 제가 코레아협의회의 일원으로서 정말 자랑스럽게 생각하는 것은 1세대들과 일하고 2세대와의 연결 고리도 되어준 것, 그리고 유학생들, 독일 사람들, 일본 사람들까지 관계망을 넓혀갔다는 점이에요.

이 외에도 언제 기회가 된다면 베를린 사회에서 변해가는 다문화 사회를 따로 말씀드리고 싶어요. 제가 경험하지 못해서 연구하고 싶은 부문이기도 하죠. 아이 셋을 한 도시에서 키우다 보니 저는 베를린이라는 도시가 엄청난 속도로 변화하는 걸 느끼고 있어요. 베를린은 분단과 통일을 겪었고, 특히 이주민들을 많이 불러들이면서 다른 도시와는 비교되지 않게 급속도로 변화하고 있어요. 제 생각에는 아직 디아스포라나 이주 사회에서 연구가 되지 않던 부분이 바로 이곳에서 이루어지고 있고, 그걸 연구자들이 보지 못하고 있다고 생각해요. 직접 경험하지 못했기 때문에. 그리고 미국 사회보다 독일 사회가 한국과 어쩌면 비슷한 부분이 많기 때문에 연구해볼 여지가 많을 것 같아요. 독일 사회도 기본적으로 단일 민족의 개념을 가지고 있고 유럽이라는 배경이 있기 때문에 미국과는 다르거든요. 제 막내아들 반에는 독일인 부모를 가진 아이가 한 명밖에 없어요. 나머지는 모두 다문화 가정이죠. 주로 터키 가정 출신 아이들이 많고요. 그런데 저희 집에 놀러 온 아이들을 지켜보고 있으면, 다문화 경험이 있는 아이들이라 그런지 코즈모폴리턴한 특성이 느껴져요. 그 아이들은 서로가 정말 달라요. 그러면서 자기네끼리 완벽한 시너지를 내는데, 이런 걸 연구해보면 재미있을 것 같아요. 그들이 가지고 있는 문화의 개념도 궁금하고, 그것을 넘나들면서 서로 공유하고 이해해주는 게 신기해요. 굉장히 다르게 변하고 있죠. 예를 들어, 집에 온 아이들에게 김치처럼 매운 음식을 먹을 줄 아냐고 물어봤더니 한 아이는 이렇게 말하더군요. 자긴 부모님이 이란에서 왔기 때문에 뭐든 다 먹을 수 있다고요. 반면에 매운 음식을 못 먹는 아이들을 보면 단일 문화 가정, 즉 순수 독일인 가정에서 다른 문화를 접하지 못한 아이들이에요. 여러 나라의 음식을 먹어본 경험이 있는 아이들은 저희 집에 와서도 하나도 불편한 게 없어요. 그렇지 않은 아이들은 제가 굉장히 많이 배려를 해줘야 해요. 잘 모르니까 어떻게 해야 될지 몰라서 눈치도 보고 그러거든요.

　제 생각에는 그쪽 분야로 독일과 한국이 함께 연구해보면 좋을 것 같아요. 독일 측의 이주 사회 경험이 있는 커뮤니티와 한국의 다문화 사회 커뮤니티 사이에서 말이에요. 지금 한국 사회는 어떻게 보면 굉장히 다이내믹하게, 좋게 변할 여지가 많은 사회라고 생각해요. 민주화 운동의 저력을 믿고 있는 새로운 참신한 세대가 있고 열성적인 분들도 많아서 잘하면 굉장히 긍정적인 사회가 될 수 있는 희망을 가진 사회라고 봐요.

　김용규 어느 방향으로 튈지 모르는 한국 사회, 나중에 보면 부정적으로 보이다가도 긍정적으로 보이는 그런 사회죠. 계속 함께 고민하고 또 도움도 구하고 그렇게 해나가면 좋겠습니다.

제2부

한국에서
디아스포라를 만나다

디 아 스 포 라 의 목 소 리

자이니치란 누구인가

서경식의 발표

안녕하십니까? 서경식입니다. 정말 반갑습니다. 저는 논문식으로 말하는 데는 서투니까 편하게 말씀드리겠습니다. 저는 일본에서 태어난 재일 조선인 2세입니다. 3세에 가깝지요. 그리고 재일 조선인에 대해서는 학회에서 발표도 하고 책도 쓰고 그랬는데요, 지난 9월에는 여기 부산대학교의 같은 장소에서 인문학연구소 행사의 일환으로 강연할 기회를 갖기도 했습니다. 이번에 이렇게 곳곳에서 디아스포라들과 논의하는 자리에 함께할 수 있는 기회를 만들어주신 데 진심으로 감사드립니다. 감사드리는 이유는 여러 가지가 있는데요, 우선 디아스포라라는 말이 어느 정도 적절한지 저는 잘 모르겠습니다. 그래도 한 2005년쯤에 저도 디아스포라에 대해 발표했는데, 그때 디아스포라라는 말로밖에 표현할 수 없는, 종래의 개념으로는 온전하게 표현할 수 없는 이산민에 대해 이야기했죠. 디아스포라란 이산의 백성들인데요, 그런 사람들 즉 바로 우리에 대한 관심이 국내에서도 고조되고 있는 것이지요. 그리고 소장님이 아주 좋은 말씀을 하셨습니다만 우리가 기왕에 갖고 있는 국가나 인종, 민족이나 문화 등은 우리의 개념적인 틀이죠. 다시 생각하게 하는 그런 새로운 시각이 한국 내에서도 점점 고조되고 있고 그것이 이런 기회에 이루어졌다고 생각합니다. 부산대 인문학연구소 소장님에게 다시 감사를 드립니다.

  개인적으로 저는 2004년에 제가 근무하고 있는 일본 도쿄 경제대학에서 〈디아스포라 아트의 현재〉라는 학술 심포지엄 행사를 했습니다. 그 취지가 당시의 집행위원장 개막사에 나오는데, 그것을 조금 빌려서 말해보겠습니다. 디아스포라에 의한 문화 및 사상적 창조는 언어화되지도 담론화되지도 않습니다. 그와 같은 창조는 종래의 언어나 담론 혹은 학술 등 제諸 영역의 틈새에서 싹트는 것이지 그 안에 담기는 것이 아니기 때문입니다. 디아스포라에 있어서는 기술 행위, 학술 행위 등 그 자체가 작용하는 것이 결코 아닙니다. 따라서 그와 같은 사람들의 정체성을 둘러싸고 일어나는 문화적·사상적 사건은 점점 신체 개념을 보강한 넓은 의미의 아트의 모습을 갖추게 됩니다. 이런 아트, 디아스포라아트를 소개하면서 디아스포라란 뭐냐 하는 것을 다시 생각하게 하는 것이 그 행사였습니다. 물론 그 행사 때 여기 계시는 미희 나탈리 선생님도 참석하셨고, 오늘은 함께하지 못하셨는데 독일에서 송현숙 선생님도 오셨었습니다. 당시에는 중국 연변이나 미국에서는 참여하신 분이 없었지만, 오늘 이 행사에는 중국에서 허련순 선생님이 오셨고 미국에서도 수키 김 선생님이 오셨으니까 좀 더 넓은 범위로 디아스포라에 대해서 다시 생각할 기회가 되어 정말 기쁩니다. 우선 영상을 하나 보여드릴 텐데요, 2004년 행사에서 선보인 아트 퍼포먼

서경식 교수, 발표회장에서.

스 영상입니다. 밴쿠버에서 온 데이비드 강David Khang이라는 분의 작품으로 7분 정도 길이인데 일단 보시지요.

지금 보신 것은 7분 정도지만 실제 퍼포먼스는 30분 정도 길이예요. 여러분은 이 아트를 어떻게 보셨는지 모르겠습니다. 저것이 소의 혀입니다. 먹, 자동차 오일, 케첩, 이렇게 세 가지 종류를 섞어서 소의 혀에 묻혀 온몸으로, 말하자면 흔적을 남기면서 오가는 그런 아트 퍼포먼스입니다. 그분은 자신의 아트에 대해 아주 간단하게 이렇게 말했습니다. "예술, 언어, 문화의 관계 및 이 관계에 내재하는 역사적·정치적 의미를 탐구한다." 말하자면 예술, 언어, 문화의 관계가 있고 이 관계에 내재하는 역사적·정치적 의미를 우리에게 생각하게 만들고자 하는 퍼포먼스라는 것입니다. 어떻게 생각하셨습니까? 그렇게 하고 나서 남긴 흔적은 우리 모두에게 나누어 주었습니다. 협조한 학생들에게도 나눠 주었고요. 우리 도쿄 집에는 서예처럼 걸어놓았습니다. 제가 도쿄 경제대학에서 그분의 퍼포먼스를 하자고 했을 때 같이 실행 위원으로 있는 동료들 사이에서 여러 가지 의견이 나왔습니다. 하나의 센세이션이라는 것도 있었고, 아니면 하나의 극단주의적인 표현이라는 견해도 있었습니다. 그런데 저는 한번 해보자 했어요. 다만 소의 혀를 입수하기가 어려웠어요. 냉동한 것은 안 되고, 냉장된 것으로 해야 한대요. 그것도 미국 것하고 일본 것은 좀 달라서, 미국에서는 좀 더 큰 것으로 하고 있다더군요. 결국은 일본에서는 그것을 입수할 도리가 없으니까 구할 수 있는 걸로 했었죠.

그 퍼포먼스에 대해 『디아스포라 기행』이라는 책에 쓴 글을 지금부터 소개해드리겠습니다. "소의 혀를 단단히 물었고 소 혀의 무게가 2, 3킬로그램이 족히 된다." 지금 보시는 장면이죠. "천천히 기어가기 시작했다." 지금 보시는 장면이고요. 그런데 제가 그것이 여러 가지로 센세이셔널한 것이라는 비판이 있으면서도 한번 하자고 주장한 이유는요, 이 사람의 퍼포먼스를 미리 영상으로 보면서 김하일이라는 재일 조선인 시인이 생각났기 때문입니다. 그분은 일본의 시 형식인 단가, 아주 짧은 시를 짓던 재일 조선인 1세 시인입니다. "1926년 경상남도에서 태어나 먼저 일본에 건너온 아버지를 찾아 1939년 일제 때 일본에 왔다. 과자 공장에서 일하면서 야학에 다니다가 1941년 한센병에 감염되어 국립 요양소에 수용되었다. 해군 군무원으로 소집된 큰형은 전쟁터에서 전사했다. 해방 후 가족과 친척 관계는 한국으로 귀환한 사람도 있고 죽은 사람도 있었다. 그는 군마 현의 구비로 국립 한센병 요양원에 수용되었다." 일본에는 한센병 환자들을 강제 수용하는 법률이 있었고, 얼마 전까지만 해도 그 법이 그대로 남아 있었습니다. 김하일 시인의 단가 중에 "지금 손가락이 없어 외국인 등록에 나의 지문이 없어"라는 구절이 나옵니다. 이게 뭐냐 하면 원래 식민지 시절에 일본 국적을 지니던 우리가 해방되면서 국적을 박탈당했습니다. 1947년에 외국인 등록령이라는 게 칙령으로 내려와서 우리 모두가 지문을 찍게 되었어요. 그런데 한센병 때문에 지문이 없다는 것이죠. 손가락이 없으니. 그래서 자신의 등록증은 지문이 없다는 것을 단가로 노래하신 것입니다. "그런데 외국인 등록령 때문에 외국인으로 간주된 재일 조선인은 국민연금법의 적용 대상에서도 제외되는 등 복지 정책에 있어서도 사각지대에 놓여 있다." 그러니까 일본 복지 정책의 바깥으로 추방당했다는 거죠. 그래서 김하일과 같은 재일 조선인들은 부당하게도 차별적인 대우를 받게 된 겁니다. 같은 요양소 환자면서도 한쪽은 부식으로 달걀이나 설탕을 먹을 수 있었는데 다른 한쪽은 못 먹었어요. 그렇지 않아도 가난한 재일 조선인들이 요양소 내에서도 그런 식으로 차별을 당했기 때문에 부식조차 살 수 없었다는 것입니다. 그런 식으로 "한센병 환자로, 그리고 재일 조선인이라는 이중의 차별을 받게 되었다". 그런데 이 김하일 씨는 한센병 때문에 실명을 했어요. 1952년에 혀로 점자 읽는 법을 배우기 시작했는데, 그렇게 혀로 책을 읽으니까 피가 났어요. 피가 날 정도로 열심히 읽은 거죠. 이 퍼포먼스를 보면서 제 머릿속에 그 모습이 떠오른 겁니다. "그리고 혀를 피투성이로 만들면서 김하일이 익힌 것은 일본 점자뿐이 아니었다. 그 후 그는 조선어 점자도 같은 방법으로 배웠다." 즉 재일 조선인으로서, 일제강점기니까 일본어밖에 못 배웠고 일본어밖에 못 읽었는데 혀로 일본어 점자를 배운 다음에 조선어 점자도 배웠다는 거죠. "점자역의 내 나라 조선의 민족사를 오늘도 혀끝이 뜨거워질 때까지 읽었다." 이것이 김하일 시인의 시입니다. 한센병 재일 조선인 환자들은 일본 정부의 강제 수용 정책에 대한 저항 운동에 앞장서 싸웠습니다. 김하일 선생은 2,3년 전까지 살아 계셨고 안타깝게도 군마 현 요양소에서 세상을 떠나셨습니다. 재일 조선인 한센병 환자는 그 외에도 꽤 많습니다. 그런데 여기서 이야기하고 싶은 것은 한센병 환자나 일본의 복지 정책이나 식민지 지배 등에 대한 것이 아니라, 여기에 나타나는 문제가 우리에게 있어서 언어, 문화, 그리고 표현의 문제라는 것입니다. 한센병 환자 김하일 선생을 사례로 들어서 말씀드렸는데 저는 데이비드 강의 퍼포먼스도 문화, 즉 서로 다른 언어문화가 오가면서 이루어지는 언어 행위 및 문화 행위의 어려움과 고통스러움을 온몸으로 표현하고 있다고 생각해요. 그것이 디아스포라가 오늘날 겪어야만 하는 경험 중에 중요한 것의 하나라고 생각하고 있고요. 그래서 소장님도 지적하셨듯이, 재일 조선인뿐만 아니라 조선 민족이라는 게 뭐냐 할 때 우리는 쉽게 국가나 민족 같은 단위로 얘기하지요. 국적이 다르니까. 그러면 우리는 일본인인가, 국적이나 사는 지역으로 나누어 구별해서 분단하는 것은 우리의 삶에 합치된 사고방식이 아닌 것 아닌가, 하는 의문이 드는 거죠. 우리의 삶을 중심으로 해서, 우리 삶의 실정에서 출발하여 새로운 우리란 무엇인가라는 사고를 시작해야 한다는 것이 그 당시 저의 생각이었습니다.

흔히 저 같은 경우에는 국내에서도 재일 조선인인데 왜 그렇게 민족에 구애받느냐는 말을 듣게 됩니다. 일본에서는 항상 '저 조선놈이……' 하는 적대감을 느낍니다. 요즘 일본은 미국과 적대 관계에 놓여 있고 한국과도 독도 문제뿐만 아니라 역사 문제로 항상 대립 상태에 있어서 우리에 대한 배척 감정을 피부로 느껴요. 그런 역설 상황에 있으면서 그러면 우리는 누구냐, 기왕 갖고 있는 개념인 국가나 국적이라는 개념으로만 이야기할 수는 없다, 그런 것으로만 이야기하면 안 된다는 것이 저의 문제의식입니다. 특히나 오늘날 언어나 변방에 대해

서 이야기할 때는 국가, 인종, 민족의 개념뿐 아니라 문화에 대해서도
문제를 삼아야 합니다. 문화라는 것은 언어죠. 어떤 언어로 이야기하
니까 국민이다, 어떤 언어를 못하니까 국민이 아니라는 언어 내셔널리
즘, 문화 내셔널리즘, 문화 본질주의 따위를 다시 비판적으로 공부해
야만 우리가 이런 20세기부터 21세기로 이어진 식민 지배, 냉전, 대
립, 국가 분단, 이산의 역사 등을 넘어설 전망을 열 수 있다고 생각하
는 바입니다. 이 자리에 계신 미희 나탈리 선생님은 국제 입양아입니
다. 부산에서 태어나 벨기에로 입양되셨지요. 선생님은 국제 입양아란
국가, 민족, 문화라는 세 가지 장벽과 싸워야만 하는 존재라고, 세 가
지 장벽을 넘어서야만 국제 입양아로서 자신의 정체성에 대해 올바르
고 적절하게 문제를 제기할 수 있다고 말씀하셨고, 그때 제가 많이 배
웠습니다.

　이어서 발표하실 허련순 선생님에 대해 간단하게 소개를 드리지요.
허련순 선생님은 연변에 사시는 소설가입니다. 저와는 제가 연구년(안
식년) 때 서울에 있으면서 뵈었고요, 그 전에 2007년 3월인가 연변에
갔을 때 만났어요. 어느 호텔에서 다른 교수님 한 분과 허련순 선생
님, 그리고 제가 같은 자리에서 얘기를 나누었는데, 아주 강렬하고 치
열한 논쟁을 벌이시던 모습이 기억납니다. 그 논쟁은 중국에 있는 우
리 조선 민족은 디아스포라냐 아니냐, 지금 자신들의 가장 중요한 문
제가 무엇이냐 하는 것이었습니다. 그때 그 교수님은 중화인민공화국
이 성립되면서 과거에 식민지의 디아스포라였던 자신들이 이제야 중
화인민공화국의 국민이 됨으로써 그 문제가 해결되었다는 입장이셨
고, 허련순 선생님은 그게 아니라 지금도 디아스포라로서의 고민이나
고뇌나 고통을 겪고 있고 여전히 디아스포라 쪽이 자신들의 문제의식

이자 제일 중요한 문제라고 주장하셨어요. 두 분이 치열하게 논쟁하시는 걸 보며 저는 외람되지만 흥미를 느꼈지요. 그리고 서울에서 뵈었을 때 얘기를 조금 하자면, 제가 일본의 여성 소설가 다와다 요코多和田葉子와 함께 서간집을 창비에서 낸 적이 있습니다. 다와다 요코는 독일에서 자랐기 때문에 독일어에 능통해서 독일어로도 글을 쓰고 일본어로도 글을 쓰는 소설가예요. 그 책의 서문에 제가 허련순 선생님에 대해서 죄송하지만 조금 언급했습니다. "한국에 있는 동안, 연변 출신 여류 작가 허련순 씨와 알게 되었다. 나나 그이나 우리 근대사가 낳은 디아스포라다. 그이는 조선어로 글을 서서 연변에서 저명한 문학상도 받았다. 그런 그녀가 한국에 자주 오가게 되면서 어느 대학 국문과에 입학하여 조선어 공부를 다시 시작했다는 것이었다. 까닭을 물으니, 자기가 쓰는 연변 조선족 말은 옛날 함경도 사투리의 영향이 강하고, 어휘 역시 사회주의 중국의 용어가 많아서 올바른 한국어가 아니니, 될 수 있는 대로 올바른 한국어로 글을 쓰고 싶어서였다는 것이다. '아이고, 저런. 아까워라!' 하고 생각했다. '올바른 말 같은 게 어디 있어요? 말에는 선악도 우열도 없어요. 허 선생님의 말은 조선 민족의 근대사를 반영한 것이고 동시에 선생님의 귀중한 재산이랍니다. 자신만의 언어로 쓰셔야죠.' '그런 식으로 생각해본 적이 없어요. 재미있는 생각이네요.' 그이는 그렇게 말하며 웃었지만 '하지만 한국의 독자들이 받아들여줄까요?' 하며 표정이 어두워졌다." 그러니까 '한국의 독자들이 들어줄까요?'라는 것이 여러분에게 드리는 질문입니다. 이 국내의 여러분이 받아들일지 어떨지, 한국말이라는 것이 국내에 있는 사람들이 쓰는 것이어야만 올바른 한국어인지, 우리 디아스포라들이 쓰는 말, 제가 지금 말씀드리고 있는 말은 열등하고 모자란 말이라고 생각하시는지 이야기해보고 싶습니다. 저는 만약 그렇게 생각한다면 왜 중국 연변에, 일본에, 미국에, 독일에 우리 조선인들이 있는지에 대한 시야가 좁아지고 국내에 있는 여러분 자신들의 정체성조차 보지 못하게 된다고 생각합니다. 그래서 오늘 이 자리에 허련순 선생님도 와주셨으면 하고 바랐는데 부산대에서 기꺼이 받아들이시고 이야기를 듣게 된 것을 정말 기쁘게 생각합니다. 저는 이것으로 인사를 드리겠습니다. 고맙습니다.

디아스포라의 이중적 고민

허련순의 발표

반갑습니다. 저는 허련순 작가입니다. 저는 늘 자기소개를 할 때 중국 조선인 소설가라고 합니다. 그럴 때 참 슬퍼요. 그래서 어떻게 나를 소개하는 것이 적절할까 딸에게 물으니 자기는 한국계 중국인이라고 한답니다. 먼저, 오늘 이 자리에 참석하게 되어서 기쁘다는 말씀을 드리고 싶습니다. 그 이유는 이 기회를 통해 저의 문학에도 새로운 발전과 변화가 있을 것이라 생각하고, 동질성을 확인함으로써 서로의 연대성을 확보하는 기저가 되리라고 믿기 때문입니다.

제가 말씀드릴 것은 디아스포라로서의 이중의 고민인데요, 중국에서 조선인들이 항일 운동도 하고 교육도 하면서 삶을 살았고, 그러면서 다른 종족과 구별하여 조선족이라 불리게 되었어요. 우리는 합법적으로 중국 국적을 가지고 살지만 한국과 북한과 늘 연관되어 있습니다. 문화대혁명을 겪으면서는 남한과 북한을 두고 고심을 많이 했어

허련순/ 소설가.

요. 그런데 우리는 한국을 그리워하지만 한국은 냉담하더라고요. 친척이라고, 또 조국이라고 한국에 찾아오지만 남이구나 하는 생각을 자주 하지요. 특히 같은 민족이지만 언어가 달랐어요. 동아일보사에서 책을 낼 때도 언어를 너무 몰라서 각주를 많이 달았어요. 우리는 책장을 '번지다'라고 하는데 한국에서는 '넘기다'라고 하죠. 여기는 '괜찮다'고 하는데 우리는 '일없다'고 하고. 숙박할 때도 자는 걸 쉰다고 하는데 여기서는 자는 것과 쉬는 것에 따라 금액과 시간이 다르더라고요. 그때는 한국을 모르니까 외국 같았어요. 같은 말이지만 전혀 못 알아듣겠는 거예요. 영어도 많이 쓰고. 바로 그때가 저에게 처음으로 정체성의 위기가 느껴진 때였어요. '아, 우리는 중국에서도 적응이 어렵고 여기 와서도 어렵구나.' 말하자면 여기 한국을 통해서 '우리는 도대체 누구인가' 하는 질문을 처음 해본 거죠. 그 전까지는, 그러니까 한국을 오가지 않을 때는 한 사람의 중국인으로서 그냥 그렇거니 하고 살았고, 민족에 대해서도 크게 의식해본 적이 없었어요. 그 당시 저에게 한국과 북한은 어두운 동굴이었을 뿐이에요. 겪어보지도 못했지만 그냥 우리의 가정을 다 깨버린 두 개의 어두운 동굴 같은 그런 기억이었는데, 한국에 와서 보니까 발전도 하고 참 아름다운 나라이긴 한데 새롭게 부딪힌 것이 바로 문화적·언어적 차이였죠. 그러면서 정말 국제적인 고아 같은 느낌이 들었어요. 그래서 처음으로 한국을 통해서 낯가림을 보게 되었고, 조국이라는 것이 도대체 어떤 것인가라는 고민을 집요하게 했어요. 그런 다음에 돌아가서 『바람꽃』을 집필했는데, 『바람꽃』 서문에서 우리 민족이 국가와 민족의 갈등을 어떻게 겪었는가를 잘 표현한 것 같아요. 그래서인지 제 서문을 한국이나 다른 나라의 교수님들이 많이 인용하시던데, 지금 한번 읽어보겠습니다. 서문을 그대로 읽을게요.

"우리는 정처 없이 떠돌아다니는 바람꽃. 바람이 불어왔던 곳과 바람이 지는 그곳 두 세계 중의 어느 한곳에 머무르거나 또 어느 한곳에도 머무르지 못한 채 끊임없이 우왕좌왕하였다. 언제나 한곳에 오래 머물지 못하고 다른 한곳에 대한 끊임없는 추억과 망각, 그리움과 원망의 갈등을 수없이 겪으면서 이곳에서 저곳으로 수없이 날아다녔다. 언제나 두 세계에서 함께 공존했던 셈이고 두 세계에서 함께 탈출하기도 했었다. 그랬던 우리는 누구인가?"

이것이 그때 우리가 한국과 중국 사이에서 느낀 혼란에 대해 쓴 거예요. 1996년에 나온 이 장편소설 『바람꽃』이 사실은 조선족의 뿌리 찾기였어요. 그리고 2004년에 나온 장편소설 『누가 나비의 집을 보았을까』는 조선족의 정체성 불안에 대한 저의 저항 의식과 탈출구를 찾기 위한 몸부림이라고 저는 생각했습니다. 사실 이 소설은 나비의 집과 연결됨으로써 상징성을 가집니다. 나비는 자신을 배태한 집에서 나오는 순간 그 집을 상실하게 됩니다. 그 나비의 집은 없어지는 거죠. 그런데 저의 작품 속 주인공들은 새로운 시기를 맞아 마음의 균형을 잃게 되고, 또 그 균형을 회복하기 위해서 자기들이 나온 고치 속으로 다시 들어갑니다. 그러면서 이들은 자기들의 과거와 현재, 미래가 이 한국에 있다고 생각하고 또 할아버지와 아버지의 고향이면 자신들의 고향이라고 여겨도 되는 줄 알았습니다. 그렇게 생각했습니다. 그리하여 목숨을 걸고 한국에 오기 위해 밀항을 합니다. 연변대학교 김관웅 교수는 이 소설을 평하면서 이렇게 썼습니다.

"『누가 나비의 집을 보았을까』는 '집' 잃고 '집'을 찾아 헤매는 미아들의 비극이며, 집과 민족 또는 국가 사이에는 상호 유속有屬 관계가 성립된다. 집의 상실은 민족과 국가의 상실과 같은 의미를 가지고 있다. 중국 조선족은 허련순의 말처럼 어디에 가서나 이방인이다. 언제나 개밥에 도토리처럼 소외를 당하고 어디서나 주류 사회에 끼어들지 못하고 우왕좌왕하고 있다. 이들은 모국과 거주국의 경계에서 살면서 안정된 집을 잃고 헤매고 있다. 그리하여 중국 조선족은 집을 잃고 집을 찾아 헤매는 집시족 국제 미아가 되어가고 있는 실정이다."

사실 저는 소설에서 밀항이라는 극단적인 환경을 통해 조선족 사회의 불안한 현실과 그 현실을 벗어나고자 하는 조선족의 실존 본질에 접근하고자 했습니다. 어쨌든 밀항이라는 것이 옳은가 그른가 하는 것과는 상관없이 이들의 삶의 의지와 집착, 그리고 답답한 현실에서의 탈출, 이런 의지를 보여주고 싶었습니다. 그런데 1990년대 말부터 학계와 문학계에서 저의 『바람꽃』과 『누가 나비의 집을 보았을까』를 디아스포라 연구 대상으로 많이 삼았습니다. 저에게는 고무적인 일이었어요. 사실 제 작품이 이렇게 많이 주목을 받는다는 것보다 '이제 우리 디아스포라들의 삶이 세계적으로 중시를 받고 있구나' 하는 점이 좋았습니다. 이런 것을 볼 때 우리가 속해 있는 문학 공간이, 내가 속한 이 디아스포라 문학 공간이 역시 큰 공간이라는 것을 확신하게 되었죠. 특히 저는 외롭게 『바람꽃』을 쓸 때부터, 내가 이렇게 하는 것이, 문학이 이렇게 하는 것이 정말 맞는지, 실제로 쓰고 싶은 작품을 쓰면서도 고민이 많았습니다. 앞서 서경식 교수님이 저와 만난 기억을 말씀해주셨는데요, 저도 2006년에 한국에서 『디아스포라 기행』이 출간되었을 때 돌베개 출판사 직원을 만나서 책을 한 권 받았습니다. 그 책을 읽어보고 또 직접 얘기를 들으면서 디아스포라 문학이라는 것에 대해 확실한 신념을 가지게 되었어요. 그러니까 이론적으로 뭔가 있긴 한데 찾지 못했던 것, 몸으로는 느꼈지만 말로는 할 수 없었던 것을 서경식 교수님을 통해 알게 되면서 정말 존경하게 되었습니다. 저의 문학에 확실하게 키를 잡아주신 분이라고 생각해요. 이번에도 다시 뵙게 되면서 제가 다시 한 번 우리 디아스포라 문학에 새로운 진화를 가져와야 한다는 생각에 정말 많은 기대를 하고 왔거든요.

그리고 여기서 또 한 가지 말씀드리고 싶은 것은 『바람꽃』과 『누가 나비의 집을 보았을까』라는 두 장편이 10년 차이를 두고 발표되었는데, 그럼에도 두 소설 모두 결말은 결국 '돌아옴'이라는 것입니다. 주인공들이 한국에 왔다가 되돌아와요. 『바람꽃』에서는 주인공 홍지하가 한국에 왔다가 '아, 한국은 결국 할아버지, 아버지의 고국이기는 하지만 우리들의 고향은 될 수 없구나. 우리는 역시 중국에서 태어나고 중국에서 살았으니까 그곳으로 가야만 한다', 이런 의식을 갖고 자발적으로 돌아가요. 그런데 『누가 나비의 집을 보았을까』에서는 어떤 제도적·이념적 장치들 때문에 강제적으로 끌려가요. 어쨌든 돌아가는 것은 똑같지만, 소설에서 결말이 굉장히 중요하기도 하고 해서 결말을 쓰면서 고민을 무척 많이 했어요. 그런데 사실, 조선족들의 삶이 불안할 수밖에 없는 상황이고 문학적인 완성도를 봐서도 돌아가는 것이 좋다고 생각해서 그렇게 했지만 그 이면에는 이런 것이 있었어요. 중국에서 조선족들이 뿌리를 찾아서 한국에 오고, 그런 다음 중국으로 돌아가지 않고 계속 머무른다면 중국 사람들이 좋아하지 않는 거예요. 배신 같은 것이 되죠. 그래서 처음 『바람꽃』을 쓸 때는 주인공이 무조건 돌아가야 중국에서 발표할 수 있다, 그렇지 않으면 중국에서 발표하지 못한다, 이런 제약이 있었어요. 말하자면 『바람꽃』의 결말은 중국에서 무난하게 발표를 할 수 있게 하는 일종의 눈치 보기 결말이었어요. 그리고 이런 결말 때문에 재미있는 일도 있었어요. 길림성 정부에서 주최하는 장백산문예상이라는 게 있는데, 이 상은 길림성 내의 작가와 예술가에게 최고의 영예입니다. 그런데 2006년에 연변에서는 유일하게 제 소설이 장백산문예상 최종 심사에 오른 거예요. 심사는 중국인 심사 위원들과 연변 측 대표 한 명이 진행하죠. 거기서 심사 위원 한 명이 작품에 대해 이런 질문을 했대요. "중국의 소수민족 정책이 이렇게 좋은데 너희 조선족들은 왜 밀항을 하는가?" 우리가 밀항을 하는 것이 불만인 거예요. 만약에 다른 민족이 밀항을 하면 이런 말은 듣지 않아요. 하지만 우리는 조선족이기 때문에 밀항하는 것 자체가 민족 문제와 연결이 된다는 거죠. 그러자 조선족 대표는 이렇게 말했다더군요. "그래서 이 주인공들이 다 돌아왔지 않았는가." 저는 그 말을 듣고 정말 기가 막혔어요. 밀항을 정치적으로 해석하지 말고, 이건 문학이며 밀항이라는 문학적 장치를 통해 인간의 본질에 대해 이야기하는 것이라는 식으로 문학적 본질을 해석하면 되는데, 그래서 주인공이 다 돌아왔지 않느냐, 중국으로 되돌아왔지 않느냐라고 대꾸했다니 정말 황당했죠. 그런데 어떻게 생각하면 그때 심사에서 통과되면 연변에서 작품 하나가 올라가는 것이고, 중국인들은 내용을 다 볼 수 없으니까 정부에서는 무조건 통과인데, 제 작품은 밀항을, 그것도 미국이 아니라 한국으로 밀항을 한 것이기 때문에 결국 민족 문제잖아요? 그래서 선정되지 못했어요. 하지만 저는 그게 슬프지 않았어요. 그 얘기를 듣는 순간 그냥 '아, 이것이 우리의 운명이다. 그리고 사람만이 그런 대우를 받는 것이 아니라 작품도 그런 대우를 받는구나. 어쨌든 우리의 삶의 방식이고 현실이고 뭐 이렇게 태어났으니까 어쩔 수 없다, 괜찮다'라고 생각했지요. 상을 받지 못한 게 오히려 저에게는 이런 문학을 해야 하는 동기 부여가 된 거예요.

정말 어떤 때는 이런 생각이 들어요. 중국에서 살 바에는 정말 중국 사람으로 태어나든지, 아니면 한국어로 말을 하고 글을 쓸 바에는 한국인으로 태어나든지, 왜 이렇게 딱하게 태어나서는 이런 일들을 겪는가. 작가로서 가장 슬픈 것은 제약을 받는 거잖아요. 사고방식이든 의식이든 모든 창작이 구애를 받지 않고 자유자재로 펼쳐져야 하는데 이렇게 써야 하나 저렇게 써야 하나 계속 구속을 받는 거예요. 「여자는 여섯 살에 다 크는가」라는 단편을 썼을 때도 그런 경험을 했어요. 간단하게 말씀드리자면, 제가 수술을 하고 열흘간 입원한 적이 있는데 남편이 간병인으로 탈북자 여성을 데려왔어요. 그런데 첫날부터 일이 꼬이려고 그랬는지, 한국 시민이 병문안을 왔다가 그 여자를 보더니 젊고 예쁜 북한 여자니까 관심을 보이는 거예요. 이성으로 관심을 가졌는지까지는 모르겠지만 같이 밖에 나가고 싶어 하더라고요. 그래서 제가 나는 혼자서는 움직이지도 못하니까 오래 자리를 비우면 밥도 못 먹는다고, 그러니 빨리 데리고 나갔다가 오라고, 맛있는 것도 많이 사주고 선물도 많이 사주면 좋겠다고 말했어요. 그런데 아침에 나간 사람이 밤늦도록 들어오질 않는 거예요. 그 바람에 배식 시간을 놓쳐서 저는 점심도 못 먹고 저녁도 못 먹었어요. 결국 한밤중에야 그 여자가 쇼핑백을 잔뜩 들고서 돌아왔는데 참을 수 없이 화가 나더라고요. 사람이 기본이 돼야지 내가 너에게 주는 돈이 있는데 첫날부터 이러면 나는 죽어도 괜찮다는 거냐고 막 뭐라 그랬죠. 자본주의 원리에 대해 이야기하면서, 중국이든 한국이든 받는 돈만큼 일을 해주어야 하고 그만한 가치를 창출해주어야 하는데 왜 이렇게 함부로 굴고 제멋대로냐고 했어요. 그런데 미안하다는 소리를 하지 않더라고요. 그게 얄미워서 또 야단을 치니까 그 여자가 아무 말 없이 종이에 뭔가를 쓰더라고요. 한마디 대꾸도 않고 막 쓰는데 뭐라고 쓰는지 궁금했어요. 그래서 막 야단을 치다가 물 좀 떠다달래서 나간 틈에 보니까, 종이에 온통 어머니, 어머니, 어머니, 이렇게 어머니라는 글자가 빼곡히 채워져 있었어요. 그걸 보면서 저는 충격을 받았어요. 그 어머니라는 말 한마디에, 내가 너무했구나 싶은 생각이 들었죠. 힘들게 탈북까지 한 사람에게 자본주의 생리나 설명하고 마구 야단을 쳤으니, 뭐, 저 나름의 입장이라는 것이 있겠지만 그 여자 나름의 입장에서는 굉장히 서러웠던 거예요. 어머니란 가장 어렵고 힘들 때 찾는 대상인데, 자기 어머니를 생각하는 그런 마음만은 이념이 다르다고 해도 똑같은 것 같아요. 그래서 쓴 소설이 그 단편이었죠. 자궁 수술을 해야 하는 여자가 여성으로서의 존재 가치가 끝났다고 생각했는데, 일하러 온 탈북자 여성, 여섯 살아이의 엄마인 그 여성의 어머니가 됨으로써 자신의 여성을 다시 회복한다는 내용이에요. 그런데 잡지사에서 탈북자라는 표현과 관련해서 수정을 요구했어요. 탈북자라고 하면 안 되거든요. 뭐로 표현할까 고민하다가 '강을 건너온 여자'라고 했는데, 그게 걸린 거예요. 강을 건너왔다면 북한에서 왔다는 얘기니까 빼라고. 그래서 왜 그래야 하느냐니까 현실적으로 북한 얘기는 안 된다는 거예요. 저는 그러면 싣지 마라, 그걸 빼면 내가 말하고자 한 바를 전달할 수 없다고 했어요. 그 소설은 우리가 아무리 다른 삶을 살아도 어머니는 어머니며 어머니를 생각하는 힘은 똑같다는 것을 보여주고, 그 어머니라는 상징을 통해 여성적인 것을 다시 회복하는 과정을 그리는 이야기니까요. 그러자 잡지사에서 하는 말이, 작품이 좋아서 자기네가 상을 주고 싶은데 그 부분을 빼지 않은 상태로는 곤란하다는 거예요. 그리고 만약 그것 때문에 정부에서 문제를 삼는다면 잡지사가 문을 닫아야 한다더군요. 그래서 생각해보니까 상을 준다는 것도 나쁘지 않았지만 그것 때문에 잡지사가 문을 닫는다면 그것도 못할 짓인 거예요. 그래서 당신들이 알아서 하라고 했는데, 그랬더니 이렇게 고쳤더라고요. '먼 시골에서 온 여자.' 완전히 다른 얘기가 된 거죠. 결국 중국판에서는 그냥 작품이 엉망이 되더라도 '먼 시골에서 온 여자'라고 하고, 한국에서 출간할 때는 탈북자라고 제대로 살렸어요.

　이런 사정 때문에 우리가 글을 쓸 때는 한국판에는 이렇게 쓰고 중국판에는 이렇게 쓴다는 암묵적인 약속이 있어요. 그리고 그럴 때마다 한국이 좋다는 생각을 하죠. 한국에서는 작가들이 얼마든지 자유롭게 쓰고 싶은 것을 창의적으로 쓸 수 있는데 중국에서는 그렇지가 못하니까요. 겉으로 볼 때는 무척 자유로워요. 박탈하는 것도 없고 차별도 하

허련순 소설가. 발표회장에서.

지 않는 것 같고. 그런데 작가들은 다들 그런 제약을 느껴요. 여기 올 때 어떤 기자에게 물어봤어요. 당신들은 중국에 살면서 어떤 혼란을 느끼느냐고. 그랬더니 그 기자가 자기네는 혼란을 느끼지 않는다고 하더군요. 어떻게 혼란을 느끼지 않을 수 있느냐고 했더니 정치만 관여하지 않으면 아무 문제도 없다는 거예요. 여기서 말하는 정치란 선거 출마 같은 그런 의미가 아니라 중국에서 말썽이 될 수 있는 것 전부를 가리키기 때문에 그런 문제를 일절 모르는 척하면 된다는 뜻인데, 기자가 그런 생각을 가지고 있으니까 일반 사람들은 그냥 먹고사는 데만 신경 쓰면 되는 거예요.

작가인 우리는 중국 외에도 세계를 다니며 글을 쓰니까 제 경우에는 한국을 통해 그런 문제의식을 느꼈어요. 우리가 하는 작품들이 정말 차이가 많이 나는구나, 하고 말이에요. 1991년 동아일보사에서 처음으로 책을 낼 때, 연변 작가들이 쓴 작품은 우리 한국의 1960년대 소설 같다는 말을 들었어요. 그 말을 들으면서 속상했는데, 사실 그런 차이가 있는 것 같았어요. 그래서 제가 한국 광운대학교에서 한국문학을 전공했어요. 그러면서 중국과 북한, 그리고 한국의 언어적 차이를 수집했는데, 하고 보니까 우리가 사실은 중국말도 아니고 소위 짬뽕된 사투리를 많이 쓰고 있더라고요. 어쩌면 중국에서 사는 우리 작가들이 중국어를 썼다면 형편이 나았을 거예요. 우리 문화를 지키고 우리 민족의 언어를 지킨답시고 여기까지 왔는데, 결국은 자기 민족 언어를 지키려다가 점점 살기가 힘들어졌어요. 원래 조선족이 200만 명 정도인데, 지금은 180만 명 정도만 남았어요. 한국에 10만 명쯤 오고 미국이나 일본으로도 가고 그러다 보니 줄어들었는데, 거기서 노인들과 아이들을 빼고 나면 책 읽을 사람이 많이 없어요. 연변 작가들은 자비로 출판해도 500부 정도만 찍죠. 『바람꽃』은 1차 인쇄로 3천 권을 찍었는데 다 팔리고 한국의 범우사에서 재판을 냈어요. 그런데 결국 더 많이 판매된 쪽은 한국이었으니, 연변만 생각하고 작가가 된다는 것은 불가능한 일이에요. 밥도 못 먹어요.

지금 전 세계에 분포되어 있는 한인 디아스포라가 700만 명 정도인데, 그중 한글로 글을 쓰는 작가들은 한국의 모든 독자를 포섭해야 한다는 생각을 하게 됨 직하죠. 저는 1년의 절반을 한국에서 활동하며 책을 냈는데, 항상 한국과 중국의 경계에서 위험을 느껴요. 몇 년 전에 《한겨레》에서 서경식 교수님과 같이 인터뷰를 한 적이 있어요. 그때도 아마 서 교수님이 저를 그쪽에 소개해주셨던 것 같아요. 아무튼 그래서 인터뷰를 하게 됐는데, 제가 먼저 한 가지를 요구했어요. 나는 솔직한 얘기를 하겠지만 신문에 낼 때는 중국에서 신경 쓸 만한 너무 자세한 얘기 같은 건 자제해달라고, 그러지 않으면 쫓겨난다고 했더니 젊은 기자가 알았다고 하더라고요. 그런데 인터뷰 중에 제가 이런 말을 했어요. 중국에서 한국말로 글을 쓴다는 것은 어렵다고요. 독자도 없고. 그리고 나의 문학의 근원은 '소수자의 슬픔'을 쓰는 거라고 이야기를 했는데, 기자가 뽑은 제목은 "우리말 소설 근원은 소수민족 슬픔"이었어요. '소수자'를 '소수민족'이라고 바꿔놓은 거예요. 그 기사가 《한겨레》에 크게 실리면서 정말 조마조마했어요. 민족주의, 민족주의자, 이렇게 나올까 봐 조마조마한데 기자 생활을 하다가 퇴직한 남편이 그러더라고요. 왜 이렇게 위험하게 했느냐고. 그런 일도 있었지요. 그리고 그 후 재한 조선족 칼럼니스트 김정룡 씨가 제 작품에 대해 이렇게 평을 했어요. "허련순 작가는 중국에서 소수민족 작가로서 그렇게 많은 혜택을 받으면서 어찌 소수민족의 슬픔을 쓴다고 얘기할 수 있는가. 키워준 부모한테 비수를 꽂는 건가?"라고.

준비한 것보다 시간이 조금 길어졌네요. 그럼 마무리하겠습니다. 사실 우리처럼 경계에 서 있는 존재들은 아주 슬픈 존재라고 생각합니다. 그럼에도 슬프지만은 않은 이유는 우리가 살아갈 수 있는 공간이 있기 때문이고, 저는 이것이 정말 중요하다고 느껴요. 따라서 지금 우리가 디아스포라 문학 공간을 확대하면서 쌓아가는 이 문학이, 조선족 디아스포라와 한국 문학 간의 연대가 될 수도 있고 남북한의 통일 문학에서도 할 수 있는 일이 있다고 생각합니다. 이것은 경계의 경험을 삶으로 체득한 우리만이 할 수 있는 일이라고 생각합니다. 그리고 우리만이 할 수 있는 문학 공간이 있다는 것을 행복하게 생각합니다. 들어주셔서 고맙습니다.

디아스포라 다언어지대의 경험

미희 나탈리 르무안의 발표

반갑습니다. 저는 미희 나탈리 르무안입니다. 화가이자 영화감독으로, 또 에세이스트로 활동하고 있습니다. 먼저 이 대담에서 저의 시각이 지니는 위치에 대해 생각해보며 제 소개를 하고자 합니다.

저는 한국전쟁이 일어난 지 15년 후, 이곳 부산에서 태어났습니다. 전쟁 후에 한국은 누구도 원치 않으며 바람직하지 못한, 잉여의 고아들을 해외로 보내는 매우 효율적인 제도를 확립했습니다. 1953년 이래로 22만여 명의 한국 어린이들이 서구의 백인 입양 가정으로 보내졌습니다. 저는 이른바 그 고아들 중 한 명입니다.

다중 언어 국가(프랑스어와 플라망어, 독일어)인 벨기에에 입양되었기 때문에 저는 언어가 자아 정체성을 형성하는 한 부분임을 이해할 수 있었습니다. 저는 한 번도 한국어를 사용한 적이 없었고(아마 아주 어린 시절에는 수동적으로 이해했을지도 모릅니다) 그러므로 제 모국어는 프랑

미희 나탈리 르무안/ 입양 전에 맡겨졌던 한국의 고아원에서 찍은 사진.
들고 있는 종이에 적힌 숫자는 그녀의 '입양 번호'이다.

스어입니다. 제 외모가 제 언어나 제가 자라온 환경과 맞지 않는다는 것을 의식한 것이지요. 저는 종종 낯선 사람들의 호기심과 거슬리는 말, 질문들과 맞닥뜨리곤 했습니다.

저는 젊은 시절 한국으로 돌아왔습니다. 그리고 한국어를 잘하지 못한다는 것 때문에 불공평한 대우를 받았습니다. 한국인들은 지금만큼은 아니지만 자주, 한국에서 태어났다면 한국어를 할 수 있어야 하는 것 아니냐고 생각했습니다. 저도 그게 그렇게 간단하고 자명한 것이면 좋겠습니다.

그래서 저는 결심했습니다. 한국에서 13년을 살고 난 후 또 다른 다중 언어 국가인 캐나다 퀘벡으로 이주했습니다. 퀘벡에서 언어는 여러 공동체 사이의 긴장과 적대의 문제입니다. 심지어 프랑스어 사용자인 저는 속물적이고 고상한 체하는 퀘벡 프랑스인으로 여겨졌습니다. 제

미희 나탈리 르무안과 서경식 교수가 한 작품 앞에서 이야기를 나누고 있다.

'진짜' 정체성을 두드러지게 하는 유럽식 억양 때문이었지요.

그림, 영상, 시 등의 작품에서 저는 언어적 게임을 바탕으로 하는 시각적 개념을 전달하기 위해 한국어와 프랑스어, 영어 사운드를 사용합니다.

문화(자아/공동체) 정체성을 탐색하는 예술을 통해 디아스포라적 문화를 만들어나간다는 것은 예술 활동의 중요한 주제입니다. 한 공동체의 힘은 그 공동체의 역사와 문화를 기록 보관archive하는 것이라고 생각합니다. 공동체의 역사와 문화를 증진시키고 가시화하는 것 그리고 공동체의 구성원들이 무엇을 했고 지금 무엇을 하고 있는지 가르치는 것은 학문적 영역에서도 중요합니다. 그러나 디아스포라 공동체(잘 알려진 유대인 공동체와 흑인 공동체)에 말을 건네고 물음을 던지는 작품을 증진하고 지원하는 것 또한 중요합니다. 다른 이들이 그렇게 하기를 기다릴 필요 없습니다. 우리는 이 주제를 두고 계속해서 전시회와 학회를 개최하고 출판을 해야 합니다.

그리고 '경계에서 듣다'(대담회 제목)라는 제목에 대해 생각해보자면, 우리는 서로 이야기 나누고 우리의 이야기를 널리 퍼뜨려야 합니다. 우리의 하위문화가 이제 막 시작했다 할지라도 말입니다. 지금까지 이루어온 것을 조직적으로 아카이브화해야 합니다.

다음은 문화계에 파란을 일으킨 한인 디아스포라 작가들의 목록입니다. 이들의 작품을 체크하고 기억합시다. 계속해서 작업을 해나갈 수 있게 합시다!

- 사진작가: Nikki S. Lee(미국), Raymond Hahn(미국), CYJO(미국)
- 스탠드업 코미디언 : Margaret Cho(미국)
- 미술가: Theresa Hak Kyung Cha(미국), Yong Soon Min(미국), 서도호, Michael Joo(미국), Nikolai Shin(우즈베키스탄), 이우환
- 소설가: Helie Lee(*Still Life With Rice*, 미국), Chang-rae Lee(*A Gesture Life*, 미국), Ook Chung(*Kimchi*, 캐나다), Jane Jeong Trenka(*The Language of Blood*, 미국)
- 만화가: Jung(*Couleur de peau : miel*, 벨기에), Lela Lee(*Angry Little Asian Girl*, 미국)
- 영화감독: Helen Lee(*My Niagara*, 캐나다), Sophie Bredier(*Nos traces silencieuses, La tête de mes parents*, 프랑스), Ounie Lecomte(*A Brand New Life*, 프랑스), Iara Lee(*Synthetic Pleasures*, 브라질)
- 비디오아티스트: 백남준, Kate Hers(미국)

차별 철폐를 위하여

주재순의 발표

반갑습니다. 저는 1975년에 간호사로 독일에 갔습니다. 독일이 사회 복지 제도가 좋은 것이 많은데, 그중에서 5년간 근무한 사람에게 장학금을 주는 제도가 있습니다. 그래서 저는 5년 근무를 하고 공부를 시작했습니다. 심리학을 공부하다가 나중에 교육학을 전공하고, 이후 로마와 신티Roma und Sinti를 위한 상담소에서 사회 문제와 인권 문제를 다루었지만 제 정신건강이 꽤 위험스럽다는 걸 느껴서 그만두고 심리치료 교육을 다시 받고서는 일을 시작했습니다.

현재는 아기스라Agisra 상담소에서 일하고 있습니다. 이곳은 이주민 여성들이 운영하는 상담소로, 이주민 여성들의 인권을 찾기 위해 싸우고 또 도움을 주는 일을 합니다. 그러니까 이주민 여성들의 이주민 여성들을 위한 상담소입니다. 그래서 로비 활동도 많이 하고 성인교육도 많이 합니다. 독일에서도 이주민 단체를 만들고 운영한다는 것은 쉬운

주재순/ 재독 간호사. 상담전문가.

일은 아닙니다. 재정 문제라든가 이런 것도 잘 알아서 해야 되는데, 그래도 우리가 끈질기게 일을 해서 공공 기관에서 운영비도 많이 받고 한 덕분에 내년이면 20주년을 맞는 기관입니다.

저는 이번 학술 대회에 참여할 수 있겠느냐는 연락을 받고 반가워서 금방 "아, 가죠"라고 대답했거든요. 그런데 주제를 보니까 자유라고 되어 있었어요. 그러다 보니 무슨 얘기를 해야 관련이 있는 건지 어떻게 뭐가 전달이 되는 건지 고민을 했습니다. 그러다가 결국 제가 항상 하는 일인 차별 반대에서 주제를 결정했습니다. 제가 어려서 여기 한국에서 자랄 때는 성차별을 많이 받았어요. 집안에서뿐만이 아니라 사회에서도 "저 여자 왜 저래?" 하는 소리를 참 많이 들은 여자예요. 그처럼 차별을 많이 받았기 때문에 저는 차별 대우에 굉장히 예민하고 싸움도 잘합니다. 그래서 독일에 갔더니 독일에서는 또 다른 차별 생활이 기다리고 있었습니다. 처음에는 말을 잘 이해하지 못했어요. 나를 괄시하는 기분이 있어 오해를 자주 했죠. 그러다가 말이 통하기 시작하니까 사회구조가 눈에 들어오고 이해되는 것도 많고 했는데,

인간 차별 대우가 아주 애매모호하게 표현된다는 것을 알게 되었습니다. 저는 인종이라는 용어를 사용하지 않습니다. 그 이유는요, 인간 사이에 '종'이라는 것은 딱 한 종밖에 없습니다. 학문적으로도 다 그렇게 증명이 됐습니다. 그 인종이라는 말에 저는 조금 소름이 끼치는 사람입니다.

먼저 제가 겪은 일화를 하나 말씀드리겠습니다. 독일에 사는 동안 저는 재독여성모임(재독한국여성모임과 재독여성모임에는 큰 차이가 있습니다)에 참가하면서 한국의 민주화 운동과 연계해서 여러 가지 운동도 많이 했습니다. 그러면서 다시 한국 역사를 배우고 특히 근대사와 관련한 책도 많이 보고, 탈춤이나 한국 음악 문화를 배웠죠. 한국에서는 서양음악만 배운 사람이 장구도 치고 탈춤도 배우고, 한국에서 못하던 것을 마음 놓고 일일이 찾아다니면서 다 배웠습니다. 그러다 재독여성모임이 1990년에 파독 25주년 기념행사를 치를 때 제가 사진 전시회를 담당했는데, 행사 장소에서 문제가 하나 생겼습니다. 사진 외에 한국 문화를 소개하는 글도 전시했는데, 제가 쓴 마늘에 대한 글이 문제가 된 것입니다.

간추려 이야기하면 이렇습니다. '우리는 한국에서 마늘의 특이한 냄새를 생각 않고 생마늘도 아무렇지 않게 먹었다. 그런데 독일로 올 준비를 할 때 강사들에게서 마늘을 먹지 말라는 교육을 단단히 받았다. 김치에 마늘이 들어가지 않으면 맛이 없어서 김치 맛을 내는 것이 큰 화제의 하나이기도 했다. 이제는 마늘은 쉬는 날에만 먹는 생활을 한다. 그런데 독일인들 사이에서는 땀 냄새, 몸 냄새가 아무리 지독해도 얘기를 해선 안 된다는 터부가 있다. 마늘 냄새가 나면 호들갑을 떨면서 큰 잘못을 한 것처럼 흉을 보고 사람을 피하면서 말이다. 몸에서 냄새가 나면 잘 닦아서 남에게 피해를 입히지 않게 몸 관리를 하는 것은 당연한 일이다. 독일 욕실은 집 안에 있으니 사용하는 데 문제가 없다. 한국은 욕실이 실내에 없어도 몸의 위생에 신경을 많이 쓴다. 나는 정신병동의 남자 폐쇄 병동에서 근무를 하는데 아침에 성인 남성 셋이 잔 방문을 열면 독취로 쓰러질 정도다. 그래도 동료들은 마늘 냄새처럼 극성을 떨지 않는다. 이제 나는 독일에 오래 살아 독일 사람들처럼 마늘 냄새에 예민해졌다. 지나가다가 마늘 냄새를 맡으면 어, 저 사람 마늘 먹었네, 용감하네, 하는 생각을 한다……'

이런 내용을 쓴 것에 마늘 엮은 쪽지 두 개로 장식을 해놓았는데, 이 것이 행사장 주인의 신경에 거슬린 거예요. 그 여자 관장은 이 글은 독일을 모욕하는 글이니 없애지 않으면 행사를 못 한다고 아주 강하게 나왔습니다. 아무리 달래도 타협할 생각을 하지 않았죠. 그런데 베를린에서 행사를 하는 것이니 이제는 베를린 여성들이 저더러 마음을 바꾸라고 야단인 겁니다. 저는 이 글이 저의 변화를 중점적으로 다룬 것인데 왜 그리 예민한 반응을 보이는지 이해가 되지 않았습니다. 그러자 베를린 여성들이 저에게 와서는, 너는 베를린을 떠나면 그만이지만 우리는 여기서 살고 여기서 연습을 하는데 네 주장을 고집하면 우리 연습장이 없어진다. 어떻게 책임을 질래? 하고 말했어요. 결국 저는 그 글을 떼고 행사 진행에 어려움 없이 잘 협조했습니다. 그리고 행사 이후 그 글을 여러 독일 친구에게 보여주고 토론을 했습니다. 모두 하는 말이 독일인을 모욕하는 글은 아닌데 네가 터부 문제를 건드린 것이다, 하지만 그 관장은 차별 의식이 있는 사람이다, 하면서 흥분했어요. 저는 그 관장도 문제지만 우리 여성 회원들이 했던 말이 참 속상했습니다.

그런데 당시 독일 사회는 통일이 된 지도 얼마 되지 않고 해서 아주 복잡한 상황이었어요. 이주민들도 통일을 기뻐하고 축제를 같이했어요. 하지만 곳곳에서 극단적인 인종차별 현상이 많이 발생했는데, 정치인뿐 아니라 매스컴에서도 선동적인 일을 많이 했습니다. 그때 저는 이주, 난민, 흑독일인 여성들과 함께 인종차별을 반대하는 그룹을 발족하고 활동을 했습니다. 당시 이주 여성들은 자신들을 괄시하고 차별하는 독일 여성 인권가들을 비평했습니다. 또 백인 독일인들은 자신의 특권이나 사회 위치를 인식하고 사회구조에서 오는 차별 대우에 책임을 져야 한다고 주장했습니다. 모든 사고방식이 그들 위주로만 되어 있어 문제가 생긴다고도 지적했습니다. 이런 비평을 듣고 그들은 자신의 행동을 정당화하려 노력하면서 자신들은 차별 대우를 하지 않는다는 방어 자세를 많이 취했습니다. 이런 비평을 공격으로만 받아들였고 자신의 책임에 대해서는 한마디도 없었죠.

예전에는 여성이 가부장제의 희생자며 동등한 기회를 갖지 못한 사람이라는 합의하에 함께 뭉쳐서 불공평한 사회제도를 바꾸자는 것이 우리의 공통점이었는데, 이제 우리는 공통점이 무엇이고 누가 '우리'에 속하는지를 질문했습니다. 지금까지 우리라는 단어에는 이주민은 포함되지 않았다는 지적이 나왔죠. 그리고 이주 여성들은 "우리는 너희와 똑같다. 하지만 우리는 너희와 똑같지가 않다"라고 아주 모호한 대답을 하면서 사람들의 신경이 곤두선 상황이었어요.

당시 한 여교수가 여성의 공모 역할에 대한 책을 냈습니다. 그녀는 여성들을 가부장제의 희생자로만 보는 것은 너무 일방적이다, 중산층 여성은 자기 나름으로 가부장제를 이용하고 이익을 받았고 받는다고 주장했습니다. 역사적으로 여성의 수동적인 공모 역할을 반성하고 여기에 따르는 책임성을 강조하는 그 자세에 많은 여성이 공감했고 책임을 지기 위해 노력을 했습니다. 그러면서 차별 문제에 대한 세미나나 워크숍도 많이 했는데 서로 싸우고 울고 그랬어요. 그러니까 한편에는 이론과 실천이 있고 한편에는 당했던 아픔이 놓여 있으니 세미나가 눈물 없이 끝나는 경우가 참 드물었어요. 바로 이런 시기에 백인 독일 여성과 이주 여성의 활동 사이에 경계선이 눈에 띄게 그어졌다고 볼 수 있습니다.

외국 생활 초창기에는 타인이 "어디서 왔어요?" 하면 반갑고 한국에 관심을 두고 물어보는 것 같아서 열심히 정보를 주었어요. 그런데 오래 살다 보니까 이 질문이 어떤 상황에서 하느냐에 따라 뜻이 다르게 들리는 겁니다. 특히 우리 이후, 그러니까 후세대들은 아무리 독일에서 태어났어도 외모가 다르니까 이런 말을 자주 듣습니다. 독일어 잘한다는 소리도 자주 듣죠. 따라서 그들 사이에서는 지금 이런 문제가 이야기되고 있습니다.

제 경험으로는 우리 식구가 미국 버클리 대학에서 공부를 했는데요, 그때 저는 독일에서 약 9년 동안 체류하고 미국으로 건너가 1년을 살았는데 자꾸 독일과 미국을 비교하게 되더군요. 우선 미국에서는 아무리 영어를 못해도 사람을 깔보지 않아요. 우리를 이해하려고 노력도 하고, 어디서 왔느냐는 질문 없이도 모르는 사람끼리 대화가 잘 통했습니다. 샌프란시스코 구역은 아시아 사람들이 많아 흥미로운 것도 많았습니다. 독일로 돌아와서 다시 적응하는 데 시간이 많이 걸렸죠. 독일 사람들은 흔히 미국인을 겉만 훑는 사람으로 비평하는데, 꼭 친구가 되지 않더라도 일상적인 대화는 부담 없는 미국식이 좋다고 느껴집니다. 진지하다는 독일인의 태도는 친구 사귀기 어려운 것은 물론이고

주재순 선생의 발표.

조심스럽게 행동을 하게 만듭니다.

그래서 다시 독일에 살기 시작하면서 저는 "어디서 왔어요?"라는 질문을 받으면 도시 혹은 시내 구역 이름을 댔습니다. 그러면 "아니 그게 아니고 진짜 어디서 왔어요?"라고 합니다. 그다음 대화는 주로 이렇게 이어지죠. "진짜 알고 싶은 게 뭔데요?" "어떻게 여기 왔어요?" "아이, 비행기 타고 왔지요." 이러면 어떤 사람은 화를 냅니다. 또 어떤 사람은 눈치를 채지요. 그러면 저는 "질문을 제대로 하세요" 하고 등을 돌립니다. 이런 저를 이주민들도 잘 이해하지 못했습니다. 네 출국지를 대는 게 창피해서 그러느냐는 질문도 받았어요. 어떤 나라에서 왔는가는 중요한 게 아니고 대화의 시작에 필요한 것도 아닙니다. 그리고 그 질문은 '너는 이 나라에 속하는 사람이 아니다'라는 표현을 내포하고 있지요. 출생지 이야기는 얘기하다 보면 나중에 나올 수도 있는 거예요. 하지만 우선 호기심으로 "어디서 왔어요?", "언제 다시 고향에 돌아가요?" 하고는 금방 등을 돌리는 사람들도 많습니다. 저는 그들이 정한 대로 대화를 여는 것이 아니라 저의 형식으로 대화를 시작하고자 했습니다. 이렇게 1985년에 시작한 것이, 아기스라에 들어오면서 동료들에게도 의식 운동을 하기 시작했습니다. 그래서 그들도 자신들의 대답에 신경을 쓰기 시작했고 이제 30년이 지나 우리 2세들이 이 문제를 가지고 의식 운동을 하고 있죠.

독일에서 차별 반대 운동을 하면서 많이 신경 쓰는 부분이 언어에서 오는 문제의식인데, 독일어는 남성 위주로 만들어진 언어입니다. 여성 인권주의자들이 이런 독일 언어를 학술적으로 분석하고 비평해온 덕분에 의식 있는 사람들은 그 점을 언어 사용에 고려합니다. 이주 인권가들은 사람 차별에 쓰는 용어를 지적하죠.

유럽연합이 커지면서 독일로 망명 올 가능성도 줄어들었습니다. 난민 숫자는 세계적으로 보면 적어지지 않았습니다. 그래서 시민운동가들이 독일의 망명 정책을 비평하고 차별 반대, 이주민 인권 운동을 꾸준히 합니다. 그중 하나로 '경계선 없는 캠프'가 있는데, 약 13년 전부터 거의 해마다 일주일 동안 행사가 열립니다. 많은 활동가가 모여서 정책과 사회문제를 가지고 세미나와 데모 같은 행사를 진행하죠. 올여름에 쾰른에서 이 경계선 없는 캠프가 열렸습니다. 독일 전역에서 약 500명이 모였습니다. 그 주는 비가 많이 와서 텐트를 설치한 장소에 물이 많이 고였고, 장화 없이는 움직이기가 아주 어려웠습니다. 그래도 젊은 사람들과 경력 있는 활동가들이 많이 모인 것이 참 신기했습니다. 이 캠프에서 자주 나오는 주제는 '백인 의식화'라는 것인데요, 이는 미국에서 시작된 백인들의 의식화 운동으로 독일 대학에서도 이 주제를 다루고 있습니다. 그 요지는 백인들은 사회 체제가 그들을 위해 규정되어 있어서 다른 소수민을 이해 못 하는 부분이 많으니, 자기의 특권을 의식하고 자신들의 사회 역할을 분석해야 한다는 것입니다. 이

번 캠프에서 이 백인 의식화를 잘 이해하지 못한 소수의 사람들이 극
성을 피웠습니다. 이들은 이주민이 차별 경험을 이야기하면 듣기만 하
라, 더 이상 질문을 하면 이들에게 다시 상처를 주니까 질문하지 말라
고 주장했습니다. 전부 찬성한 것은 아니지만 반대하는 사람의 의견은
통하지 않았어요. 이런 상황에서 저는 워크숍 시간에 질문을 많이 하
는 게 당연하다고 생각했지요.

제가 준비한 워크숍에는 예상과 달리 80명 정도가 왔습니다. 이런
숫자면 강의를 해야 하는데 워크숍을 시작했어요. 커다란 텐트가 꽉
차서, 뒤돌아보려면 누군가와 부딪치지 않게 조심해야 했습니다. 소그
룹으로 우선 서로 의견을 나누고 다시 모여 경험 지식과 토론이 섞인
워크숍을 진행했죠. 이렇게 100분 동안 조용하고 진지하게 토론했고,
성공적인 행사였다고 생각합니다. 그런데 평가 때 저의 언어 사용이
여성 위주라는 지적이 있었습니다. 일반적인 독일어로 말을 하면 남성
위주의 언어여서 제가 바꿔서 썼기 때문입니다. 의식적으로 그렇게 했
기 때문에 아는 사람은 알고 이해를 하는데 문제는 트랜스젠더를 무시
했다고 평가가 나온 겁니다. 트랜스젠더 얘기가 최근에 토론이 되고는
있지만 아직 명시적으로 합의된 규정도 없고 해서 한계가 있는데 어쨌
든 그런 평가를 받았죠. 그리고 저의 두 번째 질문이 너무 심해서 발표
한 여성에게 큰 상처를 주었다는 주장도 나왔습니다. 설명하자면, 그
발표자는 이 캠프에서 차별의 눈길을 받았다면서 너희가 여기에 왔다
고 해서 별로 잘난 사람은 아니며 너희 행동에 문제가 있다고 지적했
습니다. 그래서 저는 그 차별 형태에 대해 좀 더 설명을 해보라고 했어
요. 그런데 그 여성은 대답하지 않았고, 다른 참석자가 그런 질문은 용
인되지 않으며 발표자에게 상처를 주었다고 주장했습니다. 이 문제를

자기들끼리 더 토론하고 싶으니 관심 있는 사람은 나중에 다시 만나자고 했고요. 그래서 이 문제를 가지고 나중에 설명서를 만들어서 20분 정도 낭독을 했는데, 마지막이 백인 독일인을 일방적으로 심하게 모욕하는 말로 끝났어요. 주동하는 사람은 세 명이었지만 많은 활동가도 앉아 있었는데, 누구 하나 반대 의견을 제시하지 않고 마비된 상태였습니다. 모두 나중에 자신의 복잡한 심적 상황을 설명하면서, 독재정치를 몸으로 느꼈다고 흥분했어요. 분위기가 워낙 으스스해서 말 한번 잘못하면 큰 망신을 당할 것 같아 용기를 낼 수 없었다고 말입니다. 경험이 없는 사람들은 불안해서 어떻게 처신할지 몰라 어려워했죠. 그 후 두 달이 지나서 다시 평가를 했습니다. 이처럼 많은 활동가가 쇼크를 받은 캠프였지만 이런 쇼크로 깨달은 사람도 적지 않았고 일주일 동안 그래도 많은 활동을 했습니다. 예를 들면 비행장에서 추방 항공 반대 데모를 크게 진행하기도 했죠. 그래서 내년 행사는 이런 '방해자'가 없는 조건 아래 열릴 수 있게 진행하려고 합니다. 어떻게 잘될지 궁금하네요.

이런 사건들을 언급할까 말까 많이 생각했습니다. 그렇지만 이것이 독일의 특이한 현상인지 아니면 한국에서도 차별 반대 운동이 비슷한 어려움을 안고 있는지, 다른 나라에서는 어떻게 하는지가 굉장히 궁금해서 말을 했습니다. 그리고 앞으로 어떤 연대를 할 수 있을지 이야기를 나눠보고도 싶었고요. 그래서 문화 차이로 이해하기 어려울 줄 짐작하면서도 제가 겪고 느낀 이야기를 들려드렸습니다. 고맙습니다.

나의 작품(『통역사』) 속의 디아스포라

수키 김의 발표

안녕하세요? 제가 부산에 처음 왔는데요, 초대해주셔서 감사드리고 고맙습니다. 제가 한국말로 할 건데, 말이 조금 애 같아도 이해하고 들어주세요. 우선 제가 소설가니까 제 소설의 한 장을 들려드릴게요. 이 부분이 디아스포라의 의미에 딱 들어맞는 것 같다고 생각하는데, 제 소설 『통역사*The Interpreter*』의 핵심이기도 해요. 한국에서는 황금가지 출판사에서 번역본으로 출간됐는데 이렇게 나왔더라고요.

"통역을 할 때는 아무리 문장이 길더라도 모든 단어를 정확히 옮겨야 한다. 통역사는 수학자하고 비슷하다. 그녀는 방정식을 푸는 것처럼 언어를 대한다. 단어 하나하나마다 동의어와 맞추어야 한다. 한 치의 오차도 없어야 정답을 얻을 수 있다. 자신은 모르고 있었지만 수지는 예전부터 이런 방면에 소질이 있었다. 두 가지 언어를 쓰면서 자란 환경 때문은 아니었다. 이민자 자식들이라고 해서 다들 통역을 잘하는 것은 아니다. 수지는 동시에 두 가지를 할 수 있는 남다른 능력이 있다. 그녀는 단어를 들으면 사전적인 의미와 함축적인 의미를 분리한다. 직역은 오역이 되는 경우가 많기 때문이다. 언어는 논리적인 존재가 아니다. 따라서 통역사는 단어를 그대로 옮기면서도 이쪽 언어와 저쪽 언어 사이의 간격을 교묘히 메울 줄 알아야 한다. 통역을 할 때 그녀의 한쪽 머리는 단어를 자동 전환하고 다른 쪽 머리는 자동 전환에 따른 빈틈을 체크한다. 통역은 정확하면서도 독창적인 자세가 필요한 기술이다. 2와 2를 더하면 단순히 4가 되는 것이 아니라 수많은 의미가 될 수 있음을 아는 사람이 진정한 해결사다."

오늘 여러 선생님이 좋은 말씀들을 많이 해주셨는데, '디아스포라'라는 게 한 나라에서 다른 나라로 이동하는 거잖아요. 제가 통역사를 통해서 그것을 풀고 싶었던 것 같아요. 나라를 잃는다든지, 자의가 됐든 타의가 됐든, 고국을 잃는다는 게 무엇인지 그리고 그걸 어떻게 메우는지. 언어를 잃는다거나 부모님을 잃는다거나 하는 것들을 고향을 떠나게 된 사람들은 늘 가지고 있을 수밖에 없는 것 같아요.

저는 열세 살에 이민을 간 1.5세거든요. 1세는 부모 세대고 1.5세는 따라간 사람들이에요. 그러니까 거기서 태어난 2세랑은 좀 다르죠. 저는 한국에서 중학교를 마치고 갔으니까 제가 생각하는 미래가 머릿속에 있었던 것 같아요. 그런데 존 F. 케네디 공항에 도착하는 순간부터 아, 이게 미국이구나, 나라가 없어졌구나, 하고 이해하지는 못했지만 어떤 상실감이 다가온 것 같아요. 특히 저한테는 가장 큰 과제가 언어였어요. 저는 스스로 문학소녀라고 생각하고 거기에 자부심이 있었고, 가장 좋아하는 것도 책이고 가장 사랑하는 것은 혼자 끄적거리는 것이었는데 그게 없어진 거예요.

수키 김/ 소설가. 뉴욕의 자택에서 찍은 사진.

하지만 이제 시간이 흘러서 저널리스트로도 활동하고 있으니 저는 운이 좋았던 것 같아요. 글을 쓰는 사람에게 글이 없어졌을 때는 어떻게 해야 할까, 그 질문을 생각해볼 때 말이에요. 모국어라는 당연히 내가 갖고 있던 것이 아닌, 이제 두 번째 언어를 가지고 창조를 해야 되는 거잖아요. 우리가 다들 아픔을 이야기하는데, 예술가라는 존재는 참 행운아인 것 같아요. 예술가는 그 아픔을 가지고 치유를 하는 거잖아요. 그러니까 내 재능으로 치유를 하든 내 성격으로 치유를 하든 하여튼 내가 할 수 있는 게 있지 않겠는가 하는 점에서 운이 좋은 거죠. 저 같은 사람들에게 아픔은 고향에 대한 그리움이나 일종의 배신감일 거예요. 저 같은 경우는 어렸으니까 내가 선택한 것도 아닌데 딴 나라에 가서 내가 생각하지 않았던 중학교, 고등학교, 대학교 생활을 딴 나라 말로 하면서 보냈는데, 결국은 글로 푸는 게 가장 현명한 방법이 아닌가 생각했고 그래서 『통역사』를 썼던 것 같아요.

어떻게 보면 글은 거짓말로 생각해서 꾸며내는 건데 사람들은 진짜로 다 일어난 일을 가지고 썼다고 생각해요. 제 소설에서 통역사의 부모님이 어느 날 갑자기 살해당하거든요. 어느 날 갑자기. 저는 그때 나라를 잃는다는 건 하늘이 무너지는 거랑 똑같은 거라고 생각했어요. 그리고 부모님이 그냥 죽는 게 아니라 살해되는 것, 그것도 굉장히 난폭하게 살해되는 거랑 같다고 생각했죠. 하루아침에 벼락을 맞은 슬픔, 아픔이었다고 늘 생각했어요. 그래서 늘 가지고 있던 그 생각대로 썼는데 사람들이 많이 물어봐요. 부모님이 괜찮으냐고, 너무 불쌍하다고. 소설인데 말이에요. 소설은 다 거짓말을 꾸며서 창조해서 만드는 거잖아요. 근데 또 어떤 면에서는 거짓말을 못 해요. 가만히 들여다보면 다 나오는 것 같아요.

『통역사』를 다 쓰고 나서 제 관심사가 북한으로 향했는데, 왜 그랬을까 지금 돌아보면 제가 디아스포라이기 때문이었던 것 같아요. 디아스포라 경험은 큰 충격이잖아요. 이별은 충격이에요. 남자친구랑 헤어져도 충격이고, 이혼이나 부모 자식 간의 헤어짐도 충격이고, 어떻게 보면 그 충격이 평생을 간다고 하잖아요. 고국을 잃든 다른 무엇을 잃든 이별은 충격일 수밖에 없고, 한반도는 그런 충격을 간직한 디아스포라라는 생각도 했던 것 같아요.

그래서 북한을 많이 다루었는데, 특히 논픽션 기사를 기획해서 평양을 계속 방문했어요. 말하자면 잡지사나 신문사를 통해 북한에 몇 번 들어갔고, 탈북자 문제로 연변에 갔고, 김정일 생일 때도 들어갔어요. 그럴 때마다 호기심으로 쳐다본다기보다는 내가 갖고 있는 어떤 독특한 입장, 그러니까 미국 시각으로 보는 것도 아니고 한국 시각, 남한 시각으로 보는 것도 아니고 자꾸만 그 중간으로 보게 되는 것 같았어요.

예를 들자면 제가 뉴욕필 평양 공연을 취재하러 갔었는데, 당시 100

명이 넘는 외국 기자들이 동행했어요. BBC, CNN, 《뉴욕 타임스》, 그리고 《조선일보》, 《중앙일보》 등 다양한 나라, 다양한 매체의 기자들이 동행했죠. 거기서 남한 기자 20명가량은 저쪽으로 가고 우리 외국 기자들은 이쪽으로 갔어요. 거의 안 섞이게. 서로 정보를 주고받을까 봐. 버스도 따로 타고 대화를 나눌 기회가 잘 없는 거예요. 그때 CNN 앵커 한 명이 한인 교포였던 것 같은데 2세여서 통역은 못하는 것 같다고 했어요. 그런데 알아듣는 유일한 한국 사람인 제가 외국 사람들 틈에 섞여 있자니 굉장히 이상한 기분이었던 것 같아요. 나는 저쪽으로 가야 되는데. 저 사람들 보면 반갑고, 앞에 말씀하신 것처럼 민족성 같은 것도 느껴지고……. 이거 참 서럽기도 하고 어떤 면에서는 웃기는, 아니 웃기다기보다 뭔가 좀 말이 안 되는 그런 느낌이 많이 들었어요. 저 사람들하고 얘기하고 싶으면서도 미국 작가들과 미국 저널리스트들 속에 섞여 있을 때, 이건 뭔가 굉장히 독특한 입장이구나, 나는 이쪽도 다 들을 수 있고 저쪽도 다 들을 수 있고, 그리고 여기서 내가 뭔가 느끼고 창조할 수 있다면 어쩌면 내가 특별한 것일지도 모르겠다는 생각이 들었어요. 그래서 제 생각에는 경험에 경험이 쌓일 때마다 그런 어려움을 치유하는 길은, 모든 세계를 잃을 수도 있고 굉장히 힘들 수도 있지만 어떻게 생각하면 다 가질 수 있는 일인 것 같아요.

　지난 2010년에는 북한 팀을 취재하러 남아공 월드컵에 갔어요. 북한과 포르투갈이 경기를 할 때였는데, 북한 응원단 속에 들어갔어요. 생김새가 비슷하니까 어떻게 길을 찾아가지고 그 사람들 속에 앉았거든요. 그런데 북한 응원단이 몇 명이나 됐겠어요? 수만 명이 다 포르투갈 팀 팬인 거예요. 게다가 천안함 사건이 일어난 직후여서 남한 사람들은 북한을 응원하지 않았어요. 아무튼 북한 응원단 속에서 그 사람

수키 김 소설가. 발표회장에서.

들을 인터뷰하려고 앉은 건데 북한이 지기 시작했어요. 7 대 0으로 졌
는데, 비까지 쏟아지니까, 그 사람들이랑 말을 하려고 노력해야 되는
데 가슴이 무너지는 거예요. 너무 불쌍하고. 그리고 여기 수만 명이 있
는데 왜 관중은 다 포르투갈 사람들인 걸까, 우리나라가 참 슬픈 나라
구나, 진짜 비극이다, 그런 생각이 들었어요. 북한이 44년 만에 월드컵
본선에 진출했는데 힘들어도 잘했다, 장하다 하고 말해줄 수 있는 사
람이 70명밖에 없는 거예요.

그런데 나는 누굴까, 하는 생각이 들었어요. 저는 미국에서 보낸 기
자잖아요. 미국이 솔직히 분단을 생각하면 원인 중의 하나인 나란데,
그 미국에서 보낸 기자니까 입장이 참 묘하더라고요. 그때, 아프리카
에서 일하고 있는 북한 사람들이 울기 시작하더라고요. 자기 나라가 7
대 0으로 지고 있으니까요. 그런데 저도 울었어요. 거기 앉아가지고
엉엉 울었죠. 그러면서 내가 흘리는 이 눈물은 뭔가, 하면서 진짜 묘한
기분을 느꼈어요. 정신 차리고 인터뷰를 해야 되는데 그냥 감정에 휩
쓸려가지고 울면서 여러 생각을 했어요. 지금 나는 누군가, 한국 사람

인가, 왜 북한 사람들한테 감동을 하는가, 남한 사람들은 아무리 찾아
봐도 여기 한 사람도 없는데. 나는 정치가도 아니고 기자도 아니고 그
냥 소설가인데……. 그러니까 이런 여러 가지 측면의 시각들이 내 안
에 있다는 걸 저는 늘 생각해요.

저는 열세 살 때 미국으로 갔기 때문에 내가 계속 한국에 살았으면
어떤 작가가 되었을까, 어떤 대학을 갔을까, 어떤 연애를 했을까, 머릿
속에 늘 다른 세계가 있어요. 내가 경험 못 했던 다른 세상이 공존하고
있는데 그걸 미련으로 가지고 있으니까 어떤 분이 그러시더라고요. 내
려놓으라고. 그래서 이제는 작가로서의 인생뿐 아니라 한 사람으로서
인생을 살 때 자꾸 내려놓는 방법을 생각해요. 열심히 글로 뭔가를 써
야겠어요.

최근에 인터뷰를 했는데 어떤 분이 그러시더라고요. 여류 작가치고
는 생각했던 거랑 다르다고요. 그래서 제가 선생님은 사내 기자치고는
제가 생각한 거랑 똑같네요, 그렇게 대답했어요. 굉장히 경솔한 대답
이란 걸 알아요. 하지만 저는 여류 작가가 되고 싶은 생각이 없어요.
물론 그렇게 부를 수도 있겠지만 여류 작가라든지 동양 작가라든지 그
런 것은 사람들이 자기 원하는 대로 라벨을 붙인 거니까 작품으로 뭔
가 보여줄 수 있으면 된다고 생각해요. 하지만 제 작품에는 한국이 들
어갈 거고, 아픔이 들어갈 거고 또 디아스포라의 슬픔이 들어갈 것 같
아요. 오늘 제가 준비한 얘기는 여기까지입니다. 감사합니다.

2장
디아스포라와의 대담

경계와 보편성

일시 : 2012년 10월 29일~30일

참석자 : 서경식, 허련순, 미희 나탈리 르무안, 주재순, 수키 김, 최덕효

장소 : 부산대학교 인덕관 대회의실

서민정 반갑습니다. 오전에 디아스포라 선생님들의 개별 발표를 마무리하고, 이제 오후로 접어들면서 전체 선생님들을 한자리에 모시고 더 많은 이야기를 나누어보는 시간을 마련했습니다. 먼저 오늘 발표자 외에 모신 패널들을 소개하겠습니다. 최덕효 선생님은 내일 연구 발표가 예정되어 있어 함께 모셨습니다. '이주민과 함께'의 정귀순 대표님이 자리해주셨고, 그 옆으로 인문학연구소 소장이시고 연구단 단장이신 김용규 교수님입니다. 그리고 미희 나탈리 르무안 선생님의 통역을 맡아주실 이은령 선생님도 함께 자리하셨습니다. 오늘 디아스포라 대담 진행은 가운데 계신 서경식 선생님이 해주시겠습니다.

서경식 예, 감사합니다. 오전 시간에 여러 곳에서 오신 선생님들께 좋은 말씀 많이 듣고 배웠습니다. 발표를 듣지 못한 분이 있더라도 이제부터 진행될 디아스포라의 대화를 들으면 어떤 내용인지 이해하실 수

있을 겁니다. 우선 저는 재일 조선인입니다. 그리고 연변에서 오신 조선족이 있고요. 독일에서도 오셨고 미국에서도 오셨습니다. 미희 르무안 씨는 국제 입양아로 벨기에서 자라셨습니다. 저희가 일상에서 쓰는 언어만 하더라도 프랑스어, 영어, 중국어, 일본어입니다. 그런 디아스포라들이 이렇게 한자리에서 대화할 수 있는 것은 아주 드물고 귀한 일이라 생각합니다. 그런데 언어나 국적, 지역과 같은 개념으로만 분류하면 우리는 만날 수가 없어요. 그래서 우리가 만나야 하는 이유, 말하자면 우리의 관점이나 차이점 등에 대해 생각하면서 새로운 개념으로 만나는 기회가 되었으면 합니다.

그럼 먼저 오전에 함께 발표를 들으신 정귀순 선생님, 김용규 선생님, 서민정 선생님에게 소감을 한말씀씩 들어보겠습니다. 정귀순 선생님, 말씀해주시지요.

정귀순 반갑습니다. 제가 하고 있는 일이 한국에서 디아스포라로 살아가는 분들과 함께하는 일이기 때문에 오늘 발표하신 분들의 이야기 하나하나가 저에게는 소중한 내용이었습니다. 다만 아쉬운 건 좀 더 길게 얘기했으면 더 많은 생각을 나눌 수 있겠다 하는 것이었습니다. 저는 코멘트라기보다 제가 가지고 있는 고민, 관심을 얘기하려고 합니다. 한국 사회에서 디아스포라에 관심을 가지게 된 계기는 이주민들이 늘어났기 때문일 것입니다. 1980년대 말부터 중국 동포들이 들어오면서 1990년대 동남아시아 출신 이주 노동자들이 늘어났고 2000년대부터는 국제결혼이 증가했지요. 그러면서 한국 사회가 그 전에 인식하지 못했던 새로운 다름에 대해 인식하기 시작한 결과로 디아스포라에 대한 관심이 늘어나지 않았나 생각합니다. 오늘 발표하신 여러분도 그런 한국 사회의 변화를 아마 먼 곳에서 지켜보고 계셨을 텐데, 다름의 한

가운데에서 스스로 경계에 서 있다고 생각하는 여러분이 한국 사회의 변화, 한국 사회가 가진 모습에 대해 어떻게 생각하시는지 궁금합니다. 그래서 각자의 경험을 통해 형성된 시선으로 한국 사회를 바라보며 이해하는 이야기를 들었으면 합니다.

김용규 제가 생각하기에 결국 관건은 고통스러운 경험이나 체험 들을 우리가 어떤 식으로 보편화하고 개별적 차원이 아닌 보다 높은 차원으로 끌어올릴 것인가인 듯합니다. 그런 작업들이 향후에는 중요하지 않을까 생각됩니다. 그런데 한국 사회의 디아스포라 담론에는, 오늘 이 자리를 우리가 우려하듯이 어떤 민족 문학 및 문화 예술의 확장으로 생각하는, 어떻게 보면 좀 팽창적인 시각이 있는 것 같습니다. 또 한편으로는 여전히 서구 중심적인 세계 문학 및 문화 예술의 일환으로 디아스포라를 보려고 하는 시각이 있는 것 같고요. 따라서 이런 두 가지 시각에 대한 또 다른 대안이 중요하지 않을까 합니다. 요컨대 서구의 시선이나 보편성의 시각 속으로 포함되지 않으면서 민족 문학이나 문화의 확장 안으로도 포함되지 않는 소중한 경험, 보이지 않고 드러나지 않지만 바로 그 고통의 경험을 새로운 차원으로 보편화해야 하리라는 것이지요. 지금 그리고 향후에 디아스포라들의 다양한 생각이나 고민 들이 바로 그런 접점에서 연결될 수 있지 않을까 생각합니다. 이 고통의 문제에 대해서는 저보다 서경식 교수님이 깊이 천착해오셨고 저도 거기에 전적으로 공감하면서도, 개인의 고통이든 집단의 고통이든 고통이라는 게 묘하게도 단순한 경험이라는 차원을 떠나서 왜 다른 사람들 사이에 공유되고 공감될 수 있는가 했을 때, 고통 속에는 우리 모두가 얽혀 있는 관계성 같은 것들이 들어 있지 않을까 하는 생각이 들거든요. 잘 드러나지 않는 고통 속에 들어 있는 우리 모두의 얽혀 있음이라는 관계성을 깊이 쳐다볼 필요도 있겠다 싶어요. 저는 오늘 다섯 분의 발표를 통해서 그런 차원들을 개인적으로 많이 느꼈습니다.

그런 면에서 정귀순 선생님이 말씀하신 한국이라는 사회를 어떻게 보느냐는 질문들과 동시에, 상대적으로 우리의 고통이나 경험을 어떤 식으로, 서경식 선생님의 화두로 얘기하자면, 연대할 것인가, 그리고 그것을 어떤 식으로 보편화해볼 수 있을까라는 차원들에 대한 발표자들의 고민을 들어보고 싶습니다.

서민정 저는 연구소에서 5년 동안 비교문화학적 관점으로 공부를 해 왔는데, 여러 앞선 사상이라든가 그것을 실현해보고자 하는 실천 방식의 문제를 살펴보는 데 늘 마지막에 부딪히는 부분이 언어였습니다. 큰 흐름 속에서 언어의 문제를 들여다보면서, 그 안에서 언어가 어떤 식으로 기여하거나 고통을 주고 있는가 하는 고민을 하던 끝에 만난 것이 디아스포라의 이야기였거든요. 그래서 오늘 선생님들의 말씀 중에도 언어 문제가 나올 때마다 귀에 꽂히는 느낌이 들었습니다. 언어의 문제는 사실 예측 가능한 일반적인 이야기라고 할 수 있지만, 저 자신이 그랬듯 '언어는 의사소통의 도구다. 그리고 의사소통의 가장 적절한 도구는 언어다'라는 고정화된 관념에 매여 있기가 쉽습니다. 하지만 이런 공부를 하고 디아스포라 선생님들을 만나면서 '언어는 적절한 의사소통의 도구가 아닐 수 있다. 언어는 스스로 단절화시키는 것이다'라는 생각을 좀 더 하게 되었어요. 그리고 그러면서 한국 사회 내의 표준어와 방언의 관계뿐 아니라 한국어와 영어의 관계 또한 그처럼 의사소통의 도구이자 차별 및 단절의 도구가 되고 있는, 현재 한국 사회의 언어 정책 문제라든가 사람들이 생각하는 언어의 문제에 대해 고민하고 있습니다. 그런 맥락에서 저는 언어 문제와 관련된 선생님들의 경험과 극복 과정에 대해 들으면서 도움을 얻고 싶습니다.

서경식 제가 간단하게 정리하지요. 정귀순 선생님은 디아스포라들이 한국 사회를 어떻게 보고 있는가 하는 질문을 제기하셨습니다. 그리고 김용규 교수님은 개별화된 고통을 어떤 식으로 보편화시킬 수 있는가 하는 방법에 대한 고민을 말씀하셨습니다. 아주 어려운 문제지요? 특히나 우리 개개인이 디아스포라로서 저마다 겪고 있는 그 개별적인 고통 속에서 관계성이라는 것을 발견할 수 있달까요, 말하자면 우리가 서로를 연대하고 보편화시키는 계기가 있는지 하는 물음이었습니다. 그리고 서민정 교수님은 아무래도 언어의 문제, 즉 언어는 의사소통의 도구인 동시에 인간을 단절화시키는 차별의 도구일 수도 있다는 것을 인식하게 되었다는 말씀이었습니다. 이는 곧 우리에게 언어라는 것이 어떤 기능을 해왔는가 하는 질문이라고 생각합니다. 이 세 가지 질문 모두 의미 깊은 질문이었습니다. 한꺼번에 대답할 수는 없겠지요. 일단 첫 번째로 한국 사회에 대한 개개인의 반응이나 보는 시선에 대해 이야기해보겠습니다. 먼저 최덕효 선생님부터 한국 사회를 어떻게 보시는지에 대해 말씀해주시기 바랍니다.

최덕효 안녕하세요, 최덕효라고 합니다. 간단하게 자기소개를 하겠습니다. 일본에서 태어났고요. 흔히 말하는 재일 교포 3세입니다. 지금 미국에서 대학원에 다니고 있어요. 이런 자리에 초대받아 영광스럽게 생각하고 있습니다.

저는 김용규 선생님이 말씀하신 어떻게 보편화시키는가 하는 문제에 대해 먼저 생각해봤습니다. 한국 사회를 어떻게 바라보느냐와 연결해서 제가 보편화 문제를 어떻게 고민하고 있는지부터 말씀드리겠습니다. 저는 상품화가 아닌 보편화, 즉 디아스포라를 상품화하지 말고

최덕효/ 재일 교포 3세. 사학자.

그 고통을 공감시킬 수 있는 보편화가 어떻게 가능할지 항상 고민하고 있습니다. 제가 석사까지 일본에 있었는데요, 당시 일본에서 가네시로 가즈키의 『GO』라는 소설이 나왔습니다. 일본에서 좋은 평가를 받았고, 여기서도 그랬을 겁니다. '이 소설은 국경을 넘어서는 삶의 방식을 제시했다', '재일 조선인의 삶 중에서 뭔가를 긍정적으로 보여주었다', 이런 평가와 함께 일본 사회에서 그걸 받아들이고 칭찬을 하는 거지요. 재일 조선인들은 여러분도 아시다시피 일본 이름 쓰고 가끔 범죄자처럼 자기 정체성을 숨겨야 하는 고통 속에서 살고 있어요. 그런데 갑자기 그 책이 영화로도 만들어지고 재일 조선인의 국경을 넘어서는 삶의 가능성을 칭찬하는 겁니다. 물론 그런 가능성은 재일 조선인들에게는 좋게 다가올 수도 있습니다. 다만 제가 불편함을 느낀 것은 일본 사회에서 칭찬만 한다는 거죠. 상품화하면서.

저는 한국 국적을 가지고 있습니다. 그래서 한국 여권으로 미국에 나갈 수 있고 미국에서 공부할 수도 있어요. 반면에 재일 조선인 중에는 한국 여권을 가질 수 없는 사람도 많이 있습니다. 그러면 해외에 나가기가 쉽지 않은 거지요. 그 구조적 현실, 그걸 제대로 얘기하지 않고 오히려 국경을 넘어서는 존재라고 좋게 말해요. 그리고 저는 그 국경을 넘어서는 존재 밑에 깔려 있는 많은 아픔을 일본 사회에서 일본인들이 제대로 이해하고 있다고 생각하지 않습니다. 그런 얘기들이 별로 나오지도 않고요. 그런 것을 생각했을 때, 상품화에 대한 고민이 시작됩니다. 디아스포라, 좋은 개념이지요. 미국에서도 디아스포라 얘기를 많이 하기 시작하는 것 같습니다. 그러나 그 디아스포라에 대해 얘기할 때 어떻게 하면 그걸 상품화시키지 않으면서 고통의 문제라고 할 수 있을까요? 어쨌든 그런 관계성을 만들 수 있는지 그걸 항상 고민하고 있습니다. 그래서 저는 재일 조선인 친구들에게 얘기할 때는 디아스포라의 가능성에 대해 가볍게 얘기하죠. 우리도 긍정적으로 얘기해요. 하지만 다수자들에게 얘기할 때는 아직 저는 조심스러운 면이 있습니다. 그게 제가 생각하고 고민하고 있는 솔직한 부분입니다.

그래서 한국 사회에서도 『GO』라는 소설이 어떻게 받아들여지고 있는지 조금 걱정스러운 부분이 있습니다. 또 재일 조선인에 대한 〈우리학교〉라는 다큐멘터리도 반응이 좋았다고 들었습니다. 여태까지 북한에 대한 나쁜 인식, '우리학교'에 다니는 재일 조선인에 대한 부정적 인식이 퍼져 있었기 때문에 그건 좋은 일이지만, 뭐라고 할까, 한국 사회에서 우리가 잃어버렸던 공동체성을 재일 조선인들은 아직 지키고 있다, 우리는 그것을 배워야 한다. 이런 식으로 쉽게 간단히 칭찬할 수 있는 문제라고 생각하지 않습니다. 그것이 한국 사회에 대해 약간 걱정스러운 부분입니다.

서경식 주재순 선생님은 어떻게 생각하시는지요?

주재순 저는 언어에 대해 말하고 싶어요. 독일에 가서 말이 안 들리니까 참 답답했어요. 잘못하면 창피당할까 봐 입을 닫고 지냈죠. 한국에서 아무리 외국어를 많이 배웠어도 바깥에 나가면 벙어리가 되는 것이 어떻게 보면 한국인들의 특징이라고 볼 수 있어요. 독일어는 외국어니까 그렇다지만, 오랜만에 한국에 나오면 제 말이 참 고리타분한 옛날 얘기가 돼 있고 말도 잘 들리지 않는 것 같아요. 그래서 사람들이 제 생김새가 좀 튀게 생겼으니까 중국에서 왔냐, 몽골에서 왔냐, 그렇게 물어보는데, 그런 말을 굉장히 깔보는 식으로 해요. 한데 가만히 보면 한국 사람들끼리도 서울이든 전라도든 어디서 왔든 간에 서로를 존중하는 면이 부족하다는 느낌을 받아요. 자기 나름의 카테고리를 생각하는 건데, 거기에 맞게끔 편의대로 행동을 해요. 그러니 이주민들에게는 더할 것 아니에요. 저야 그런 무례 앞에서도 당당하게 끝까지 따지지만, 이주민들은 마음이 그렇지가 않대요. 하여튼 저는 한국에 들어오면 근본적으로 존경하는 자세가 결여돼 있다는 것을 느껴요. 가끔 사람들이 툭툭 치면서 지나갈 때도 한 번도 미안하다는 얘기를 하지 않죠. 이런 일반적인 존경심, 그러니까 인권 개념에서 나오는 사회적 예의가 갖춰져야 언어 장벽이 있어도 이해하려고 하고 뭔가 통하지 않을까, 우선 인간미가 통해야 뭐가 되는 건데, 하는 생각을 해요.

그리고 디아스포라의 고통을 공감할 수 있게끔 어떻게 표현해야 하는가, 그 문제와 관련해서 저는 보편화 같은 말을 별로 좋아하지 않아요. 보편화할 수가 없어요. 허련순 선생님이 소설을 쓰고 그것이 읽히듯, 출판하고 표현할 수 있는 기회를 줄 수 있다면 뭔가 통할 것 같아요. 그런데 그런 기회가 없으니 참 아쉬운 거죠. 독일 같은 경우도, 아무리 독일어를 잘한다 해도 완벽하게는 되지 않기 때문에 출판 같은 일은 꺼리게 되죠. 그런데 생각해보니까 이주민들의 말이 완벽하지는 못해도 내용과 뜻은 전달이 되지 않느냐, 문법이 틀렸다고 그걸 따질 것이 뭐 있나 싶더라고요. 그래서 일부러 제가 공개적으로 서류를 쓴 다든가, 성명서를 써도 교정을 거치지 않고 냈어요. 영어만 해도 미국식, 영국식, 인도식 영어가 다르고 그런 것을 인정해주잖아요? 그런 식으로 나가야 해요. 영어권 나라에서 온 사람이 한국말을 못하면 우리는 그냥 웃어요. 그렇지만 못사는 나라에서 온 사람이 한국말을 못하면 태도가 다르죠? 그 차이가 문제예요.

서경식 허련순 선생님은 중국에서 작가 활동을 하기가 어렵기 때문에 한국에서는 자유를 느낀다고 하셨는데, 그렇다면 작가로서뿐만 아니라 조선족으로서 한국 사회를 어떻게 보시는지 궁금합니다. 조선족에게는 한국 사회가 반드시 살기 쉬운 사회가 아닌 것 같습니다만.

허련순 처음 작가로서 한국에 오게 된 것이 1989년이었어요. 88올림픽 직후였는데 조선족 작가들 중에 거의 처음이었죠. 아까도 말씀드렸지만 우리는 한국을 통해서 우리 자신을 다시 돌아보게 되었는데, 지금은 우리가 한국을 어떻게 보는가를 이야기하게 되었네요. 저는 처음 왔을 때 한국이 낯설었어요. 외국 같았죠. 할아버지 고국이다 생각하며 왔지만 언어도 같은 한국말인데 서로 달랐고, 여기서는 영어를 많이 쓰다 보니까 화장품 가게에 가서 물건 하나 사기도 힘들었어요.

저는 1년에 두 번씩 작품 활동을 하러 한국에 와요. 벌써 24년을 그렇게 했더니 이제는 한국이 더 익숙해요. 지난번에 길림성 교육 학원에서 장춘의 교원들에게 특강을 해달라고 해서 갔는데, 장춘이 연변과 가까운데도 밤에 가니까 무서웠어요. 그런데 한국에서는 혼자 다녀도 무섭지가 않아요. 그래서 제가 어떻게 보면 한국을 중국보다 더 익숙하고 따뜻하게 느끼는 것 같아요. 그리고 제도적으로 약간 제한된 데

서 살았기 때문에 제가 보는 한국은 지나치게 자유스러워요. 물론 제
시각은 한국 사람들의 입장도 아니고 중국 사람들의 입장도 아니고 둘
사이를 왔다 갔다 하면서 느낀 거니까 사실과 맞지 않을 수도 있어요.
그럼에도 말씀드리자면, 제가 볼 때 한국 사람들은 지나치게 자유를
원해요. 이렇게 좋은 환경에 살면서 끝없이, 끝없이. 우리가 원하는 자
유민주주의는 책임과 의무를 기본으로 하는 절제된 자유와 민주주의
예요. 북한이라든가 심한 정치적 박해를 받는 곳에 살면서 보면 한국
은 천국이죠. 제가 처음 왔을 때 노태우 대통령을 '불태우'라고 하는 걸
보고 저래도 되는 건가, 법이 없구나 하고 생각했는데, 그것이 바로 이
나라의 자유와 민주화인 것 같아요. 물론 여기까지 오는 동안 독재와
치열한 아픔을 겪으면서 왔다고 생각해요.

　다른 한 가지 느끼는 건, 한국은 서비스 업종이 정말 친절하다는 거
예요. 은행이나 병원에 가면 정말 제가 혜택을 받는 것 같아요. 어떻게
보면 자기 집에서보다 더 대우를 받는 것 같죠. 중국은 친절은 고사하
고 고객이 불편을 느껴도 제대로 사과하지도 않는 경우가 많거든요.
그러니 한국에 오면 나 여기 와서 대우받는다, 이런 느낌이 들어요. 한
국이 참 따뜻한 나라다, 살기 편안하고 좋은 나라라는 생각이 들어요.
그런데 한국 국민들은 자기 나라가 이렇게 좋은 걸 잘 모르는 듯해서
안타까워요. 우리나라 못살 곳이다, 이민 가야 된다, 이런 말을 하지
요. 더 좋은 데가 있기는 있겠지요. 그렇지만 너무 쉽게 흥분하고 너무
쉽게 버리는 모습은 안타까워요.

　그리고 다른 조선족들을 보면서 한국 사회에 대한 섭섭함을 느낄 때
가 많아요. 지금 한국에 사는 조선족이 10만 명이라는 통계를 봤는데,
그 대부분이 여자들은 가정부나 식당 일을 하고 남자들은 건설업에 종

사해요. 그러면서 하나같이 하는 말이, 조선족이라는 걸 숨기고 싶대요. 사람들이 무시하니까, 공공장소에서 말하는 게 두렵대고. 아마 자기네보다 조금 못산다고 무시하는 거겠지만 여기 와서 일하는 조선족들은 알고 보면 그렇게 가난한 사람들도 아니거니와, 저는 오히려 그 사람들이 대단하다고 생각해요. 중국 인구가 14억인데 그중에 조선족은 200만 명이 안 돼요. 이제는 다 떠나서 183만 명쯤이죠. 이 사람들로서는 그 큰 나라에서 돈이라도 있어야 중국 사람들에게 무시를 당하지 않는다고 생각하는 거죠. 그래서 여기 와서 조금 무시당하고 해도 꾹 참는 거예요. 그러니 제발 조선족이라고 무시하지 말았으면 해요. 인간이잖아요. 조선족이다 생각하지 말고 경계를 뛰어넘어서 사람과 사람으로 소통을 해야 하지 않겠어요? 저는 그게 제일 중요하다고 생각하고, 그래서 좀 섭섭해요.

서경식 고맙습니다. 저희는 같은 디아스포라로 불리지만 지금 사는 나라도 다르고 거기로 건너간 역사적 경로나 개인적 경로도 다릅니다. 그래서 중국에서 오신 허련순 선생님은 그렇게 생각하시는 것이고 다른 경우도 당연히 있겠지요. 미희 나탈리 르무안 선생님 같은 경우는 부산에서 태어나 벨기에로 입양되셨는데, 다시 한국에 와서 13년 살다가 중국에 가셨고 지금은 벨기에로 돌아가셨습니다. 따라서 선생님이 보시는 한국이라는 나라는 앞서 나온 이야기들과는 또 다른 지점이 있을 듯한데 어떠신지요?

나탈리 르무안 한국에 다시 돌아왔을 때 굉장히 기쁘고 행복했습니다. 드디어 나의 나라에 왔구나, 내가 태어난 곳에 왔구나, 그런 개념이었죠. 하지만 나의 나라라는 것이 우리말에서는 '우리나라'에 해당하고 '우리'라는 것은 나와 너 모두를 포함하는 말인데 한국에 들어왔을 때

너는 왜 한국어를 하지 못하느냐, 왜 한국말을 하려고 하지 않느냐, 왜 한국말을 배우지 않느냐, 같은 질문들을 받았습니다. 한국말을 못한다는 것 때문에 '우리나라'의 '우리' 속에 내가 포함되지 못한다는 단절을 느꼈어요. 제가 그 '우리'에 속한다는 소속감을 느끼지 못했던 이유가 아마도 해외에 입양되었다가 처음으로 한국에 친부모나 친형제를 찾으러 오는 1세대였고 그 당시 한국은 그런 준비가 되지 않았기 때문이라는 생각이 들긴 합니다. 그래서 입양아로 갔다가 입양인으로 돌아온, 즉 아이로 갔다가 '인'으로 돌아온 저는 여전히 한국말을 하지 못하기 때문에 아이였고, 그래서 어떠한 상황에서도 나의 현재의 존재적 가치를 배려받거나 존경을 받지 못했던 것 같습니다.

프랑스어를 쓰는 사람을 프랑코폰이라고 합니다. 프랑코폰으로서 저는 프랑스어를 구사할 때 아주 비판적으로 섬세하게 가려서 하는 편인데 저의 언어생활이 언어 자체와 굉장히 많은 관련이 있다는 생각을 합니다. 한국어도 그런 부분에서 마찬가지가 아닐까요? 즉 한국어를 이해한다는 것은 한국 문화를 이해하는 것이고 그 반대도 마찬가지라는 이야기입니다.

저는 이중 언어를 사용하는 가정에서 자랐고 어머니가 네덜란드어를 쓰셨지만 실제로 모어는 프랑스어였습니다. 그래서 프랑스어를 먼저 배우고 네덜란드어를 배웠기 때문에 네덜란드어를 구사할 때는 기술적으로 완벽하지 못한 부분이 많았고, 그 완벽하지 못한 부분이 그 사회가 나를 구별하는 어떤 차별의 요소가 되기도 했습니다. 실제로 그러한 차별의 요소, 언어에 대한 차별의 요소 및 인식이 지금 한국 사회에서도 시작되고 있다고 들었습니다. 그래서 이런 차이에 대한 인식을 시작한 지금의 한국 사회에서 내가 태어났더라면 얼마나 좋을까 하는 생각이 들기도 합니다. 이러한 차이에 대한 인식을 통해, 동남아시아에서 일하러 오는 이민자들에 대한 존경과 문화적 차이를 인정할 수 있는 성숙한 사회로 나갔으면 하는 바람입니다. 아까 말씀하신 것처럼 한국은 누구에게는 천국일 수 있지만 저는 어떤 나라도 천국은 아닌 것 같습니다. 자기가 있는 장소에서 더 좋게 만드는 것 자체가 천국을 만들어가는 과정이 아닐까 합니다.

서경식 다음으로 수키 김 선생님은 한국 사회를 어떻게 보시는지 들어보겠습니다. 앞선 발표에서 자기도 모르게 남아공 북한 응원단 속에서 울고 말았다. 이 눈물이 무엇인지 생각했다, 라고 말씀하셨는데요. 저는 그것을 민족성으로 개념화하고 절대화하는 것은 잘못된 것이라고 생각하지만, 그래도 미국에서 미국 시민으로 살고 있다 하더라도 보통 미국 민중의 시선으로는 보게 되지 않는 면이 있다는 것인데, 그 부분에 대해서 말씀해주시면 보편화가 무엇인지에 대한 힌트가 될 것 같아요.

수키 김 먼저, 언어와 관련된 말씀들이 저한테는 굉장히 크게 다가오는 면이 있어요. 저는 중학교 1학년을 다 마치고 열세 살 때 이민을 갔기 때문에 영어를 정말 못했거든요. 그래서 영어를 배워서 소설가가 되기까지 그 장벽이라는 게 심했어요. 소설가라는 것은 영어를 그냥 구사할 줄 안다고 되는 게 아니니까요. 한국어와 영어는 사고방식이 굉장히 다른 언어예요. 어제 이런 질문을 받았어요. 한국말을 잘하는데 왜 모국어로 글을 쓰지 않느냐고. 그런데 제게 그건 모국어를 잃어버리는 거거든요. 영어를 가슴에 받아들여서 내 예술의 도구로 쓰려면, 그러니까 소설가가 되려면, 저는 하나를 버려야 된다고 생각했어요. 모국어는 가슴속에만 간직한다고 할까요. 지금도 저는 비가 오면

'비'라고 생각해요, rain이 아니라. 그리고 한 번도 엄마를 mommy라고 불러본 적이 없어요. 그런 감수성, 내가 지금 갖고 싶은 내 고향을 한국어로 가슴속에 담아놓은 것 같아요. 그리고 소설가가 된다는 것, 영어로 소설 쓴다는 것 자체가 솔직히 전쟁 같았어요. 싸움이잖아요. 내 모국어가 아니고 배운 단어, 그것도 중학교 1학년을 마치고 나서 시작한 단어니까, 누구랑 싸우는지는 모르겠지만 싸움이었던 것 같아요. 어떻게 보면 지금까지도 그래요. 그래서 굉장히 스트레스를 받았어요. 영어가 편해졌는데도 스트레스인 거예요. 그래서 분리해야 했어요. 하나는 가슴속에 넣고 하나는 내 직업으로 삼고.

그리고 보편화에 대해 말씀하셨는데, 제가 사는 뉴욕은 그 자체가 다문화주의가 가장 잘되고 있는 사회라고 할 수 있어요. 모든 문화와 민족이 섞여 있고, 우리는 소수민족이자 개인이죠. 문화적으로 굉장히 민감하고 모든 사람이 모여 있으니까 보편화되어 있다고 생각해요. 아까 상품화에 대해 말씀하셨는데 어떤 면에서 저는 상품화가 필요하다고 생각해요. 자칫 단순해질 수도 있지만 부딪히지 않으면 모르는 거거든요. 지금 다른 나라에서 서울로 일하러 온다는 것이 뭔지 저는 몰라요. 겪어보지 못했으니까요. 하지만 뉴욕에도 멕시코인들이 들어오고 한국 사람들이 들어오고 계속 다문화가 되어가고 있어요. 뉴욕 사람들은 김치가 뭔지 다 알아요. 맛있는 김치, 맛없는 김치까지. 어떤 면에서는, 상품화도 한 단계 한 단계 보편화되는 과정이 아닐까요?

예를 들자면 어제 서민정 선생님과 차에서 대화를 나누다가 한국을 보는 시각과 관련된 이야기를 했어요. 제가 굉장히 희한하게 생각했던 게, 미국에는 동양 팝스타가 없어요. 배우들은 몇 명 있어요. 그건 TV 문화잖아요. 얼굴이 보이는 게 중요한데 조금씩 보이거든요. 김윤진

씨가 나온 〈로스트〉의 경우, 그 시리즈를 여기 팔아야 하고 한국이 점점 영향력이 세지기도 하니까 미국에 동양계 배우가 널렸는데도 한국에서 배우를 데려온 거예요. 1.5세인 제 눈에는 양쪽 모두가 보여요. 우선 미국을 보면, 한국의 경제적 중요성이 커지면서 미국이 한국 시장을 필요로 하는구나 하는 생각이 들어요. 또 한국을 쳐다보면 한국에서는 미국의 승인이 굉장히 중요한 것 같아요. 가수 비가 메디슨 스퀘어 가든에 와서 콘서트를 열었다, 원더걸스가 지금 미국에서 각광을 받고 있다, 이런 얘기를 계속 봐요. 한국 미디어를 중간에서 보는 사람이니까요. 근데 다들 왜 저러나, 왜 저쪽에서는 저 승인이 필요한 걸까, 이런 생각도 들어요. 몇 년 전에 《뉴욕 타임스》에서 연락이 왔어요. 이 문제를 한번 다뤄보자고. 그래서 제가 원더걸스 콘서트도 가고 인터뷰도 했거든요. 한국 사회에서는 원더걸스가 미국에 진출했다 하고 미국에서는 왜 아시안 팝스타가 없을까 하니까 그런 시각에서 접근한 건데, 인터뷰를 하고 나서 느낀 건 좀 달랐어요. 이건 미국 시장에 오려는 노력이 아니라 미국에 왔다는 승인이 중요하기 때문이구나, 아시아에서 한국의 힘이 세지니까 한류 스타들을 중국 시장에 팔고 필리핀 시장에 팔고 또 한국 시장에도 다시 팔고 이러기 위해서 중요한 거구나, 라는 거였죠. 말하자면 뉴욕에서 콘서트를 했다는 것 그 자체가 중요한 거예요. 그래서 그 기사는 하지 않겠다고 했어요. 그건 진짜 노력이 아니잖아요. 미국에 들어오려는 노력이 아니니까요.

이런 한국적 시각과 미국적 시각이란 건 굉장히 흥미로운 것 같아요. 이제 시간이 조금 지나서 〈강남 스타일〉이 미국에서 진짜 히트하고 있죠. 그런데 그걸 쳐다보는 양쪽의 시각이 굉장히 흥미로워요. 한국에서는 빌보드 넘버원이다, 국민 스타다, 하며 난리예요. 미국에서도 물론 히트지만 음악으로서라기보다 이런 동영상도 있구나, 코미디다, 하는 반응이 먼저죠. 저는 그게 굉장히 중요하다고 생각해요. 저도 뉴욕에서 싸이를 보면서 좋아하지만 한편으로 아쉬운 마음이 들어요. 왜 이렇게 미국의 승인이 중요한 걸까, 왜 미국에서 허락을 받으면 국민 스타가 될까, 저는 아직도 이해를 못 하겠어요. 그래도 교포로서 보면 자랑스러운 면도 있고, 그런 하나하나의 스텝이 우리가 한 단계 한 단계씩 가고 있다는 증거구나, 그러다 보면 진정한 동양의 얼굴도 보이게 되겠지 하는 생각도 들어요.

서경식 말씀 잘 들었습니다. 여기서 제 생각을 간단히 말씀드리고 그 다음에 언어 문제 등에 대해 계속 이야기해보는 게 좋을 것 같습니다. 우선 저는 한국 사회를 어떻게 보느냐는 문제에 대해서는 여러 번 글로도 썼기 때문에 여기서 다시 말씀드릴 필요는 없다고 생각합니다. 다만 다문화라는 것은 일방적인 것이 아니라는 이야기를 하고 싶습니다. 이번 세미나에도 발표와 대담이 있는데, 듣는 사람은 누구이고 말하는 사람은 누구일까요? 그리고 듣는다는 것은 어떤 행위일까요? 일방적으로 당사자에게 얘기하게 하고 듣고만 있는 것은 어떻게 보면 소비하는 것이고 얼마든지 자기 멋대로 스위치를 끌 수 있는 행위죠. 따라서 그렇게 볼 때, 이주 노동자들에게 한국말을 가르치고 한국말로만 자기변호를 할 수 있게 하고는 한국말이 서툴다거나 잘못된 한국말이라고 해서 내려다보는 것은 완전한 폭력이라고 생각합니다. 그보다는 여기 있는 사람들이 저 사람들의 문화와 언어를 똑같이 고통스럽게 배워야 합니다. 그것이 우리 재일 조선인 1세와 1.5세가 겪은 일입니다. 6월에 여기에서 발표했을 때도 말했는데, 재일 조선인 1세, 그중에서도 어머니들은 일본어는 고사하고 한글조차 쓸 줄 모르는 분들이 많습니다. 저는 베트남어나 필리핀 사람들이 하는 영어는 잘 못해요. 그래도 역사적으로 보면 이 필리핀 사람이나 베트남 사람이야말로 우리 1세대라고 느껴요. 그러니까 우리라는 의미를 다시 생각해볼 필요가 있을 것 같습니다.

앞서 여러 선생님들의 발표를 들으면서 생각난 것이 있는데, 마늘 냄새 얘기입니다. 조선족 동포나 김수키 선생님은 어떻게 생각하실지 모르겠지만 재일 조선인들에게는 가슴에 많이 와 닿는 이야기예요. 저 같은 경우는 초등학교, 중학교 때까지만 해도 집에서 김치를 먹고 학교에 가는 것에 대해 심리적인 어려움이 있었어요. 1세대인 어머니는 김치나 마늘에 쓰던 칼을 가지고 크리스마스 케이크를 잘랐어요. 친구가 놀러 와서 케이스를 먹는데 마늘 냄새가 나는 거예요. 어머니는 별로 신경 쓰지 않으시니까, 뭐가 문제냐 하시지요. 그런데 중간에 서 있는 저는 열등감이랄까 어려움을 느꼈어요. 우리 조선인의 열등성이랄까요. 야만성, 비문화성 같은 거요. 그런데 이런 일이 있었어요. 엘렌 식수Hélène Cixous라는 여성 철학자가 있습니다. 유대인으로 프랑스령 알제리에서 태어난 페미니스트 사상가인데, 이 사람이 제가 쓴 글을 봤어요. 방금 말씀드린 그런 얘기를 쓴 글이었는데, 그걸 보고 식수 교수가 차별이라는 것은 동쪽도 서쪽도, 아시아도 유럽도 보편적이라는 얘기를 세미나에서 했대요. 유럽에서는 마늘과 유대인 차별이 아주 깊이 결부되어 있어요. 베를린에 있는 유대인 박물관에 가보면 커다란 마늘 모형이 있어요. 마늘 냄새와 유대인 차별이 결부되어 있음을 보여주고 그것을 반성하는 의미로 세운 거죠. 그리고 헝가리 유대인들을 강제 송환해서 아우슈비츠로 보냈는데 열차 속에서 많이 쓰러지거든요. 죽는 사람도 나오고 하니까 나치가 이들에게 신선한 마늘을 먹이라고 명령했다는 서류도 남아 있어요. 이처럼 차별당하는 사람과 차별하는 사람의 공통성이라는 것이 역사적으로 있어온 겁니다. 그런데 이젠 과거다, 지나간 얘기다, 할 수 있을까요? 일본에서도 저보다 김치를 훨씬 좋아하는 사람이 많았는데, 그러면 차별이라는 경계선은 없어지는 걸까요? 새로운 마을, 새로운 형태의 마을이 지금도 생기고 있는 것이 아닌가에 대해 다시 생각해봐야 합니다.

그리고 보편화 문제로 들어가기 전에, 여기 소설가가 두 분 계시고 아티스트도 계시고 저도 글을 쓰는 사람입니다. 글을 쓰는 행위는 독자라는 시장이 있기 때문에 이루어지는 거예요. 물론 학교에서 가르치면 월급을 받는데요, 글 쓰는 행위도 완전히, 중국은 잘 모르겠습니다만, 일본이나 미국에서는 자본주의 사회에 있어서의 행위입니다. 이때 우리에게는 우리도 모르게 시장 원리나 소비자들의 지향이나 선호가 영향을 많이 미쳐요. 아까 최덕효 선생님이 말씀하셨는데, 일본에서 잘 팔리는 재일 조선인 문학이란 것은 물론 재일 조선인이 쓰고 재일 조선인이 읽지만 독자는 일본인 다수자입니다. 시장 원리가 그렇게 되어 있어요. 그리고 그것이 자기 한계를 야기합니다. 무의식적으로, 글 쓰는 사람뿐만 아니라 저널리즘 문화든 출판물이든 다 그런 구조 속에 있다고 생각합니다. 그 구조 속에 우리는 어쩔 수 없이 갇혀 있지만 그 장벽을 넘어서서 만나서 서로 소통할 수 있는 길은 없느냐, 그것이 바로 보편성 이야기지요. 잘 팔리는 것은 하나의 자본주의적인 보편성이라고 할까요, 글로벌리즘, 국제 자본주의의 보편성이라고 할 수도 있고 우리는 어쩔 수 없이 그 흐름 속에 있는데, 성찰적으로 바라볼 때 그것이 우리가 바라는 보편성인지 다시 성찰하는 것이 의미 있는 일이 아닌가 싶습니다.

이런 문학작품의 시장 문제와 독자 문제에 대해 허련순 선생님은 어떻게 생각하시는지요?

허련순 제가 1989년부터 여기 한국에 다닌다고 했는데, 그때부터 의도적으로 저의 문학 창작 공간을 확대하고자 20년 넘게 노력을 했어요. 그래서 소설과 번역 작품을 포함해서 아홉 편을 한국에서 출간했습니다. 그런데 잘 팔리는가 안 팔리는가 하는 문제는 또 다른 문제더라고요. 연구계에서는 디아스포라 연구 대상으로 삼아서 많이 알고 있지만 대중적으로 팔리지는 않은 것 같아요. 그런데 범우사에서 『바람꽃』이 나왔을 때 그 책을 중국으로 오는 한국인들이 많이 사서 보시더라고요. 중국을 이해하기 위해서 이 책을 봐야 한다면서. 그래서 그때 『바람꽃』은 많이 팔렸어요.

교보문고에서 사인회도 해보기는 했어요. 도대체 한국 독자들이 내 작품을 어떻게 생각하는지가 궁금했거든요. 서점 측에서는 이렇게 얘기했어요. 중국 작간데 여기 아는 사람이 없기 때문에 사 가는 사람이 없으면 되게 민망할 거라고요. 그래도 별수 있나요, 팔리고 안 팔리고를 떠나서 한번 도전해보자는 마음으로 갔어요. 그런데 한 시간 동안 400권이 팔렸어요. 원래 200권만 팔리면 베스트셀러 코너에 놓는다더군요. 그런데 사실 책이 좋아서 400권이 팔렸다고는 할 수 없어요. 제가 겁이 나서 아는 사람들에게 그날 오라고 전화를 했거든요. 그래서 줄을 쫙 서니까, 한국 사람들이 유행을 좋아하잖아요. 촌스럽게 생긴 여자가 중국에서 와서 뭘 하는데 사람들이 줄을 서 있으니까, 게다가 직장인들 퇴근 시간에 대형 서점에서 이런 행사를 하니까 뭐 대단한 게 있나 보다, 그래서 다들 줄을 선 거예요. 제대로 사인할 시간도 없어서 이름만 쓰고 했는데 어쨌든 그 덕분에 한동안 제 책이 베스트셀러 코너에 놓이는 영광을 누리기도 했어요. 물론 본질적으로 이것이 자연스럽게 한국 독자들에게 잘 읽힌 것인가 하는 문제에 있어서는 장담을 못 하겠어요.

서경식 잘 들었습니다. 허련순 선생님 같은 경우는 한국어로 글을 쓰시니까 이렇게 교류가 되면서 새로운 독자와 시장을 만나셨는데, 김수키 선생님의 경우는 번역을 거쳐서 전달되니까 다른 경험이 있으실 것 같습니다. 선생님은 항상 중간에 서서 양측을 다 본다고 하셨는데요, 한국 독자들에게 그런 선생님의 입장이나 작품이 어떻게 받아들여진다고 생각하시는지 궁금합니다.

수키 김 제가 소설과 함께 논픽션을 쓰는데 한국에는 그 장르를 전문으로 하는 매체가 없어요. 미국에는 《뉴요커》, 《뉴욕 리뷰 오브 북스》, 《하퍼스》처럼 굉장히 무게 있는 논픽션 잡지들이 있어요. 그 장르와 가장 가까운 게 《월간조선》이라고 하던데, 저는 그게 무슨 뜻인지도 모르겠어요. 한국이 정치성이 크고 정치랑 신문이랑 엮여 있으니까 그런가 보죠. 그런데 미국의 논픽션 잡지들은 정치성을 띠지만 정치성을 떠나서 쓰려는 노력이 굉장히 강하기 때문에 저희에겐 무척 중요해요. 제가 남아공에 간 이유도 그렇고 뉴욕필 평양 공연에 간 것도 그렇고, 왜 북한 전문가가 아니라 소설가인 저를 보냈겠어요? 그 이유는 핵 문제 같은 것 말고 사람 사는 얘기를 해달라, 공감되는 얘기를 해달라는 거죠. 특히 한국말을 하니까, 중간에 서 있는 사람이니까요. 제가 논픽션을 쓰는 이유도 거기 있는 것 같아요.

뉴욕필 취재 경험이 제게는 한국 독자들에 대해 생각해볼 수 있는 기회가 되기도 했어요. 뉴욕 필하모닉 오케스트라가 평양에 갔을 때 제가 따라다녔거든요. 같이 생활하고 같이 고려항공 타고 베이징에서 들어갔었고, 그리고 같이 나와서 예술의전당에서 콘서트를 했습니다. 《하퍼스》에 그 기사를 길게 실었죠. 중간에 있는 입장에서 저는 남한의 열광이라든가 미국 기자들도 열광하는 면, 예를 들면 북한 심금을 울렸다, 미국 오케스트라가 우리 〈아리랑〉을 불러줬다, 그런 것들이 참 희한했어요. 이것은 어떻게 보면 평양에 성조기를 꽂은 것과 같은데, 이게 어째서 감동적인 이벤트였을까. 그 이벤트가 사실 모든 언론사가 돈을 내고 거기서 경제적으로 수익을 낸 경우였거든요. 외국 사람들은 우리가 가서 북한 사람들까지도 울렸다, 장군님의 노래에 감동하는 사람들이 우리 서양 문화를 가지고 들어가니까 감동해서 울더라, 그렇게 보고 있는 거지요. 또 남한에서는 유명한 지휘자 로린 마젤Lorin Maazel과 미국 오케스트라가 평양까지 가서 〈아리랑〉을 불러주더라로 보는 거고요. 저는 그게 속상하고 자존심이 상하기도 했어요. 그리고 예술의전당에 왔을 때 MBC에서 인터뷰 요청이 들어왔는데, 계속 물어보는 게 거기서 울지 않았느냐, 그 사람들 울지 않더냐였어요. 저는 솔직히 울지 않았고, 우는 모습도 다른 사람들은 몰라도 저는 못 봤다고 했어요. 나중에 기사를 쓰면서 조사해보니까 당시 〈아리랑〉을 불렀을 때 한국에서는 난리가 났더라고요. 이런 표현이 굉장히 무례한 말인지 모르겠지만, 호들갑이라고 느껴졌어요. 아니 〈아리랑〉을 불러줬다는 게 그렇게 감동적인 일일까, 그런데 무슨 〈아리랑〉인지는 질문을 않는 게 참 이상하다고 생각했어요. 〈아리랑〉의 종류가 많다고 들었으니까요. 평양에서 불렀던 〈아리랑〉은 미군들이 불렀던 버전을 평양 작곡가가 편곡한 거였고, 분단에 가장 책임이 많은 미국이 들어가서 불렀는데 왜 그 자체를 우리는 자세히 보지 않는가 하는 생각이 들었죠. 그렇게 중간에서 보게 되니까, MBC랑 인터뷰할 때 우리는 전혀 다른 시각에서 이걸 보고 있구나 하는 생각이 들었죠.

그런 차이를 느끼는 또 하나는 소설이에요. 소설은 감정이잖아요. 제가 북한 문제에 대한 논픽션을 쓰면 한국은 무조건 정치화해요. 미국에서는 제가 탈북 문제를 다뤄도 다들 읽었거든요. 그런데 한국은 외면하고 싶어 하더라고요. 정치적 문제니까. 그래서 이 사회에서는 북한에 대해 쓰면 무조건 정치적 문제가 돼버리는구나, 깨달았어요. 하지만 소설은 달라요. 한국의 소설 독자랑 만났을 때 제가 감동받은 면이 있어요. 미국에서는 제 책을 굉장히 문학적으로 보거든요. 출판사도 그런 곳이었고. 그래서 문체가 뛰어나다, 그쪽으로 초점이 맞춰졌는데, 한국에서는 한恨이 담긴 이야기로 느끼더라고요. 그래서 그런 한을 이해하는 독자들을 만날 기회가 꽤 있었어요. 글을 쓰면서 서러웠던 것, 살아온 이야기, 그런 걸 한국 독자들은 이해해요. 원래 작가들에게 그런 게 많거든요. 가만히 들여다보면 자기 이야기죠. 그렇게 한국 독자들은 이해하는데, 미국 사람들은 솔직히 이해하지 않는 것 같아요. 그런 공감 부분이 제겐 참 놀라웠어요. 글 쓰는 사람 입장에서는 굉장히 기분 좋은 일이죠.

서경식 저도 글쟁이로서 한마디만 하겠습니다. 저는 지금까지 일본에서도 꾸준히 열 권 이상 책을 내왔는데, 솔직히 일본보다 번역 출간된 한국에 독자가 많습니다. 이것은 최초의 글쓰기 능력과 관계있다고 할 수 있는데요, 지금 말씀하신 것과도 공감대가 있는 것 같아요. 일본에서 저는 정치적·사회적 변론을 쓸 때 일본 다수자를 조금 불편하게, 아니 많이 불편하게 만드는 글을 많이 써요. 그런 책을 굳이 돈 들여서 사 보고 싶은 일본 독자가 많지는 않지요. 그 외에도 미술서나 에세이 등에 대해서도 분명 여기 독자와 일본 독자의 반응이 달라요. 그래서 저는 긍정적으로 볼 때는 저 같은 사람, 그러니까 할아버지 대에 건너가서 일본에서 성장한 제가 겪은 일들에 대한 어떤 공감대가 국내 독자들에게 있는 것 같다는 생각을 했어요.

그리고 디아스포라라는 말에 대해 공감해주시는 국내 여러분, 특히나 젊은 세대나 여성분들은 지나치게 국가나 민족의 틀로만 생각하는 사고방식이나 문화에 대한 어떤 피로감을 느끼시는 것 같아요. 또 언어에 대한 저의 무의식적인 불안감이라든가 스트레스 같은 것을 제가 쓰는 글에서 보고 발견하고 계시는 것 같습니다. 물론 큰 오해일 수도 있지요. 제가 아까 시장이라는 얘기를 했는데, 시장의 보편성도 있지만 역사적·사회적 보편성, 그러니까 지역과 언어가 다르더라도 일단 읽게 되면 여기 어딘가에 나 자신의 얘기가 쓰여 있다고 느낄 수 있는 어떤 공통점이 있는 것 같습니다. 그렇게 믿고 싶다고 할까요? 그래서 김수키 선생님의 경우도 중간에 서 계시지만 그 중간이라는 것은 나와 나의 중간이니까 어느 부분은 다 나의 이야기라고 느끼는 독자가 있을 거라는 생각이 듭니다.

그러면 이런 보편성과 관련해서 패널 선생님들의 의견과 덧붙일 말씀들을 들어보고, 발표자 선생님들에게 계속 마이크를 넘기겠습니다.

정귀순 저는 지금 함께하고 있는 얘기들이 소위 디아스포라라는 '다름'을 가지고 있는 사람들의 삶을 어떻게 소통할지에 대한 것 같은데요. 그 소통의 방식이 언어 혹은 문화나 예술 같은 다양한 방식으로 이루어지는 건 아닌가 하는 생각을 합니다. 한국은 소통 방식이 굉장히 일방적인 편이에요. 특히 미희 선생님이 말씀하신 언어의 미묘한 차이조차도 차별로 현실에 나타나듯이 한국 사회에서는 한국어로만 소통을 하기 때문에 한국어를 못하는 다른 나라 이주민들은 소통이 되지 않는 거죠. 한국어로 자기를 표현해야 하고 한국어를 알아들어야 대응할 수 있는데 이 소통의 수준이 너무 낮기 때문에 일방적인 소통이라고 여겨집니다.

그에 비하면 지금 함께 대화하시는 분들은 글이나 그림으로 또는 주재순 선생님처럼 사회 활동으로 '다름'에 대해 적극적인 소통을 풀어나가고 있다고 생각합니다. 그래서 이런 소통의 수준과 방법 및 실천이 사실 디아스포라 문제의 수준 혹은 문제의식을 끌어올리는 핵심이 아닐까 합니다. 그런 의미에서 소설을 쓰시는 분들은 한국 사람들이 어떻게 받아들이는지 잘 모르겠다고 하셨지만 수키 김 선생님의 소설은 저희 같은 사람들에게는 굉장히 생생하고 현실적으로 와 닿게 됩니다. 한국에서 고스란히 드러나고 있는 것과 가까운 일들이기 때문에 그냥 옮겨놓은 것 같은 느낌이 있어서 굉장히 공감이 크다고 생각합니다. 반면에 오히려 그런 정책을 쓰고 있는 정부 입장에서 그것은 보고 싶지 않은, 숨기고 싶은, 그리고 아까 최덕효 선생님이 말씀하신 상품화와는 또 다른 측면에서 볼 때 조금 흐릿하게 만들고 싶은 주제일 수 있다고 생각합니다. 요컨대 소통하고자 하는 디아스포라 입장에서는 좀 더 선명하게 차이를 드러내고 싶어 하는 반면에 그것을 현실에서 이뤄가는 정책 혹은 정부 입장에서는 가능하면 흐릿하게 만들고 싶은 이런 격차가 사회적으로 존재하지 않을까 생각합니다. 그런 측면에서 볼 때, 과연 디아스포라 문제를 어떻게 이야기할 것이냐 혹은 문제의 수준을 어떻게 좀 더 끌어올릴 것이냐 하는 문제에 대해, 어떤 방식으로 어떤 측면에서 소통할 것인가 하는 고민을 계속 하게 됩니다. 오늘 이런 자리도 소통의 한 방식이겠지만 이 소통을 다른 방식으로 넓히고 어떻게 확대할 것이냐 하는 문제점이 남을 것 같은데, 적극적으로 소통하시는 분들은 어떻게 생각하시는지 궁금합니다.

김용규 오늘 제가 보편성을 얘기한 것도 우리가 기존에 알고 있는 보편성과는 전혀 다른 차원의 것이었는데, 한 분 한 분 발표하고 얘기하는 그 경험이 저는 여기서 서로 울린다고 할까 공명하는 느낌을 참 많이 받았습니다. 그러면서 뭔가 초월적인 보편성이 아니라 일종의 트랜스 로컬한 보편성이라는 게 있는 것 같다는 생각이 들었어요. 사람들이 이동하고 끊임없이 만나면서 저건 내 얘긴데 하는 그런 차원의 만남들 말입니다. 저는 최근에 고통 같은 주제가 보편적이라기보다 거기에 접근하는 자세가 보편적이라는 생각을 많이 합니다. 여기 앉아 계시는 분들의 경우도 자기 영역에서 가지고 있는 삶의 고통 부분이든 삶의 현장이든 거기에 맹렬하게 자기를 몰입해 들어가는 것이 굉장히 보편적으로 느껴지는 경험이라는 생각이 많이 들었습니다. 하여튼 각 분야에서 각자 경험들을 구축하는 이런 부분은 굉장히 시사하는 바가 많은 것 같습니다.

구체적으로 말하자면, 미희 나탈리 르무안 선생님의 웹페이지에 들어가보니까 '한국 태생의 프랑스어를 사용하는 벨기에 아티스트로, 서울에서 13년을 살다가 최근 캐나다로 이주했다'라고 나오더군요. 한국, 프랑스, 벨기에, 캐나다에 걸쳐 있는 그 문장을 보면서, 초월적인 영역으로 넘어감으로써 보편성이 확보되기보다 끊임없는 이동을 통해서 확보되는 보편성이라는 것이 있겠구나라는 생각이 들었습니다. 아까 언급하신 테레사 학경 차, 즉 차학경의 『딕테*Dictee*』에 대해 오래전에 사카이 나오키 교수가 평을 한 적이 있습니다. 사카이 교수는 『딕테』라는 작품 안에서 묘하게도 일종의 민족성에 대한 회귀 같은 것이 느껴진다고 하면서 약간 비판적으로 언급하는데, 저는 내심 불편했었죠. 일종의 식민지적 차이colonial difference 같은 게 있구나 싶었어요.
사카이 교수는 철저히 해체하려고 하고 그 속에서 민족성에 대한 희구
조차도 해체했으면 좋겠다는 느낌이 전해지는데, 저 같은 입장에서는
빨리 해체해 들어가는 작업이 우리의 경험조차도 해체시켜버릴 수 있
다는 위험성이 느껴졌습니다. 르무안 선생님의 작업을 보면 개인적으
로 그런 것들을 새로운 방식으로 돌파해가는 지점들이 있는 것 같다는
생각이 들었습니다.

　덧붙여서 주재순 선생님도 제가 8월 말에 독일로 디아스포라 인터뷰
를 하러 갔을 때 듣지 못한 얘기를 오늘 많이 들려주셨습니다. 저희가
세 분을 인터뷰했는데 그분들과는 조금 다른 경험의 차원들이 있는 것
같아요. 독일에서 인터뷰할 때는 한국인들이 터키 사람들과 대비되는
가장 이상적인 마이너리티 모델로서 언급되었다고 할까요, 그런 부분
들이 있었는데, 오늘 주재순 선생님은 독일 사회 내부의 미묘한 차별
및 차이라는 지점을 명확하게 드러내주신 것 같습니다.

　최덕효 좀 전에 저도 우려를 표한 상품화 문제와 관련해서 수키 김 선
생님이 좋은 점도 있다고 하셨는데 맞습니다. 예를 들면 일본에 강상
중이라는 재일 조선인이 있습니다. 재일 조선인으로서 첫 번째로 도쿄
대 교수가 되면서 유명해지고 텔레비전에도 많이 나오고 하니까 저도
보면서 힘이 나는 거죠. 물론 재일 청년들에게 힘을 주는 면도 있지만
현실을 바꾸는 데는 좀 한계가 있다고 생각합니다. 일본에서 한류라는
것으로 한국에 대한 인상이 많이 좋아졌는데, 그렇다고 해서 재일 조
선인에 대한 인상이나 이해나 제도가 좋아졌느냐 하면 그다지 낙관적
이지는 않습니다. 제가 말씀드리고 싶은 것은 일단 상품화하는 아이디
어로써 형식을 감추는 효과도 있기 때문에 염려하는 겁니다.

왼쪽부터 주재순, 수키 김, 최덕효. 대담회장에서.

또 미국의 다문화주의에 대해 말씀하셨는데, 미국 현실은 다문화주의지만 요즘처럼 경제가 어려워지면 흑인 실업자가 늘어나고 백인들은 인건비를 동결합니다. 그게 다문화주의의 현실이라고 생각합니다. 다문화주의는 좋지만 일단 경제적인 삶의 현실을 바꾸는 힘이 되는가, 그걸 항상 고민하고 있습니다.

서민정 저는 발표자 선생님들께 간단한 질문을 드리고 싶습니다. 사실 우리가 다루는 주제인 '경계'의 의미는 부정적인 의미가 아니라는 것을 다들 공감하실 텐데요, 그 경계에 서서 내가 이쪽이었다면 이걸 선택했을 것 같고 저쪽이었다면 저걸 선택했을 것 같은 경험들이 있으셨을 듯합니다. 어떤 질문을 받는다면 나는 이쪽 문화였다면 이렇게 대답했을 것 같고 저쪽 문화였다면 저렇게 이야기했을 것 같다든지, 그런 경험들을 짤막하게 들려주시면 좋을 것 같습니다.

수키 김 경계라는 건 인사이더가 있고 아웃사이더가 있다는 거잖아요? 그 중간에 서 있는 사람으로서, 중간에 서 있다는 건 굉장히 피곤한 일이에요. 두 세계 혹은 그 이상의 세계가 있는 거니까요. 그리고 후

회란 건 소모적인 일이고 시간 낭비잖아요. 내가 이렇게 살았어도 되는데, 하는 후회의 그림자가 늘 따라다니는 거예요. 저는 성격 자체가 예민해서 늘 생각해요. 한국에 있었으면 내가 어느 대학에 갔을까, 그런 생각들요. 그런데 제가 확신할 수 있는 건 내가 만약 이민을 선택할 입장이었다면, 아마 가지 않았을 것 같아요. 제가 간 곳은 솔직히 좋은 곳이에요. 뉴욕은 예술가들이 꿈을 펼칠 수 있는 곳이고, 영어로 출판되면 번역이 돼서 다른 나라에서도 다 나와요. 내가 잘나서가 아니라 그만큼 영어가 중요한 언어가 돼버려서죠. 어떻게 보면 행운의 이민이었고 꿈꾸는 일들도 이루어졌어요. 그런데 저한테는 이 책이 한국에서 나온 게 의미가 깊어요. 저희 엄마 아빠는 영어를 못하시거든요. 자식이 소설을 썼는데 부모가 읽지 못하는 건 굉장한 슬픔이에요. 그러다가 한국어로 나오면서 드디어 부모님에게 책을 바칠 수 있었죠. 게다가 출간과 함께 한국 신문에도 기사가 실리고, 멋진 일들이 벌어지는 거예요. 저희가 굉장히 비극적으로 한국을 떠났는데요, 행복한 이민이 아니라 어느 날 갑자기 사라진 경우거든요. 그때 부도가 나서 힘들게 떠났는데, 저랑 초등학교를 같이 다녔고 제가 굉장히 좋아했던 남자애가 신문사를 통해 연락한 거예요. 꿈 같은 일이죠. 제가 커서 성공해서 고국으로 돌아오고, 좋아하던 남자애가 연락을 해오는 것. 그런 환상 같은 것이 현실로 이루어지니까 어떻게 보면 와! 괜찮다 싶어요. 하지만 그럼에도 만약에 내가 선택을 할 수 있었다면 그 선택은 절대 안 해요. 그만큼 힘들었다는 얘기고, 이렇게 환상이 이루어졌어도 힘든 건 마찬가지니까요. 그리고 저한테 자식이 있다면 절대 그런 생각은 안 하게 할 것 같아요. 지금 디아스포라 얘기 중에도 다문화를 어떻게 받아들일 것이냐, 어떻게 해야 될 것이냐, 이런 얘기가 나오는 건 다른 나라에 가서 산다는 게 그만큼 힘들다는 증거 아니겠어요? 그건 결코 이해하기 쉬운 문제가 아니에요. 그 안을 들여다보면 참 복잡해요.

허련순 제가 지금 한글로 작품을 쓰고 있는데요, 만약에 한국이 없었다면 한글로 글을 쓰는 것은 바보짓일 거예요. 한국이 있기 때문에 내가 한글로 글을 쓰면서도 희망이 있고 즐거운 일이에요. 그런데 만약 제가 지금 다시 태어나서 선택할 권리가 있다면 정말 중국에서 사는 한, 처음부터 중국어로 소설을 썼더라면 지금처럼 힘들지 않았을 것이라는 생각을 해요. 두 나라를 왔다 갔다 하면서 같이 살아보지 못한 한국의 이 사회와 어떻게 해보려고 24년간 이러지도 않았을 거고, 중국에서 중국어로 소설을 썼으면 14억 인구를 꽉 잡아버렸을 텐데 하는 아쉬움이 있어요.

주재순 저는 경계선이 어디 있다 없다 말을 하고 싶지가 않아요. 없다고 생각해요. 가령 저는 다른 문화를 접촉할 때 이것이 맞느냐 안 맞느냐 시도를 하다가 나중에는 제 마음대로 하거든요. 그러기 때문에 제 안에서 여러 문화가 소통되고 흡수가 돼서 제 것으로 만들어졌어요. 물론 처음 독일에 가서 어려운 점 많았죠. 그렇지만 그 어려움을 극복하면서 얻은 것이 많아요. 한국에 있을 때만 해도 화교들이 학교도 따로 다니고 자기네끼리만 어울린다고 못마땅해하는 소리를 많이 들었거든요. 그 사람들이 소수자로서 여기서 얼마나 많은 고통을 받았는가 하는 것을 독일에 가서야 직접 느꼈죠. 한국 역사 정책 같은 것도 제가 바깥에 나갔기 때문에 보였던 것이고, 다른 매스컴을 통해서도 더 많은 걸 봤기 때문에 얻은 점이 참 많다고 봐요. 한국에서는 제가 반항을 많이 했지만 받아들여지는 경우는 별로 없었는데, 독일에서 말은 잘 못해도 싫다 하고 자꾸 따지면 그게 다 받아들여져요. 저를 인정해주었어요. 그랬기 때문에 아, 여기서는 기회가 많구나, 내가 내 말을 할 수 있게끔 실력을 키워야 되겠다, 그런 생각도 하게 되고 인정을 받는다는 게 좋더라고요.

오늘 이 자리가 다행스럽다고 느끼는 이유는, 만약 오늘 오전처럼 내내 듣고 오후에도 질문을 할 시간이 없었다면 저는 터졌을 거예요. 왜 자기네끼리만 이야기하는가 하고. 경계선이 여기에 있잖아, 하면서요. 듣기만 할 게 아니라 질문도 할 줄 알아야 하고 서로 적극적으로 만나야 한다는 것이 저의 주장인데, 그렇기 때문에 아무리 다문화가 돼도 한국식의 일방적인 주입식 소통만으로는 같이 얘기하고 같이 행동하는 게 되지 않아요. 결국 아무런 변화도 끌어내지 못하는 거죠. 그런데 이게 잘 열리지가 않는 것 같아요. 그래서 이런 문제가 계속해서 자꾸 연결이 되는 게 아닌가, 그런 생각을 합니다.

나탈리 르무안 앞서 언어에 대한 이야기가 나왔는데 저는 보디랭귀지에 대해서도 말씀드리고 싶습니다. 제가 만약 백인 프랑스인으로 태어나 자랐다면 아마 지금보다 훨씬 자유롭고 성적으로도 자유로운 생활을 했을 것 같은 반면, 만약 한국에서 자랐다면 벽장 속에 갇혀 있었을 것 같습니다. 13년간의 생활을 마무리하고 한국을 떠난 이유도 그런 느낌 때문이었습니다. 제가 보기에 아직 한국 사회는 홍석천, 하리수 같은 사람들이 있긴 하지만 이들을 인정하고 받아들일 수 있는 준비가 되지 않은 것 같습니다. 아마도 그런 차원에서 제가 지금 있는 상황이 훨씬 자유롭다고 느끼지 않는가, 그런 생각이 듭니다.

서경식 저도 편하게 말씀드리지요. 보편성에 대해서는 김용규 소장님이 관계에 대해 말씀하신 것에 힌트가 있다고 봅니다. 보편성이라는 고정된 초월적인 가치나 개념이 있는 것이 아니라, 서로 연결되는 관계라는 것에 보편성이 존재한다는 것이지요. 항상 관계를 맺으면서 자신의 그리고 남의 관계를 인식하면서 적응해나가는 것에 보편성 같은 것이 보일지도 모르겠습니다.

그리고 선택에 대해서 간단히 말씀을 드리자면, 저 같은 재일 조선인에게 선택의 기회란 스스로 선택할 수 있다는 뜻이 아니라 강요된 것인 경우가 없지 않았어요. 해방 직후 저희 할아버지는 귀국하셨고 아버지는 남으셨습니다. 아버지는 일본에서 일하면서 할아버지에게 생활비도 보내고 하셨기 때문이죠. '너는 남아라, 나는 먼저 가겠다' 하는 것이 우리 가족의 선택이라 할 수 있지요. 그 선택의 결과로 제가 재일 조선인 2세로 거기에서 태어났습니다. 스스로 한 선택은 아니지만. 두 번째로, 1952년에 일본 국적을 박탈당하면서 일본에 있는 외국인이 됐어요. 그러자 일본인과 법적인 차별이 생겼어요. 그 전에도 차별은 있었지만 제도적인 차별이 아니었는데, 말하자면 차별이 합법화된 거예요. 국가가 우리를 난민화했다고 할 수 있지요. 그런데 그 결과로 재일 조선인 8~9만 명이 이북으로 귀환했습니다. 제 아버지의 경우 계속 일본에 남은 이유는, 반공적이고 보수적인 사고방식이었던 것은 사실이지만 비교적 덜 가난했기 때문이었어요. 저희보다 살기 어려운 재일 조선인 친구들은 이북으로 갔죠. 이북이냐 이남이냐 하는 선택도 스스로 한 것이 아니에요. 우연히 이북에 간 사람이 있고 우연히 일본에 남은 사람이 있었을 뿐이지요. 1965년에 한일 수교가 되면서 우리도 한국 국적을 가지면 여기에 올 수 있게 되었습니다. 해방 후 20년이라는 긴 시간이 지나간 후에 그렇게 됐죠. 그런데 국내에 찾아와서 조국을 만났는데 이미 언어 문제라든가 생활 습관 문제 같은 격차가 생겨 있었어요. 반공 교육 기관에서 휴전선 견학을 갔을 때 "저쪽에 빨갱이가 있다, 적군이 있다" 하는데, 그곳에 우리의 예전 이웃과 아버지 친구분들이 계셨습니다.

그래서 저에게는 말씀하신 선택의 문제는 분단과 분열의 문제예요. 자기가 분열돼 있다는 거지요. 그리고 미희 나탈리 르무안과 저는 이처럼 개인적인 역사가 많이 달라요. 오늘 발표를 들으면서 지리적, 공간적, 시간적, 문화적인 분단에 대해 새삼 느끼는 바가 있었습니다. 저도 어느 시점까지는 그것을 하나로 일체화해야 한다고 생각했어요. 온전한 국민이어야 한다, 그렇게 생각했는데 그걸 포기한 게 아니라 오히려 분단된 것이야말로 우리의 실상이다, 우리가 자연스럽게, 어쩔 수 없이 역사상 그렇게 될 수밖에 없었고 그렇게 된 관계라는 생각이 들어요. 역사적인 관계, 정치적인 관계 등 자신의 안고 있는 고통 속에서 자기가 어떤 존재인지 자신을 이해시키는 과정, 이러한 것이 저는 디아스포라라고 생각합니다. 그러니까 디아스포라에게 중요한 것은 그런 분열이 해결되고 온전하게 될 수 있는가 하는 문제가 아닙니다. 이 고통 이후에, 어려움에 대한 역사적인 근원을 인식하라는 뜻이지요.

서민정 긴 시간 수고 많으셨습니다. 잠시 쉬었다가 질의응답 시간을 갖겠습니다.

질의응답

이중 언어

질문자 1 오늘 말씀 잘 들었습니다. 부산대에 근무하고 있는 임상석입니다. 문제가 개인적이고 사회적이며 감정적이기도 하고 정치적인 요인도 있는 것 같은데, 다소 유치한 질문 같지만 저도 외국에서의 삶을 고민한 적이 있습니다. 미국에서 1년 정도 살아보기도 했는데, 영어로는 내가 진실하게 화를 내지도 웃지도 못한다는 사실을 깨달았습니다. 한번은 누군가를 기다리면서 친구와 서 있는데, 어떤 외국인이 차를 타고 지나가면서 우리를 보며 비웃은 적이 있습니다. 그런 경우를 당했을 때 영어로는 화를 낼 수가 없다는 얘기입니다. 물론 영어로 따질 수는 있지만 화를 낼 수는 없다는 거죠. 그런데 이런 문제들에 관해서 몇 가지 보편적인 상황들도 도출이 가능하다고 생각합니다. 가령 과연 두 가지 언어로 자기 감정을 자유롭게 표현하는 것이 가능한가 하는 것이죠. 그런데 이런 식으로 접근할 때 정치적인 중립성이라는 부분에서 문제가 될 수 있다는 생각이 들거든요. 여기에 대해 어떻게 생각하시는지 듣고 싶습니다.

최덕효 저의 모어는 일본어입니다. 스무 살 때까지 한국어를 전혀 못하다가 학부 때 교환 학생으로 오면서 배우게 되었어요. 일본에 살면서 한국 친구들을 많이 사귀었기 때문에 저는 한국말이 신체화가 됐다고 믿었습니다. 그래서 제가 가진 일본어를 약간 상대화시킬 수 있는 통로가 한국말이라고 믿었는데, 미국에서 대학을 다니면서 영어로 생활하니까 한국말이 빠져나가는 것 같았습니다. 남아 있는 것은 일본어였죠. 사실 일본어를 쓰는 게 편합니다. 그런데 편하다고 실감을 했을 때 그렇게 느끼는 저에 대한 불편함이 컸습니다. 한국어는 금방 빠져나가고 일본어만 남는 게 당연하다고 생각하고 싶지만 그게 불편한 겁니다. 아마 다른 재일 조선인 또한 가지고 있는 고민일 것 같습니다. 일본어가 모어니까 일본어밖에 못하는 것이 뭐가 죄냐, 그렇게만 말할 수는 없는, 한일 관계라든가 식민지 지배 그리고 해방 후 재일 조선인들이 민족 학교를 세우고 우리말을 배우게 했는데 일본 정부가 그것을 다 폐쇄하고 억압한 역사 때문에 제가 일본어를 편하게 생각하지 못하는 것 같습니다. 아까 허련순 선생님과 말할 기회가 있었는데, 선생님도 3세시고 저도 3세인데 선생님의 경우 우리말을 잘하고 학교에서도 우리말을 사용해 가르치고 또 가정에서도 쓴다는 얘기를 들으면서 아주 부럽게 느껴졌습니다. 2개 언어로 자유롭게 자기 감정을 표현하는 것은 분명 어렵습니다. 저도 그렇게 못했고요.

주재순 저는 감정 표현을 하는 것을 모국어로도 잘 배웠느냐를 먼저 생각해보시라는 말을 하고 싶어요. 우리가 생각하는 것을 전부 언어로 표현할 수는 없거든요. 자기 생각을 언어로 표현하는 것이 다 한계가 있기 때문에 생각하는 것을 표현할 수 없는 경우가 많이 있습니다. 또 한국어에서 표현할 수 있는 것이 있고 다른 언어권에서 표현할 수 있는 것이 있고, 그렇게 달라요. 독일에서 독일어를 배우고 아무리 한국과 똑같은 생각을 하고 얘기를 하게 되어도 한국에서 배우지 않은 거라서 말이 잘 안돼요. 비슷한 상황인데, 한국 사람에게 전달되게끔 말을 하는 데도 어려움이 많아요. 문화권 안에서 어떻게 그 언어를 사용하느냐, 그리고 자기가 느끼는 사고방식에 어떤 방식이나 수단을 사용하느냐가 문제가 되는 겁니다.

외국어를 배우고 어느 수준까지 갔을 때는 정치적인 문제를 얘기할 수도 있고 웃기도 해요. 울기도 하고 화도 나고. 그런데 1년 체류했다면 좀 어렵다는 것이 제 생각입니다. 저는 좀 더 어려운 단계를 넘으셨다면 가능했다고 봅니다. 말을 배우는 것이 말만 배우는 것이 아니라 사고방식도 배워야 하고 문화를 배워야 한다고 생각합니다.

수키 김 두 가지 언어를 동시에 갖는 것이 가능한가, 이걸 물으신 거죠?

질문자 1 두 가지 언어를 감정까지 자유자재로 표현 가능한 사람이 있지만 그것은 특수한 경우고, 그렇지 못한 사람들도 많습니다. 그렇게 표현을 할 수 있어야 한다고 하면 그것은 이미 정치적인 문제가 되어버리는 것 아닌가, 그 부분에 대한 의견이 궁금합니다.

주재순 정치라는 관념에 대해서 정확히 얘기해주세요. 서로 생각하는 점이 다르기 때문에 그렇습니다.

질문자 1 가령 스위스처럼 여러 언어를 쓰는 나라들에서 그 언어들을 완벽하게 구사하는 것은 일종의 특권이라고 생각합니다. 어떻게 보면 선천적이고 또한 피부색과 연결될 수 있는 사안인데, 그러한 다언어 구사에 대한 가능성을 논의하는 것 자체가 디아스포라라는 문제와 관련해 해결할 수 있는 부분이 많다고 생각합니다. 그런데 이런 식으로 접근하는 것이 어떤 정치적인 문제를 야기할 수도 있지 않느냐 하는 점에 대해서 여쭤본 것입니다.

수키 김 언어의 장벽이라는 것은 커뮤니케이션이잖아요. 결국은 어느 정도는 시간이 흘러야 한다고 생각해요. 디아스포라를 연구하는 입장에서는 다문화를 좋은 길로 사용할 수 없을까라고 연구를 하고 있다고 생각합니다. 그렇다면 언어는 어느 정도 소통을 해야 하는 노력이 필요한 것 같아요. 그렇지 않으면 서로를 이해할 수가 없으니까요. 1년 정도 미국에 계셨다고 하셨는데 제가 느낀 영어와 한국어의 가장 다른 점은 영어는 존댓말이 없어요. 그래서 한국에서 힘들었던 것이 한국에서는 꼭 나이를 물어봐요. 미국은 절대 개인 정보는 안 물어보거든요. 그래서 한국은 존댓말을 써야 하나 말아야 하나를 결정하기 위해 나한테 나이 같은 것을 물어보는구나라고 생각했어요. 언어 안에 사고방식이 너무나도 깊게 배어 있는 것이죠. 영어에는 그런 것이 없으니까 자유로운데 어느 면에서는 존경의 의미를 담기 위해서 어려운 면이 있어요. 언어를 배우는 데 디아스포라가 조금이라도 깊이를 가지려면 그런 충돌과 소통의 노력이 필요하다고 생각해요.

질문자 1 한 가지 더 보충해서 말하자면, 제가 부딪힌 문제는 커뮤니케이션의 문제라기보다는 자기표현의 문제고, 내가 어떤 말을 했을 때는 자기 스스로도 감정을 느낀다고 생각합니다. 예를 들면 '화를 낸다'라고 했을 때는 그것을 전달하기 위해서 화를 내기도 하지만 내가 그것을 터뜨리기 위해서도 화를 냅니다. 그런데 영어로 그 감정을 터뜨렸을 때는 자기만족이 안될 것이라는 얘기죠. 자기만족도가 떨어질 것이라는 얘기고 그것은 평생을 가도 좁아지지 않을 거라고 생각합니다. 즉 전달의 측면이 아니라 자기만족도의 측면에서 질문을 한 겁니다.

주재순 독일에는 터키 사람이 200만 명이 살거든요. 영어와 프랑스어는 제2국어로 해서 초등학교부터 고등학교까지 교육을 받을 수 있지만, 터키어는 배우지 않습니다. 한동안 이 점을 문제시해서 몇 군데 고등학교에서 가르치긴 하지만 아주 소수에 속합니다. 그러니까 터키 사람들도 디아스포라로 사는 데 고국의 경제력과 정치의 수준에 영향을 받고 그것을 정치적인 데서도 사용을 하는 거죠. 그렇기 때문에 터키의 2세, 3세는 독일어와 터키어를 다 하는 사람이 대부분입니다. 터키어를 학교에서 배우지 않았기 때문에 표현력도 좋지 않고 하지만요. 언어를 사용하는 숫자가 많으면 거기에서 그것을 정치화할 수 있는 것입니다. 소수자라고 하더라도 자기들이 문화를 잃지 않으려 하고 권리를 찾는 것이 인권에 들어가 있거든요.

낯선 이름

질문자 2 '이주민과 함께'에서 일하는 정종수라고 합니다. 쉬운 질문인데 사실은 제가 가장 많이 듣는 질문이기도 합니다. 한국에 정착해 살아가는 이주 여성들이 많이 물어보시는 질문인데, 오늘도 들었어요. 한 분이 진지하게 "이름을 한국 이름으로 바꿔야 되겠죠?"라고 물으셨죠. 아이가 커가면서, 내가 원래부터 가지고 있던 내 이름을 계속 가지고 있어야 할까 아니면 우리 아이를 위해서라도 내 이름을 바꿔야 할까, 그런 고민들을 하고 있습니다. 어떤 분은 구체적으로 일상에서 차별을 굉장히 많이 당하기 때문에 이름을 바꿉니다. 한국 국적을 취득했음에도 백화점에서 고객 카드에 베트남 이름을 적으면 점원이 외국 사람은 안 된다고 거절한다든가, 그렇게 무시를 당할 때마다 이름을 바꿔야겠다고 느끼는 겁니다. 그리고 이름을 바꾸지 않고 아이 학교로 학부모 회의를 하러 갔을 때, 이름이 호명되는 순간 일제히 돌아보는 낯선 시선들 때문에 이름을 바꿔야 되겠다고 생각을 합니다. 하지만 내심 그분들은 사실은 이름을 바꾸고 싶어 하지 않으십니다. 그러면서도 과연 평생 바꾸지 않을 수 있을지에 대해서는 그분들 스스로도 자신이 없는 것 같다는 생각을 많이 하게 됩니다. 오늘 발표하신 분들의 성함을 보면서도 문득 그런 생각이 들었습니다. 외국에서 왔음을 바로 알 수 있는 이름인데 그런 이름 때문에 부당하게 불편함을 느끼지는 않았을까, 하는 생각 말입니다.

나탈리 르무안 저는 한국에서 벨기에로 왔을 때 조미희라는 이름을 바꾸었습니다. 진짜 이름은 아니지만. 이름을 바꾸어야 하나 말아야 하나, 라는 질문에는 이름을 여러 개 나열해서 쓰는 것도 한 가지 해결책이 될 수 있다고 생각합니다. 강요를 해서는 안 되는 문제이기도 합니다.

서경식 재일 조선인의 경우에는 식민지 시절에 창씨개명이라는 것이 있었어요. 한국 국민들의 80퍼센트 이상이 창씨개명을 했죠. 그런데 나라가 독립되면서 창씨는 폐지가 되고 원래의 성으로 복귀했어요. 이렇게 생각하면 일제 때는 여러분 모두가 디아스포라였습니다. 그런데 우리는 일본에 남았기 때문에 거기서 또 우리의 원래 이름을 쓰려면 많은 노력이 필요했습니다. 싸워야 합니다. 일본 사람으로 사는 것이 주변 일본 사람들의 시선을 피하려고 할 때는 필요한 것이지만 또한 조선인의 이름으로 살려면 일상적인 노력이 필요합니다. 그래서 지금 일본에 있는 재일 조선인 중에는 저처럼 원래 이름으로 사는 사람이 약 10퍼센트 될까 말까 합니다.

저는 그 어머니에게 조언을 한다면 이렇게 하겠습니다. 이름이라는 것은 하나의 권력이 될 수 있습니다. 물론 아이는 다수자 중에 소수자로 사는 것이 고통스럽겠지만 이름을 바꾸어도 사는 과정 곳곳에서 온갖 고난을 만나게 됩니다. 이름을 바꿔도 외모가 다르니 원래 어디서 왔느냐 같은 질문을 받을 겁니다. 그렇기 때문에 힘들겠지만 이름을 바꾸지 않고 버텨야 한다고 조언하겠습니다. 저는 주변 사람들이 사회의 동등한 구성원이라는 생각을 가져야지 차별 없이 살 수 있다고 생각합니다. 따라서 그 문제가 어머니 혼자서 고민해야 하는 문제인가 하는 부분을 생각해봐야 합니다. 저보다 아래의 3세, 4세 재일 조선인이 어려움을 겪을 때 저는 버텨야 한다고 얘기합니다. 저처럼 윗세대의 재일 조선인이 먼저 그렇게 살아야 한다고 생각하고, 주변 일본 사람들에게 항상 문제를 제기해야 한다고 이야기를 해왔습니다. 힘들지만 주변 사람들을 이해시켜야 한다고 생각합니다.

주재순 1970년대 독일에 갔을 때, 독일 사람들이 제 이름을 잘 발음하지 못했어요. 그래서 독일인들이 "너는 엘리자베스 해", "너는 크리스틴 해"라고 했습니다. 당시에 저는 독일어도 잘 못해서 그 이름을 썼는데, 이후에 들어오는 사람들은 자기 이름을 쓸 수 있었어요. 독일 사회에서 그 당시에는 참 어려웠지만 이름이라는 것이 동질성에 굉장히 중요한 것이었습니다. 오히려 지금은 한국인이 독일식 이름을 쓰면 왜 한국 이름이 아닌 독일식 이름을 가지고 있느냐고 놀랍니다. 그러면서 진짜 네 이름은 무엇이냐고 물어봅니다. 이렇게 계속 언론화하고 토론을 하고 얘기하지 않으면 다수의 사람들은 모릅니다. 소수민족들이 받는 정신적인 압박을 모르기 때문에 계속 언론화해야 하고 밖으로 얘기를 끄집어내야 합니다. 그러다 보면 나중에 언젠가는 다른 이름을 쓰더라도 '이 아이는 다른 뿌리에서 온 아이구나'라고 이해를 하게 될 것입니다.

서경식 앞의 말씀을 들으면서 생각이 난 건데요, 일제강점기 강제 노동을 할 때 일본 사람들은 한국식 이름을 부르는 걸 어려워했어요. 그래서 부르기 쉽게 이찌, 니, 산, 시와 같이 일본식으로 바꾸어 불렀어요. 그냥 번호였죠. 감옥에서처럼 이름이 아니라 번호로만 부른 거예요. 그래서 이름은 다수자의 압력으로 불리어서는 안 됩니다. 소수자 자신의 이름을 붙여야 합니다. 질문자가 하신 얘기에서처럼 소수자인데도 다수자의 시선이 두려워서 바꾼다는 것은 비슷한 구조인 것 같습니다. 하지만 소수자가 개명을 하도록, 즉 책임을 지도록 사회가 놔둬선 안 된다는 거죠.

수키 김 가장 좋은 예가 오바마 대통령이에요. 버락 오바마라는 이름을 부르기 쉽게 바꿨다가 원래 이름으로 되돌아갔거든요. 대통령 되려고. 요즘에는 희귀한 이름이 다시 관심의 대상이 되기 때문이에요. 어떻게 생각하면 이름 같은 것은 결국에는 자기 이름으로 돌아갈 수 있는 거니깐 표면적인 문제인 것 같습니다. 물론 중요한 문제지만 그것은 개인의 선택이라고 봐요. 하지만 사회가 그런 것을 인정해주느냐가 중요한 문제인 것 같습니다.

디아스포라 예술가와 민족

질문자 3 저는 서경식 선생님과 허련순 선생님 두 분께 질문하겠습니다. 얼마 전에 중국에서 윤동주 시인을 중국 문화의 일원으로 자격을 삼으려는 중이라는 언론 보도가 있었습니다. 서경식 선생님은 다른 글에서도 윤동주 시인과 디아스포라를 연결해서 얘기하셨는데, 중국의 그런 작업에 대해 어떤 관점으로 보시는지 궁금합니다. 같은 질문을 허 작가님에게도 드립니다. 그리고 작가님의 작품 활동이 중국 문학에 귀속된다고 생각하시는지 아니면 한국에 귀속된다고 생각하시는지, 중국에서는 작가님의 활동을 어느 범주에 넣고 있는지가 궁금합니다.

허련순 한 가지 분명히 하겠습니다. 윤동주 시인을 조선족 작가라고 하는 것은 중국이 아니고 조선족 문단에서 하는 것입니다.

서경식 제 생각은 글로도 썼는데요, 그렇다면 카프카는 어디 작가입니까? 윤동주도 그렇다고 생각합니다. 조선인이 아니었다거나 보편적인 우주인이었다는 얘기가 아니라는 겁니다. 윤동주 시인은 조선 민족의 근현대사를 배경으로 태어난 훌륭한 시인이라고 생각합니다. 이것이 디아스포라라고 할 수 있죠. 윤동주 시인은 간도라는 변경 그리고 일본의 압력 아래 있으면서도 덜 억압적이고 독립군들도 있는 지역에서 태어났습니다. 국내에 있는 지식인은 우리말로 문학 활동을 못 해도 윤동주가 살아온 환경에서는 교과서가 조선말로 쓰여 있었죠. 윤동주에게 민족정신이라는 것은 주변이어서 남아 있었던 거죠. 덜 억압적이어서. 그리고 「별 헤는 밤」이라는 시에는 패, 경, 옥이라는 이국 소녀들이 나와요. 프랑시스 잠, 라이너 마리아 릴케, 이런 인물들도 나오지요. 변경에 있었기 때문에 바깥으로 많이 개방적이었다는 거죠.

윤동주 시인은 분명 조선의 디아스포라의 시인입니다. 그런데 오늘날의 윤동주 시인은 한 국가의 시인이라는 전제가 있습니다. 따라서 19세기 말부터 전 세계가 국민국가의 시대로 들어가면서 국가로 호명되지 못한 국가의, 그러나 그처럼 국가로 호명되지 못했기 때문에 훌륭한 문학 활동을 한 작가들을 그런 범주에 속한 사람들로 보아야 합니다. 국민화하려고 하면 안 된다고 저는 생각합니다. 좋은 예가 파울 첼란Paul Celan이라는 유대인 시인인데요, 그는 동유럽에 유대인이 많이 모여 사는 마을에서 태어났습니다. 그 마을은 경계의 마을이었죠. 전쟁이 터지고 나치 시대가 오고 이윽고 전쟁이 끝났을 때, 옛날에 오스트리아의 영토였던 그곳은 몇 개의 나라로 분열되었습니다. 그래서 유대인이었던 시인은 갈 데가 없어 프랑스에서 시인 활동을 했습니다. 모어인 독일어로 시를 썼지요. 그리고 이후 독일에서 상을 받으면서 서독일 최고의 시인이라는 찬사를 들었어요. 서독 최고의 시인, 이것이 타당한 평가입니까? 그렇지 않다고 생각합니다. 그것은 어떻게 보면 이 시인을 국가라는 틀 안에 가두는 나쁜 행위라고 생각해요. 윤동주 시인에 대해서도 같은 생각입니다.

허련순 저도 선생님 말씀에 동의합니다.

서경식 그런데 실제로 이런 움직임이 있는 겁니까? 한국 또한 일본에는 저와 같은 재일 조선인이 있고 중국에도 조선인이 있는데, 그럼 우리의 공통된 시인이 있는 겁니까?

허련순 문화 자산은 국경을 지정하는 게 어려운 것 같아요. 한국에서는 한국 시인이라고 하면 괜찮고, 우리 조선족 문단에서는 조선족 시인이라고 하면 괜찮고, 또 일본에서 시를 썼다면 일본 시인이라고 하는 것은 괜찮은 것 같아요.

서경식 잠깐 말씀드리자면 윤동주 시인을 중국 조선족 시인이라고 하는지 아니면 중국 시인이라고 하는지 궁금합니다.

허련순 조선족 시인이라고 하고, 중국 사람들은 중국 시인이라고 하지 않아요. 조선족 사회와 중국 사회에 일어나는 일들에 대해서 그냥 무조건 '중국 정부에서 얘기를 한다'라고 말합니다. 특히 민감한 정치적인 문제, 예를 들면 아리랑 문제도 그렇고요. 그것은 지금 대답할 사안이 아닌 것 같습니다. 다시 질문으로 넘어가서, 제 작품이 중국에서 어느 위치에 있느냐고 물으셨죠?

질문자 3 중국 문학계에서 선생님의 작품을 어느 범주에 넣고 있는지 궁금하다고 질문드렸습니다.

허련순 중국에는 50개가 넘는 소수민족이 있는데 우리 연변작가협회는 많을 때는 회원이 700명씩 돼요. 사실은 연변조선족자치주가 설립된 이후에 작가협회가 굉장히 많이 발전을 했어요. 연변작가협회는 중국작가협회 밑에 있는 소수민족 분과거든요. 그래서 우리를 중국 정부에서는 소수민족 작가라고 분류해요. 중국 작가라고 하지 않고 소수민족 작가로 보고 있죠. 소수민족 작가가 발표할 수 있는 규칙은 규정되어 있지는 않지만 국가에서 정해진 것은 있어요. 중국작가협회의 기관지 성격인 민족 문학 잡지가 있는데, 우리 조선족들이 한국어로 글을 쓰면 중국어로 다시 번역해서 거기에 실리죠. 《소설선간小說選刊》이라는 유명한 잡지가 있어요. 중국 사람들 중에서도 유명한 사람들의 작품만 실리는 잡지인데, 거기에 원로 소설가 윤홍준 선생님의 작품이 나간 적이 있어요. 그리고 그 뒤에 제 작품이 나갔어요. 전체 연변 조선족 작가들 중에서 《소설선간》에 소개된 사람은 딱 두 명이에요. 아주 어렵죠.

아까 제가 한국이 없으면 한국말로 쓰면 망한다고 했는데, 저는 열 아홉 살 때부터 글을 썼거든요. 그때부터 중국어로 썼더라면 번역을 거치지 않고 바로 중국 문단에 작품을 실을 수 있었을 거예요. 이제 와서 중국어로 쓰려고 해도 머릿속에 한국어를 지키자는 생각이 들고 아까도 말씀드렸는데 서로 언어를 너무 주장하다 보니까 자기가 단절돼 버리는 거예요. 그래서 아까 소장님이 얘기하신 흐릿하게 하는 것, 그게 오히려 더 좋은 방법인 것 같아요. '내가 디아스포라'라고 너무 강하게 내세우면 오히려 자기가 그 덫에 갇히는 것 같아요.

비 ─ 국민

질문자 4 저는 '디아스포라라는 것이 디아스포라가 아닌 사람에게 무슨 의미를 줄 것인지'라는 질문을 하고 싶습니다. 제가 생각할 때 디아스포라라는 것은, 경계의 의미를 넣는다고 할 것 같으면 결국 하나의 민족을 가진 사람이 다른 국가나 다른 민족성에 살고 있다는 얘기인데요. 좀 더 세부적으로는 문화나 언어나 국가 행사가 이질적이라는 건데, 실제 우리의 일상생활에서도 지위를 많이 가지고 있는 사람들의 문화라든지 중앙의 문화와 다른 주변적인 문화와의 차이가 세부적인 측면에서 보자면 사투리에 대한 문화적인 차별 같은 형태로 다양하게 존재하고 있는 것 같아요. 그리고 제가 생각하기에 국가라는 것은 어차피 지배와 복종 관계를 형성하고자 하는 것이고 디아스포라에 있다는 것 자체는 디아스포라를 다른 국가 구성원이라는 배제를 통해서 그 지배와 복종 관계로 포섭하려고 하는 것 같습니다. 즉 디아스포라를 하나의 국민 구성원이긴 하지만 인간이기보다는 좀 더 급이 낮은 노예 비슷한 취급을 해서 지배와 복종 관계에 잘 종속되도록 하는 형태인 듯하다는 겁니다. 그렇다면 권력을 쥐고 있지 않은 일반 사람들과 디아스포라들의 관계는 어떻게 봐야 하는지가 제 질문입니다.

서경식 제가 간단하게 말씀드릴게요. 지금 디아스포라가 무슨 의미가 있느냐, 그리고 인간이 있고 그 인간이 아닌 인간 이하 즉 노예 비슷한 존재가 있지 않느냐는 질문도 있었어요. 인간이란 보편적으로 인권을 지니고 있는 동등한 존재라는 개념이 경험주의에 의해서 점점 더 구체화되어온 것 같아요. 프랑스혁명을 전후로 한 경우도 있고, 반동적으로 나치 같은 경우도 있고요. 그런데 19세기부터 '인간 취급을 받을 수 있는 사람들은 국민'이라는 공식이 생겼습니다. 프랑스를 시작으로 해서 '국민으로 인정받지 못하면 인권도 없다'라는 등식이 생겼어요. 자유와 진보 운동이면서도 무의식중에 그런 사고가 생겼죠. 일본의 헌법에 인권에 대한 규정이 있어요. 일본이 패전하면서 미국 점령군이 강령한 헌법인데, 거기에 국민에게 기본적인 인권이 보장된다는 내용이 나와요. 영어로는 people로 적혀 있었는데 일본 사람들은 국민으로 번역했죠. 국민에게는 기본적인 인권이 보장된다, 그런데 우리는 국민이 아닌 존재가 되었어요. 그래서 '이런 사람들에게는 인권 보장을 하지 않아도 된다'라는 사고방식이 생겼습니다. 따라서 저는 국민이면 인권이 있다, 디아스포라는 국민이 아니다, 라는 사고방식에 대한 근본적이고 근원적인 의문을 제기하고 있는 존재가 디아스포라라고 말씀드리고 싶어요. 디아스포라라는 존재는 국민국가 시대에 살고 있는 국민 다수자가 자신들의 위치를 다른 소수자에게서 혹은 외부 시선으로 다시 보고 선정해서 좋은 세상으로 개선해나가게 만드는 것이라고 생각합니다. 한마디로 추상적인 표현이지만 국민국가 시대의 다음 시대를 전망할 수 있는 존재가 디아스포라라고 말하고 싶습니다. 국민국가 시대 바깥으로 추방당했기 때문에 그다음 시대를 온몸으로 표현하고 있는 것이 우리 디아스포라입니다.

월경, 경계지의 현실

질문자 5 저는 문재원이라고 합니다. 두 가지 질문을 드리려고 하는데요, 먼저 최덕효 선생님이 던지신 고민, 즉 국경을 넘어서는 존재로서의 디아스포라가 어떻게 가능할 수 있는가라는 질문을 계속해서 하고 있다고 하셨는데 그것은 비록 디아스포라는 아니지만 저의 고민이기도 합니다. 한국 사회에서 소위 '국경을 넘어서는 것'이 마치 유행처럼 번진 터라 오늘 이 경계에 대한 담론들도 굉장히 낙관이고 이상적인 이야기들로 맞춰져가고 있는데, 사실 오늘날의 월경이라는 것 자체가 자원이나 문화의 이동은 자유롭지만 사람의 이동은 제약을 받는 아이러니한 상황을 만들어내기도 합니다. 그래서 저는 경계의 자유로운 이동 자체가 아니라 무엇이 이 월경을 불가능하게 하는가, 경계가 월경을 불가능하게 하는 지점들은 무엇인가에 대해서 좀 더 정확하게 살펴봐야 하지 않을까 생각합니다. 그런 점에서 최덕효 선생님이 던지신 질문이나 김용규 선생님이 이야기하신 '이동을 통해 획득될 수 있는 보편성'에 대해 좀 더 구체적인 이야기를 듣고 싶습니다.

두 번째 질문은 실제로 경계지에서 일어나는 삶이나 문화적인 형태입니다. 흔히 경계지의 가능성에 대해서 이야기할 때 잡종성, 혼종성,

제3의 공간 같은 표현들을 많이 쓰고 그것이 새로운 가능성으로 이야기되고 있는 것 같습니다. 그런데 이러한 것들이 이론을 떠나서 실제 생활에서는 아주 어려운 현실이라고 알고 있기도 하거든요. 우리가 소위 이야기하는 제3의 공간으로서의 경계지의 가능성들이 구체적으로 실제 생활에서는 어떤 식으로 일어나고 있는지 들어보고 싶습니다.

서경식 질문에 개인적으로 많이 공감을 합니다. 월경이라는 것은 쉬운 일이 아닙니다. 고통스러운 일이에요. 디아스포라는 스스로 자유롭게 월경을 한 존재가 아니라 어쩔 수 없이 강제로 자기 땅을 버리고 표류한 존재다, 기본적으로는 그렇게 생각하고 있습니다. 저 또한 식민지 지배가 없었다면 디아스포라가 되지도 않았을 거고요. 그리고 제가 한국에 올 때마다 불가사의하게 느끼는 것이 바로 월경인데, 여러분이 쉽게 넘어설 수 없는 경계가 바로 분단선이지 않습니까? 그것은 원래 있던 경계가 아니라 불과 60여 년 전에 구분지은 경계지요. 그런데 누가 자유롭게 넘나듭니까? 그렇죠? 그러니까 결과적으로는 연변에 계시던 허련순 선생님과 저 같은 사람이 만날 수 있게 된 것은 10년, 20년밖에 되지 않았습니다. 그나마도 여권이 없어서 못 만나는 사람도 있어요. 그런 부자유적인 상황에 우리가 있는 것이 사실이에요. 따라서 낙관적으로 경계선에 서면 다른 전망이 이루어진다는 얘기가 아닙니다. 그런 경험을 겪어왔기 때문에 한 국가에서만 보는 시선이 아닌 다른 시선을 자기도 모르게 지니게 됐다는 거죠. 아까 제가 분단선을 봤을 때 북한에도 우리 친척이나 이웃이 있다고 느끼는 시선이라는 거죠. 수키 김 선생님이 하시는 얘기도 비슷한 얘기라고 봅니다. 저는 이것을 중간이라기보다는 자기 분열이라고 봐요. 우리는 분열되어 있어요. 우리의 역사와 사회가 분열되어 있기 때문에 개개인 또한 분열되어 있는 것은 자연스럽고 당연하죠. 그런 분열의 고통, 분열의 아픔이 당연히 있다고 자각하는 것이 중요한 겁니다.

최덕효 선생님이 말씀하신 것을 저 나름대로 해석을 하자면, 그런 환경 속에 있는 개개인의 디아스포라는 어떻게 해서든 그곳에서 살아남으려고 노력을 합니다. 아픔을 잊어버리려고 웃고 농담도 많이 하고 힘든 일도 많이 합니다. 그렇게 일본인들에게 많이 맞고 그래도 다시 일어나고 이런 과정들이 되풀이하는 겁니다. 그래서 개개인이 그 어려운 상황에서 어떻게 살아남을지는 개개인의 생존 전략과 구조적인 문제와는 서로 차원이 다르다는 겁니다. 디아스포라라는 것이 식민지 지배와 민족 분단의 산물이다, 고통스러운 처지다, 라고 해도, 힘이 있고 언어도 몇 가지 할 수 있고 문화적 다양성이 있는 등 좋은 점도 있지 않느냐고 이야기하기도 합니다.

하지만 이것은 앞의 문제에 대한 답과 어긋나는 것입니다. 이 문제와 저 문제는 따로 따져야 합니다. 임상적인 측면과 함께 병리학적인 측면에서도 디아스포라란 무엇인가를 봐야 한다고 생각합니다. 병리학적인 측면에서 따져도 어쩌면 치료법이 없을지도 몰라요. 원인에서 해답을 강구하는 것이 병리학이라는 거죠. 병리학적인 측면의 문제에 임상적인 대답을 하는 것은 어긋납니다. 그래서 임상적인 대답이라는 것이 항상 기존 세대, 기득권층에 이용을 당해왔으며 상품화가 되었다는 것이 제가 말씀드리고 싶은 점입니다.

최덕효 저는 현실적으로 디아스포라가 국경을 넘어설 수 있게 만들어야 한다는 입장입니다. 그러나 현실은 그렇지 않습니다. 국민국가의 국경은 일상생활 여러 곳에서 존재하고 있습니다. 예를 들면 제가 일본에서 장학금을 신청했을 때의 일입니다. 저는 실력만 있으면 받을 수 있는 것이 장학금이라고 생각합니다. 하지만 미국 유학을 가려고 장학금을 신청하려고 보니까 조건이 일본 국적을 가지고 있는 자였습니다. 나는 어디서 장학금을 신청해야 하나? 일본에 있는데 한국에 가서 신청할 수도 없는 노릇이고. 이렇듯 국경이라는 것이 여러 가지 현실에 있다고 강조하고 싶습니다. 국경을 넘는 것이 현실에서는 쉽지 않았습니다. 제가 혜택을 받아서 일본에서 태어난 게 아니라 식민지의 역사 때문에 제가 존재하게 된 것이지만, 미국으로 가게 된 것은 혜택 때문입니다. 저는 한국 여권을 가지고 있지만 재일 조선인 중에는 여권이 없는 사람이 많습니다. 이렇게 혜택을 가지고 있는 사람이 국경을 적극적으로 넘어서면서 국민국가의 국경의 근본을 만드는 작업을 조금씩 할 수 있지 않을까, 그런 고민을 지금 하고 있습니다. 예를 들면 저는 일본에서 영주권을 가지고 있고 한국 여권을 가지고 있습니다. 그리고 미국에서 오래 살면 미국 영주권이 나옵니다. 그러면 이것은 아주 큰 혜택입니다. 그 혜택을 가지고 국경을 넘어서면 뭔가를 보여줄 수 있지 않을까라고 고민하고 있습니다. 한편으로는 그렇지 못한 제 친구들에게 미안한 마음이 듭니다. 하여튼 넘어설 수 있는 현실을 만들어야 한다고 생각합니다.

김용규 그 질문은 저도 공감하는 질문인 것 같습니다. 기본적으로 디아스포라적 의식이라는 것이 우리의 의식 전체를 대변하거나 대체할 수 있는 대안으로서 제시된다는 것은 문제가 있을 수도 있다는 생각을 갖고 있습니다. 한 나라의 국경 안에서 살아가야 하는 사람들도 있고 그 속에서 시민운동 등 여러 가지를 하고 있는데, 디아스포라적 의식이라는 것이 근본적인 차원에서는 우리의 시민운동의 부분을 훨씬 풍성하게 열어갈 수 있는 가능성을 내포하고 있지 않을까 합니다.

디아스포라의 개념을 규정하는 것은 너무 폭이 넓고 한편으로는 고통이라는 부분을 첨가시킨다 하더라도 쉽지 않은 차원인 것 같아요. 터키 출신의 마르크스주의자인 아리프 딜릭Arif Dirlik은 디아스포라적 의식이나 포스트식민주의를 주장하는 사람들이 실제로는 식민지에서 모두 상당한 엘리트였고 부르주아였음을 지적합니다. 이 사람들이 미국으로 이주함으로써 어떻게 보면 미국의 학문적 담론 안에서 기존의 백인들과의 논쟁을 통해 자기 지위를 확보해가는 과정에서 포스트식민주의의 역할을 상당히 강화시켰고, 또한 디아스포라의 역할을 강화시켰다는 것이죠. 이것을 통해 경계라는 개념적인 엄밀성이든 아니면 우리 자신에게든 과연 그런 것들을 어떤 식으로 이야기할 것인가, 즉 계급적 지위를 가지고 논할 것인가 아니면 디아스포라의 의식을 가지고 논할 것인가 하는 부분은 우리가 좀 더 치밀하게 논의해야 하리라는 생각이 듭니다. 저도 이런 학술 대회가 디아스포라의 의식으로 국민 의식을 대체하자든지 완전한 대안으로 삼자는 것이 아니라, 우리가 가지고 있는 국민 의식이나 국민주의에 대한 뭔가 하나의 불안정성 같은 것들, 너무나 당연시되고 있는 국민이나 민족성에 대해 다시 생각해보는 자리가 되기를 바랍니다. 서경식 선생님도 말씀하셨지만 이 디아스포라적 공간 속으로 들어갔을 때 국민이나 민족 같은 용어들은 정말 간단치 않은 개념으로 바뀌어버릴 겁니다. 이 말을 하는 순간부터 어긋남과 불일치가 발생하는 공간들이 있는데 민족 공간 안에 살아가는 사람들은 그런 의심을 해보지 않는다는 거죠. 열린 민족성이니 그것을 뛰어넘는 차원이니 하는 얘기들이 그런 부분과 보충되어야만 제대로 된 실천적 역할들을 해내지 않겠나 싶습니다. 이런 디아스포라적 의식이 우리에게 훨씬 많은 가능성을 열어줄 수 있는 계기나 인식으로서 중요할 수 있다는 것이죠. 이게 맞는지는 또 모르겠습니다만, 우리 안에서 이루어지는 시민운동 및 다문화주의 운동과 디아스포라적 의식이 결부됨으로써 민족, 국민, 다양한 인종 같은 것들이 너무 손쉽게 등치되어버리는 현실들을 한 번쯤은 다 해체해서 서로를 반추해보게 하는 작업이 필요하지 않겠나 하는 생각이 듭니다.

정귀순 한국의 이주민 혹은 디아스포라의 삶의 현실을 한마디로 표현하면, 눈 떠서부터 눈 감을 때까지 고슴도치처럼 털을 빳빳이 세운 채 긴장해서 사는 삶이 아닐까 생각합니다. 뭔가 변화한 것이 있다면 그것은 대단한 결과물일 것이라고 생각합니다. 한 번도 거저 주어진 것은 없었고 한 번도 저절로 얻어진 것은 없었다고 생각합니다. 저만 해도 이주노동자와 관련된 일을 한 지 올해로 17년째인데, 처음에는 능숙하게 일에 대처하지 못한 적이 많았습니다. 제가 상담하고 관계가 아주 좋았던 이주 노동자들에게도 "너 한국에 온 지 얼마 됐니?", "언제 집에 갈 거냐?" 같은 질문들을 종종 굉장히 많이 했습니다. 그런데 그 질문 자체가 그 사람들에게 상처가 될 수 있다는 것을 한참 뒤에야 알았어요. 한국에 살고 싶을 수도 있고 본인 스스로도 언제 돌아갈 수 있을지 잘 모르는 삶을 사는 사람에게 언제 갈 거냐는 질문을 친구라고 생각하는 한국인조차도 내뱉을 수 있다는 건 굉장히 폭력적인 거죠. 그런 인식조차도 가지지 못한 상태로 제가 이주 노동자의 인권 운동을 했던 겁니다. 이처럼 이주 문제 혹은 디아스포라 문제에 대해서 굉장히 많은 생각과 고민을 하는 저 자신조차도 그런 낮은 수준에서 출발했습니다. 그렇다면 저 같은 사람이 아닌 대부분의 사람들은 여전히 훨씬 낮은 수준에서 사람들에게 무수히 많은 상처를 주고 있겠죠.

예를 들면 한국으로 이주해서 혹은 한국인과 결혼해서 한국 국적을 취득한 단지 외모만 조금 다른 이주민인 경우에는 이미 한국 사람입니다. 한국 국적을 취득했으니, 국적의 측면에서 보면 한국인이죠. 그러나 주민등록증도 있고 한국 국적도 있고 투표권도 있지만 취업을 하는데 있어서는 여전히 외국인으로 분류되는 것이 일상적입니다. 이게 디아스포라라는 얘기를 하고 있는 한국의 현실이라는 거죠. 이런 측면에 있어서 낙관적이냐? 별로 그렇지 않습니다. 그래서 훨씬 많은 얘기가 필요하다고 보는 거죠. 작년에 독일에서 독일 교포 1세, 1.5세, 2세 분들이 와서 함께 얘기를 한 적이 있었습니다. 그때 저희는 자기 정체성 문제에 대해서 가장 고민이 많은 세대는 1세들일 줄 알았습니다. 그런데 의외로 대화를 나눠보니 1세들은 자기 정체성이 굉장히 명확한 분들이었습니다. 나는 이주해 왔다, 나의 뿌리는 어디에 있다, 이것이 굉장히 명명했어요. 그래서 출신에 따라 커뮤니티도 가지고 있고 공통의 문화와 공통의 언어, 공통의 경험도 가지고 있었습니다. 그처럼 1세들이 자주 만나고 행사도 같이하고 공유점이 굉장히 많아 정체성이 훨씬 높았던 반면, 1.5세 즉 부모님을 따라서 이동한 분들은 살아가면 갈수록 자신의 정체성에 대한 고민이 굉장히 많았습니다. 2세는 완전히 다르죠. 거기서 태어났는데도 늘 어느 나라에서 왔느냐, 언제 돌아가느냐는 질문을 받아요. 바로 이런 일들이 지금 한국 사회에서 일어나고 있고 진행되는 문제들입니다. 그래서 이게 참 쉽지 않은 문제구나, 그리고 이 이주민 문제 혹은 다문화 및 디아스포라의 문제라고 하는 것이 우리의 사고 지표를 굉장히 크게 넓혀주지 않을까, 이 지표가 넓어지지 않는 이상 이 문제는 해결될 수 없구나, 라는 생각이 듭니다. 이 문제는 단순한 이해의 문제가 아니라 우리 사고의 틀을 완전히 깨야 하는 측면의 문제라고 생각합니다. 특히 그 틀을 깨야 하는 것은 단순히 국적이나 국경의 문제뿐 아니라 우리 사회 내에서 서로 다른 것에 대한 태도조차도 마찬가지라고 봅니다. 우리가 디아스포라에 대한 사고의 폭이 넓고 혹은 굉장히 열린 태도를 가진다고 하는 것은, 작은 차이, 작은 다름에 대해서도 그런 태도를 취할 수 있다라고 하는 그 사회수준을 얘기하는 것이지요. 그래서 저는 한국 사회의 수준을 얘기하는데 있어서도 이 문제가 굉장히 중요한 지표가 될 수 있고 우리의 현재의 수준을 잘 보여주는 것이기도 하다고 생각합니다. 그렇기 때문에 아주 어려운 문제이기도 하고 낙관적이지도 않지만 그럼에도 우리가 열심히 노력해야 하는 주제라고 생각합니다.

패널들의 작품 세계

질문자 6 안녕하세요? 저는 황은덕이라고 합니다. 그동안 여러 지면을 통해 접해온 선생님들을 이렇게 만나 뵙게 되어서 정말 영광입니다. 서경식 선생님이 말씀하신 디아스포라가 가진 분열의 고통과 아픔을 오전에 함께 본 데이비드 강의 행위예술에서 정말 신체적으로 느낄수 있었습니다. 저는 디아스포라에 대한 논문도 쓰고 소설도 쓰고 있는데 그런 것들을 결코 가볍게 다뤄서는 안 되는구나 하고, 깜짝 놀랄정도로 피부에 와 닿게 느꼈습니다. 자세한 질문에 앞서 궁금한 게 있는데요, 수키 김 선생님의 원래 한국 이름이 뭔가요? 숙이인지, 아니면 숙희인지요?

수키 김 사연이 있는데, 김선숙이에요. 제가 안동 김씬데, 안동에 갔더니 우리나라의 두 번째 양반이라고 하더라고요. 첫 번째는 버들 류

씨고. 아무튼 김선숙인데 선숙이라는 발음이 미국 사람들한테는 굉장히 힘들어요. 그때는 다 바꾸기도 했고.

질문자 6 선을 빼고 숙만?

수키 김 네, 그렇죠. 저희 언니가 화가인데, 언니는 윤선이니깐 서니가 되고 저는 선숙이니깐 수키가 됐어요. 그래서 한국에서 책이 나왔을 때 김숙희라고 나온 걸 보고 굉장히 듣기 싫었어요. 그건 내 이름이 아닌데. 그런데 불러주지 않는 이름은 소용이 없으니깐 김선숙이라는 이름은 잊어버린 이름이 된 건데, 그게 이제 와서 가슴 아프냐는 질문에 우리는 사회가 다르니깐 반응이 다른 것 같아요. 대통령 이름도 버락이 힘드니깐 베리를 썼다가 버락이 조금 더 호기심을 유발할 것 같으니 돌아선 거 아니에요. 지금은 오히려 한국 이름을 쓰는 게 유행이에요. 다 자기 원래 이름으로 쓰죠. 저 같은 경우는 수키가 일본 이름 같다고 하더라고요. 저희는 크리스틴이 될 수도 없고 엄마 아빠가 이왕이면 네 이름이랑 진짜 비슷한 이름으로 가라고 해서 수키가 된 거예요. 발음할 수 있는 이름. 선숙은 미국 사람들은 발음을 못 해요. 우리는 굉장히 발음하기 쉽다고 하는데 그 사람들은 썬쑥이 되거든요. 그러니깐 진짜 듣기 싫은 발음이죠.

질문자 6 그럼 이어서 질문하겠습니다. 수키 작가님이 『통역사』를 내신 지 한참 되신 터라 두 번째 소설이 많이 기다려집니다. 지금 집필 중이신지, 그리고 어떤 내용이 될지 궁금합니다. 이창래, 수잔 최, 돈리 같은 분들은 모두 초반에는 정체성이나 한국의 문화에 대해 이야기하다가 점점 한국계 미국인으로 규정되기보다는 그냥 미국 작가로 살고 싶다는 뜻을 밝혔거든요. 그래서 선생님의 두 번째 소설이 어떤 이야기일지 많이 궁금합니다. 그다음에 조미희 선생님의 경우 『나는 55

퍼센트 한국인』 이후로는 책을 쓰지 않으신 것 같은데, 그런 자전적 이야기나 소설을 또 출간하실 계획이 있으신지 궁금합니다. 마지막으로 허련순 선생님도 조선족으로서의 정체성 등에 대해 써오셨는데 앞으로 어떤 소설을 쓰고자 하시는지, 현재 진행 중인 작품은 무엇인지를 여쭙고 싶습니다.

수키 김 우선 수잔 최, 창래 리, 돈 리를 말씀하셨죠? 그들을 묶는 게 저희 세계에서는 굉장히 달라요. 이창래 씨 같은 경우는 2세죠. 한국에서 태어났지만 한 살에 갔다던가 하니깐 솔직히 그에게 한국은 너무 먼 곳이고, 그가 한국을 다룬다 해도 저와는 굉장히 달라요. 다가가는 방법이 굉장히 다른 것 같아요. 1.5세와 2세의 차이를 얘기하는데, 1.5세인 저한테 그들은 오히려 미국 사람보다 더 다른 사람들이에요. 우선 셋 다 한국말을 못하죠. 한마디도. 무언가에 대해 다루는 경우에는 그 무언가를 못 하는 거랑 안 하는 건 똑같거든요. 그러니깐 정말 다른 세대예요. 1.5세랑 2세들의 세대는. 그래서 미국에서도 한국계 작가라고 보고 그래서 공통점이 있을 것 같지만 어떤 면에서는 굉장히 없어요. 요컨대 그런 글은 작가가 커가는 과정인 것 같아요. 자기의 아픔을 다르게 쓰죠. 그래서 저는 첫 번째 소설을 끝내고 나서 저널리스트 쪽으로 갔어요. 다른 길로 걸어간 거죠. 그러다가 얼마 전에 두 번째 소설을 마치고 교정 작업에 들어가 있어요. 그런데 그 소설에는 아직도 『통역사』처럼 그 안에 한국인이 있어요. 세 번째 작품으로 가면 좀 더 소설가로서 달라지지 않을까 해요. 여기 있는 분들처럼 제가 소설가로서 철이 들었을 때, 다섯 번째 작품쯤 되면 뭔가 달라져 있을지도 모르죠.

허련순 우선 어떤 작품을 준비하고 있느냐 하셨는데 확실한 제목은

왼쪽부터 미희 나탈리 르무안, 허련순, 서경식.

아니지만 '중국 색시'라는 제목으로 장편을 준비하고 있습니다. 저는 소설을 쓸 때 디아스포라 작품을 써야 한다는 생각은 없어요. 태생 자체가 여성이자 이민의 역사를 안고 가는 존재로 태어났기 때문에 사실 자연스럽게 내 삶을, 우리 주위의 삶을 쓰다 보면 그런 작품이 되는 거예요. 그걸 보고 학계와 평론계에서 디아스포라라고 평을 해요. 그건 평론가들의 몫이고, 저는 스스로 디아스포라라는 생각을 일부러는 갖지 않습니다.

여성으로서의 정체성 문제도 마찬가지로 제 삶과 자연스럽게 연결돼요. 중국도 남아 선호가 강한데, 남자를 우선으로 하는 집안에서 다섯째 마지막 딸로 태어나다 보니까 저는 이름도 없었어요. 제가 제 이름을 되게 싫어하거든요. 이건 부모가 준 이름이 아니라 한 달이 지나도록 이름이 없으니까 8촌 오빠가 지나가다가 언니들 돌림자인 '순' 자를 넣어 지어준 거예요. 집안에서 우리 딸들은 그냥 존재 자체가 부담이었어요. 그러니까 있는지 없는지 모르게 제멋대로 살아왔죠. 그러니 지금 저에게는 어떻게 보면 이름 자체가 아픔이에요. 이렇듯 저는 여성으로 그리고 디아스포라로 태어났고, 앞서 질문에서도 나왔듯이 저처럼 정체성 문제가 확실한 사람들에게 그런 의식은 필요가 없죠. 그리고 왜 이런 담론을 여기서 해야 하는지 이해 못 하는 분들에게도 이런 얘기는 골치가 아프겠죠.

그런데 우리 자신은 여기에 놓여 있기 때문에, 우리 세대까지는 이걸 안고 가야 해요. 우리 삶 자체거든요. 여러분이 사는 이 사회는 단일민족으로 구성되어왔다가 갑자기 다문화주의가 되었잖아요. 그런데 이걸 못 느껴요. 살아왔다는 것이 비참할 때가 있어요. 단 한 번도 참여 의식을 갖고 중심에 살지 못한 채 변두리를 돌면서 살았다는 게 말이에요. 제가 말씀드린 중국 기자도 안전하게 살려면 정치에 관여하지 않으면 된다고 하잖아요.

나탈리 르무안 『나는 55퍼센트 한국인』은 사실 제목이 55퍼센트가 아니고 45퍼센트인데요, 출판사에서 좀 올리라고 해서 그렇게 나온 겁니다. 원래 1996년 SBS에서 방송된 〈송지나의 취재파일〉이라는 프로그램에서 저에 대해 다룰 때 쓰인 제목이었습니다. 그 책 이후 디아스포라에 대해서 여섯 권의 책을 썼습니다. 그중 대표적인 작업으로 해외 한인 아티스트 100명에 대한 연보가 있습니다. 그 외에 여러 신문에 기고를 해왔고 《문화일보》에 홍석천의 커밍아웃에 대한 칼럼을 하나 쓰기도 했습니다. 그 후에는 한국을 떠나게 되면서 홍콩에서 〈오리엔티티Orientity〉라는 해외 거주 예술가 그룹 전시회 등에 참여했고, 계속해서 많은 작업을 이어나갈 예정입니다. 열심히 하겠습니다.

질문자 6 오전에 본 필름의 제목이 '입양' 맞나요?

나탈리 르무안 〈입양〉 맞습니다. 그러고 나서 20년 뒤에, 입양을 취소하는 〈파양〉이라는 영화를 찍었습니다.

상품화

질문자 7 저는 부산대에서 학부와 대학원 강의를 맡고 있고, 내일 저도 발표가 예정되어 있습니다. 먼저, 질문이라기보다 서경식 선생님과 주재순 선생님이 '경계에서 듣다'(대담회 제목)라는 제목에 대해 문제 제기를 하신 걸 들으면서 소통의 측면에서 오해의 소지가 있겠다는 데 공감했습니다. 그럼에도 저는 듣는다는 것도 중요하다고 생각합니다. 원래 오늘 오후에 대학원 학생들의 수업이 있었습니다. 그 학생들은 외국인을 위한 한국어 교육 협동 과정, 그러니까 정귀순 선생님이 하시는 것처럼 외국인에게 한국어를 가르치는 대학원의 학생들입니다. 그런데 오늘 수업은 이 자리에 참석하는 것으로 대체되었습니다. 많은 분이 느끼고 있겠지만 이 한국어 교육이라는 것이 결국은 대부분 동화주의적으로 이뤄집니다. 단적으로 말하자면 한국인들이 이렇게 생각하니까 너희도 이렇게 배워라 하는 부분이 있습니다. 분명히 한국 문화 교육을 이야기하는데 계속해서 결혼 이주 여성 이야기만 합니다. 사실 그보다 중요한 건 그 여성들뿐 아니라 같이 살고 있는 가족들과의 상호 이해이기 때문에 그런 부분들도 상당히 중요하게 다루어져야 하는데 말이죠. 그래서 일부러 이 자리를 수업으로 대체한 것이고, 그런 점에서 듣는 것도 대단히 중요하다고 생각을 했습니다.

그리고 좀 전에 최덕효 선생님이 가네시로 가즈키의 『GO』라는 작품이 한국에서 어떻게 받아들여지고 있는지 잠깐 이야기하셨는데, 그것만 질문이라기보다 제 생각을 말씀드릴까 합니다. 예전에 여기에 대해서 글을 쓴 적도 있거든요. 가네시로 가즈키가 한국에서 받아들여지는 방식은, 제가 느끼기에는 거의 재미있는 연애소설 정도가 아닌가 싶습니다. 2000년에 이 소설이 나오키상을 받은 직후 연구자들의 반응에 충격을 받은 적이 있는데, 이 작품은 소설도 아니라는 식으로 말을 하더라고요. 그 이유가 뭐냐 하면 민족도 없고 세대도 없고 미래 이야기가 없다는 것이었습니다. 저는 그것이 아닌데, 가네시로 가즈키가 왜 이런 글쓰기를 선택했을까 하는 부분을 충분히 다르게 이야기할 수 있을 것 같은데, 하고 생각했어요. 사실 그때 자극을 받아서 관련한 글을 쓴 적이 있었습니다. 실제로 그 후에 가네시로 가즈키의 작품들이 거의 다 번역이 되었습니다. 그런데 이 독자층들은 거의 20대 초중반 젊은 학생들입니다. 그런 쪽으로 수용이 되고 있고, 아주 단적인 예가 한국에서 영화로도 만들어진 『플라이 대디 플라이』입니다. 그런데 일본에서 영화로 만들어졌을 때는 그 속에 분명히 재일 조선인이라든지 소수자 문제가 들어 있었는데, 한국에서는 딸을 사랑하는 아버지 이야기로 바뀝니다. 그러니까 그 영화는 철저히 실패할 수밖에 없었고 그런 식으로밖에 수용이 되지 않았던 겁니다.

서경식 선생님도 소비되는 것과 관련한 말씀을 하셨는데, 소비되는 측면에서 보면 사실 수키 김 선생님이 예로 들어주신 〈아리랑〉 같은 부분도 한국에서 그렇게만 본 것이거든요. 내가 보고 싶은 것만 보는 거죠. 서경식 선생님의 경우도 이런 점에서 자유롭지 않은 것 같습니다. 예를 들어서 선생님은 어떤 의미에서 디아스포라적인 시각을 아주 비판적으로 바라보고 있는데 한국에서의 독법들이 '일본에 비판적이기 때문에' 오히려 그런 측면만 받아들이는 것이 아닌가 하는 생각이 듭니다. 그렇게 소비되고 있는 부분에 대해 어떻게 생각하시는지 선생님의 의견을 들어보고 싶습니다.

서경식 네, 소비되고 있는 것은 어느 정도 저도 의식하고 있어요. 그리고 글 쓰는 행위가 특히 좁은 학문적인 공간에 들어옴으로써 아주 소수 대상으로 행해지지 않는 한 그런 것도 불가피하다고 생각합니다. 아까도 말씀드렸지만 그런 여러 조건, 그러니까 상업주의든 시장 원리 든 그러한 것들 안에서 그래도 글 쓰는 사람이 글 쓰는 힘으로 그것을 넘어설 수 있는지가 우리에게 주어진 도전이라고 생각합니다. 그렇게 할 수 있다고 자신할 수는 없지만, 항상 경계심을 가지고 노력해야지 요. 저는 그렇게 생각합니다. 소비를 거부한다면 산에 숨어서 옛날 성 인처럼 살아야 하는데, 그것이 아닌 한 소비 원리를 의식하고 있는지 아닌지가 문제다. 이렇게 생각합니다.

그리고 조금 덧붙이자면, 토론을 시작하면서 김용규 선생님이 보편 성 얘기를 하셨는데 저는 이런 생각을 합니다. 에드워드 사이드가 '새 로운 보편성을 위하여'라는 용어를 썼습니다. 그때 보편성이라는 말은 'a universality'라고 돼 있어요. 그러니까 하나의 보편성이라는 말로, 이때까지 써온 서구 중심적인 보편주의가 아닌 새로운 탈식민주의적 보편성을 추구해야 한다는 이야기가 있었는데 요컨대 항상 힘든 대화 를 해야 한다는 것이지요. 그리고 그런 과정에서 하나의 보편성이 생 길 수도 있다는 겁니다. 저는 그 말에 공감합니다. 그래서 이런 문제도 끊임없이 만나서 대화해야 해요. 그 대화가 반드시 편한 대화는 아닐 지라도 그런 식으로 나아가는 계기가 되기를 바랍니다. 저는 지난 10 년 동안 그렇게 해왔다고 생각합니다.

그런데 여기서 중요한 것은 대화라 하면 듣는다는 얘긴데요. 오히려 앞서 질문에서 나왔듯이 감정 표현이라는 것을 다른 말로 할 수 있는 지 하는 문제는 사실 근본적인 문제죠. 그것이 영어로 드러났을 때는 영어밖에 모르는 대상에게 이해시키려는 것밖에 하기가 어렵죠. 그런데 자신들의 감정이 있고, 그럴 때는 언어화되지 않는 형태들로 나타나는 것이지요. 그런 것이 바로 데이비드 강의 퍼포먼스이기도 하지만, 사실 남녀 사이에는 똑같은 언어로 하는데도 의사소통이 잘 안될 때가 있지 않습니까? 같은 언어를 쓰는데 무슨 말을 하는지 이해되지 않을 때가 있지요. 그것이 바로 다수와 소수, 중심과 주변의 권력관계가 투영되어 있는 거예요. 따라서 그렇다면 제대로 언어화되지 못하는 표현, 즉 예술 형태나 외침 같은 것에 귀 기울이고 겸손한 마음으로 대화하려는 태도가 오히려 듣는 쪽에 필요하다고 봅니다. 당연한 일이지만 가령 한국이라면 한국 내에 어법이 있고 문법이 있고 언어도 있는데 그런 것이 갖춰지지 않는 표현이라면 애초부터 배척되지 않습니까? 그래서 그 표현이 그런 한계성을 넘어설 기회가 오늘 부산대에서 한글로만 구현되었다고 생각합니다. 그래서 무척 기쁘고 행복한 기회라고 생각하고요. 내일 교수님 발표 기대하면서 대답은 여기서 마치겠습니다.

서민정 마무리 이야기를 하신 것 같은데, '경계에서 듣다'(대담회 제목)라는 제목이 어쨌거나 오해가 될 수도 있겠다 싶어서 말씀드리는 게 좋을 듯합니다. 지금까지 한국 사회의 연구자들 사이에서 디아스포라에 대한 얘기가 많이 오갔습니다. 그런데 저희가 마련한 이 자리에는 그런 것들을 아까도 말씀이 나왔듯이 섣불리 일반화하거나 쉽게 넘길 것이 아니라 좀 더 우리 자신을 낮추고 디아스포라의 목소리를 듣고 거기에 공감할 수 있도록, 어쨌든 우리가 흔히 하고 있는 얘기들로 가지는 않겠다는 자세가 들어 있습니다. 그리고 이 제목은 아주 중립적이기도 합니다. 경계에게서 듣는 거죠. 우리가 경계에 서서 양쪽의 얘기를 듣겠다는 함축적인 의미를 가지고 있다는 점 이해해주시길 바랍니다.

오늘 대담 내용은 저희 연구단에서 녹취해서 대담집으로 나올 예정입니다. 여러 선생님들이 그때까지 도와주시고 지켜봐주시기를 바랍니다. 오늘 이렇게 세계 여러 나라에서 여러 언어를 쓰는 선생님들이 참여해주시고 또 저희가 이렇게 한국에서 편안히 모국어로 대화할 수 있었던 것은, 여기 오신 디아스포라 선생님들의 끊임없는 노력 덕분이 아닌가 생각합니다. 감사합니다.

디아스포라에게서 듣는 디아스포라 대담의 의미

서경식 대담

일시: 2012년 11월 2일
장소: 부산 송정 스튜디오 시실

서경식 고등학교 1학년 때 재일 교포 하계학교 행사로 수십 명이서 단체 여행을 왔어요. 여름방학 동안 3주 정도 부산 해양대학교 기숙사와 서울대학교 교내에 있던 기숙사에서 집중적으로 반공 교육과 언어 교육을 받았는데, 그때 체험이 저에게는 뭐라고 할까요…… 원체험이랄까, 그런 거예요. 그때 기억들이 오늘 다 떠올랐고요. 그때는 산 위까지 빈민촌들이 있었어요. 새벽에 배가 도착해서 세관 문이 열릴 때까지 기다리지 않습니까? 새벽에 보니 언덕 위까지 마을이 펼쳐져 있는데 일단 '반짝반짝하니까 정말 아름답다, 그리고 너무 가난하다'를 동시에 느꼈고, 그때 선생님이 가지고 계시는 비디오카메라에 그 이야기를 했어요. 그 장면이 제가 드린 DVD, 그러니까 훗날 일본의 NHK가 제작한 저에 대한 다큐 편집판에 나옵니다. 그 다큐는 제가 서울 신촌에 있을 때 다큐 팀이 와서, 서대문 형무소 역사관 같은 데로 가서

대담회 참가자들과 함께 찍은 사진.

저의 개인사와 언어를 서울 풍경을 배경으로 담은 거예요. 그런 이야기와 디아스포라에 대한 이야기가 나와 있습니다.

오늘 말씀드리고 싶은 건 그게 아니에요. 그때는 제가 자기 분열된 존재라는 것을 많이 느꼈습니다. 거기 있는 아주 가난한 아이들과 비교하면…… 나는 옷차림도 멀쩡하고 외국 여행자로 왔고, 아이들이 돈 좀 달라고도 하고 담배 사달라고 오기도 했지요. 그걸 보니까 이 사람이 나다, 나도 이 사람일 수 있었다, 그런 느낌이 많이 들었고 사춘기의 출발점부터 자기 분열을 많이 느꼈다는 거죠. 그리고 휴전선에 갔을 때도 저쪽, 이북 쪽에 빨갱이들이 있다고 하는데 저는 거기에도 우리 도내에 있던 재일 조선인들이 귀국해 있었으니 '저기에 아는 사람들이 있을지도 모르고, 분명 있을 거다' 하는 느낌도 들었습니다. 아버지가 반족혼장을 하셨는데, 반족혼장 기술자로 있던 가메야마 상이라는 일본 이름을 가진 아저씨가 계셨어요. 그런데 그 아저씨가 소위 북송, 귀국하셨고, 신의주에서 편지가 왔었어요. 신의주 반족혼장에서 기술장을 하고 있다셨죠. "가메야마도 괜찮다", 아버지가 그런 말을 하셨어요. 아버지는 보수주의자고 누구보다 이승만을 존경했기 때문에 이북으로 가지 않으셨는데도, 더 가난했으면 갔을지도 모르겠어요. 가난한 사람들이 갔었기 때문에. 그래서 저쪽도 내가 있었을지도 모르겠다, 남과 북의 분단 그리고 일본과 반도의 분단을 온몸으로 느낀 것이 내 사춘기의 절반쯤이다. 절반쯤의 시점에 오늘 다시 섰다, 그런 거예요.

이야기가 길어지는데, 부산진역 뒤쪽에 사촌 누나가 사셨어요. 만난 적은 한 번도 없었는데 그때 찾아가서 만났죠. 어떤 사정으로 그렇게 되었냐면, 우리 어머니의 동생이 일본에서 재일 조선인 남자와 결혼하셨어요. 이모부는 당시로는 아주 교육 수준이 높은 사람이었는데, 전문학교를 졸업하고 해방 후에 이모와 함께 귀국했죠. 그러다 6·25 때 군인으로 소집당했습니다. 한데 일본에서 계속 살고 교육받은 사람이니까 한국말이 서툴렀고, 끝내 탈영했어요. 당시 UN군 한국인 병사는 일본에서 훈련시켰거든요. 이모부로서는 말과 지리가 익숙한 일본으로 다시 건너온 셈이죠. 그래서 후지 산 근처에 있는 훈련장에서 탈영해서는 교토에 있는 우리 집까지 도망을 왔어요. 제가 그때 태어났으니까 1952년 무렵이었을 거예요. 그런 다음에 여기 혼자 남은 이모에게 이모부가 연락을 했고, 그러자 이모가 밀항으로 건너왔어요. 그때 이모부의 매형이 선원이었기 때문에 그쪽과 줄이 좀 있어서 밀항할 수 있었죠. 그런데 이모에겐 아이가 하나 있었고, 아이까지 데리고 오기가 너무 힘드니까 그냥 두고 왔어요. 부산진 쪽에 살던 이모부의 누나가 키우셨죠. 그러니까 이 가족이 이산가족이 된 거예요. 사촌 입장에서 보면 부모가 자신을 두고 일본으로 가버린 거죠. 그랬는데도 착하게 자랐고 부산여고 다녔나, 그럴 거예요. 그 사촌을 제가 찾아갔어요. 그때가 국교 정상화 1년 후였으니 그 전까지는 아무도 찾아갈 수 없었죠. 나는 열다섯 살인데 우리말 못하지, 저쪽은 일본말 못하지, 그러니까 서로 별로 대화가 없었어요. 그런데 일본에 계시던 이모 부부는 후회하는 걸 너무 싫어하셔서, 뭐 이해가 가기는 하지만, 자신들이 딸아이를 두고 왔다는 죄책감 때문에 결국 영영 이산가족으로 지내게 되었어요. 그 밑으로 일본에서 딸 둘인가를 두셨는데 언니와 동생들이 대화가 잘 안됐으니까요. 이모와 이모부는 완전히 골수적인 원비주의자가 되었어요. 정말 돈밖에 안 믿는⋯⋯. 그것도 어떻게 보면 디아스포라의 하나의 증명이에요. 그 이야기를 한번쯤 글로 써야 하는데 그래도 아직 때가 아닌 것 같아요.

당시에 재일 조선인들은 자녀를 의학부로 진학시키는 것이 가장 구체적인 꿈이었어요. 그런데 모두 딸이니까 딸아이를 의학부에 진학한 재일 조선인 남자와 결혼시키는 것이 이모부 인생 최대의 목적이 되었어요. 그때는 대학교 합격자 명단이 신문에 실렸어요. '교토대학교 의학부 합격자 명단' 이렇게 신문에 나왔죠. 그래서 이모부가 일본에서 태어난 딸아이들이 초등학교 다닐 때부터 신문의 그 명부를 자세히 보셨어요. 우리 조선인의 명부를 본 것은 물론이고, 일본 이름 중에도 조선 사람으로 짐작되는 한자가 있으니까 전부 보시고, 그렇게 온갖 애를 쓰셨어요. 아이들이 아직 열두 살이지만 5, 6년쯤 지나면 이 사람이 학부를 졸업할 것이고⋯⋯, 이렇게 전부 미리미리 계산을 하고 그걸 인생 최고의 목적으로 삼으셨죠. 우리 어머니와는 사이가 나빴어요. 어머니는 그런 거 좋아하지 않으시니까. 그래서 낭만적으로만 디아스포라를 보시면 안 됩니다. 디아스포라가 그렇게 되는 것도 이유가 있는 거죠. 디아스포라나 이주민 같은 존재를 볼 때 우리는 우리가 갖고 있는 낭만주의적인, 어떻게 보면 감상적인 이미지를 투영하는 경우가 많습니다. 재일 조선인에 대해서도 마찬가지예요. 일본인들은 재일 조선인이 권력 지향적이고 마초라는 이야기들을 해요. 그래서 그런 이미지에서 어긋나면 재일 조선인이 왜 그러냐고, 재일 조선인이 왜 클래식 음악을 좋아하느냐고 질문하기도 합니다.

이재봉 재일 조선인을 보는 시각이 일본과 한국에서 다르거든요.

서경식 그렇죠.

이재봉 그런 예가 한국에서 재일 디아스포라 연구를 하는 교수님들 같은 경우 '남한과 북한과의 연결이 정치적일 수밖에 없는 상황이 있었기 때문'이라는 식으로 말하는 부분입니다. 한국에서는 일본에서 활동하는 재일 조선인에 대해 간첩 이미지를 계속 가지고 있었고 당연히 북한 쪽에 가까운 사람들과 남한 쪽에 가까운 사람들이 싸우지 않겠느냐, 이렇게 생각을 했던 거죠. 몇 년 지났습니다만 제가 도쿄에 가서 노동 위원장을 지냈던 정하수 선생님을 뵌 적이 있었습니다. 정하수 선생님은 북한에 가서 김일성과 사진도 찍고 그랬거든요. 이전에 박세영 시인과도 사진을 찍고 그랬죠. 그런데 그 반면에 김윤희라는 시인이 있었는데…….

서경식 예, 알아요. 김윤희 시인.

이재봉 김윤희 시인은 철저하게 이쪽이잖아요. 근데 두 분이 집이 붙어 있어서 아주 친해요. 만나면 욕부터 하는 사이. 그런데 이 두 영감님 이야기를 듣고 있으니까 우리가 잘못 생각하고 있던 것들이 드러나는 거죠. 당신들은 어디를 가든지 서로 애를 맡기고 가는 게 아주 자연스러운데 한국에서는 그것을 겁내는 거예요. 이렇게 해도 되나, 하는 생각이 드는 겁니다. 김윤희 선생이 애를 자꾸 맡기고 그러니까 한국에서 손님이 와서 아이에게 노래를 한번 불러보라고 시켰답니다. 혹시 김일성 장군 노래를 부르는 건 아닌가 싶어서. 우리가 한국에서 교육받은 것이라든지 이미지만 갖고 봤던 것과, 실제 거기서 이루어진 것은 다르다는 거죠.

서경식 지금 말씀하신 것도 디아스포라 개념에 대한 중요한 지적인데요, 한국이라는 구역 안에 사는 사람들이라 해도 각양각색입니다. 그래도 한국에서는 이들을 한국 사람이라고 하지요. 싸우면서도 같이 지내고. 이데올로기나 사고방식을 구분하지 않고 하나의 인간 집단, 민족이라고 하면서요. 그런 것으로 디아스포라를 잊죠. 그런데 같은 공동체나 조선인 공동체, 같은 지역에 살면 살수록 그렇게 되지만, 그래서 디아스포라라고 할 때도 정치적·이데올로기적·국가적인 개념이 아니라는 거죠. 그런 개념이 아닌데도 그런 하나의 개념으로 디아스포라를 볼 수 있는지, 있다면 어떤 근거로 그럴 수 있는지가 중요한데도 이데올로기적으로 인식하고는 합니다. 재일 조선인 사이에는 원래 민단도 있고 저쪽에도 있는데요, 민단만 저쪽으로 올라간 게 아니라 거기 조선인으로 그냥 있는 사람들도 갔습니다. 아까 말씀드린 가메야마 상도 사상적인 이유 때문에 간 것이 아니라 단지 공장 기술자로 일할 수 있는 곳이라서 갔을 뿐이지요. 그런 건 별로 이해하기 어려운 일이 아닌데도 관념적으로 생각하면 문제가 생기지요.

언제부터 이렇게 되었는지 모르지만 해방 직후는 재일 조선인이라 하더라도 국적은 일본 국적이라 자유롭게 왔다 갔다 했고요, 휴전선이 있었지만 아직도 오갈 수 있는 상황이라서 많은 사람이 일단 귀국했다가 다시 일본으로 건너가기도 했어요. 그런데 한반도에서 나라가 두 개 생겼고, 그 상태를 전제로 해서 갑자기 견고한 벽이 생겨버린 것 같아요. 그건 어쩔 수 없는 일이지만 불과 60년 전까지만 해도 우연히 이쪽으로 갔을 뿐인 경우가 많다는 겁니다. 사상이나 정치적 입장 때문에 그렇게 따랐을지도 모르지만, 같은 동네에서 살던 사이라 해도 완전히 이방인처럼 된 경우도 많아요. 그래서 학문적인 주제로 디아스포라를 발견했다는 말을 들을 때면 저는 조금 어색하달까요.

이재봉 디아스포라가 한국에서 이야기되기 시작한 지가 불과 10여 년 정도밖에 되지 않습니다. 저도 사실은 그즈음에 관심을 가지기 시작했고요. 그런데 어느 순간 이게 유행처럼 번지면서 학술진흥재단 같은 데 연구비를 신청할 때도 보면 그 신청 내용이 똑같아요. 이 사람들을 우리가 활용해서 한국을……, 이런 용어들만 계속 드러내는 방식들이 많았어요.

서경식 그런 맥락에서 1990년대의 일본 상황을 말씀드려보겠습니다. 1990년대에 들어가면서 일본에서 위안부 할머니가 정부를 상대로 재판을 청구한 일도 있었고, 전쟁 및 식민지 책임에 대한 논의와 디아스포라, 포스트식민주의 논의도 동시에 일어나고 있었어요. 그런데 저는 이 둘이 잘 맞지 않게 어긋나게 진행되었다고 믿고 있습니다. 그때 제가 조금 자극적이고 도전적으로 어머니를 모욕하지 말라는 글을 썼습니다. 위안부 송신도 할머니가 일본에서 유일하게 재일 조선인 위안부로서 자신을 드러내고 일본 정부를 대상으로 소송도 제기하신 때였어요. 주변에 증언자들이 모여들었죠. 그런데 일본인 학자나 지식인 중에 주장이 너무 민족주의적이라든가, 과거에 지나치게 구애받고 있다든가, 조금 더 보편적으로 문제를 제기해주었으면 한다든가, 이것은

주로 여성 차별에 관한 문제이지 민족 문제가 아니라든가 하는 논의들
이 많이 나왔어요. 문제는 위안부 문제와 과거 청산이나 역사 문제를
결부하는 논의가 잘 없었다는 거죠. 또 포스트식민주의, 포스트모더니
즘 쪽 논의가 오히려 그런 피해자들의 주장을 막아낸다고 할까, 은폐
한다고 할까, 희박화한다고 할까, 그런 역할도 했어요. 일본 국내에서
남성 가부장제에 맞서 싸운 여성인 우에노 지즈코上野千鶴子가 그 예예
요. 그 사람이 위안부 문제를 논의할 때는 위안부를 살려야 한다, 보호
해야 한다 하는데, 위안부에 대해서 한국 국내에서는 재일 조선인 쪽
의 논의가 가부장제를 비판 못 하고 있다는 식으로 이야기해요. 나중
에 우에노 지즈코는 와다 하루키和田春樹 교수와 함께 위안부 민간 기금
을 전달하는 사람이 되었지요. 따라서 그와 같은 보편주의는 잘못된
보편주의예요. 진짜 보편주의면 민간 기금도 수용할 수 없을 것입니
다. 그래서 그 사람들과 심포지엄을 할 때 제가 어머니를 모욕하지 말
라는 글을 다시 썼어요. 어머니라는 가족을 비유로 이야기하면 분명
저 사람들이 지적할 것이고, 역시 재일 조선인 남자는 머더 콤플렉스
에 가부장적이고 가족주의적 가치를 아직 벗어나지 못한 놈들이다, 이
런 식으로 보리라는 걸 알면서도 일부러 그렇게 썼습니다. 역사적인
맥락으로 볼 때는, 송신도 할머니는 1920년대에 충청도에서 태어나셨
고 우리 어머니도 그렇거든요. 그런데 우리 어머니는 일본으로 건너오
셨고 송신도 할머니는 운이 나쁘게 중국으로 가서 위안부가 될 수밖에
없는 운명이 되었던 것입니다. 순전히 우연히 그렇게 되었을 뿐이지
요. 그러니까 우리 재일 조선인 어머니의 운명과 송신도 어머니의 운
명은 같은 뿌리에서 나온 겁니다. 그래서 나는 지금 머더 콤플렉스를
이야기하는 게 아니다, 가족적인 호칭이나 비유를 쓰지 않으면 진보적

이거나 보편적인 것도 아니다, 맥락을 잘 보라는 뜻으로 어머니를 모욕하지 말라는 글을 썼어요.

그런데 그것을 보고 철학, 역사, 현대사상 연구 모임인 '우잉크'라는 곳에서 토론 초청을 해왔어요. 그때만 해도 저는 경계심이 많았어요. 이렇게 일본 아카데미 사람들에게 소비물이 되면 안 된다, 예를 들어서 일방적으로 이야기만 하게 하고 그것으로 자기들 멋대로 논문이나 쓰고 그렇게 되면 안 된다고 생각했어요. 내가 어머니나 송신도 할머니의 이야기를 이용하면 안 되는 것과 마찬가지로 내가 이 사람들의 이용물이 되어서는 안 된다고 생각하니까, 상호 토론이 되지 않는다면 나가지 않겠다고 조건을 달았어요. 물론 사회자는 알았다고 하는데 20~30명 정도 되는 비교적 젊은 연구자들(조교나 그런 사람들이겠죠)은 포스트식민주의 연구와 디아스포라 연구를 유행처럼 따르고 있었어요. 어쨌든 그들은 디아스포라 연구자들이어서 제가 하는 이야기를 어느 정도 존중하려고 하는데, 전달이 잘 안되었어요. 그런데 거기에 저와 비슷한 세대인 나카노 도시오中野敏男라는 도쿄 외대 교수가 토론자로 참석해 있었어요. 나카노 도시오는 소학교 경비원인 아버지가 창피해서 이야기를 하지 못했는데 그것이 자신에게 차별 경험의 하나라고 자신의 경험을 이야기했어요. 다른 사람이 아버지가 뭘 하시냐고 물으면 소학교에서 일한다고 말하고, "아, 그럼 선생님이네" 하면 그냥 "예, 예" 했다고 해요. 그것은 바로 재일 조선인이 "나는 조선인이다", 동성애자가 "나는 동성애자다"라고 할 수 없는 그런 정신적 오각誤覺이죠. 그래서 아주 좋은 토론을 할 수 있었어요.

그런데 그 토론에 대한 반발이 많았어요. 여기가 공부하는 장소지 한 사람의 자기 고백을 듣는 장소냐, 그렇게 자기 고백을 해야 발표할 수 있나, 하는 반발들이 나왔어요. 그런 혼란 속에서 보통 연구회가 아닌 싸움터가 되면서 꽤 재미있었어요. 완전히 두 부류로 나뉘고. 이건 아주 상징적인 증명이에요. 그 사람들은 영어도 잘하고 다른 외국어도 잘하고 아주 선진적인 사람들인데 자신의 개인적인 경험에 대해서는 말하려고 하지 않아요. 숨기려고 한다기보다 자신을 주어로 생각하는 것에 대한 거부감이죠. 포스트모더니즘에 대한 주체의 이해에 있어, 제가 생각하기에는 잘못된 것인데도 '주체를 없애는 것이야말로 선진적이다, 그런 굴레에서 벗어나는 것이 선진적이다'라고 생각하는 사람들이죠.

이것이 17년 전에 일본에서 생긴 일입니다. 그 후에 나카노 도시오를 중심으로 해서 오키나와에서 다시 학술 대회가 열렸어요. 1995년에 미군 기지가 있는 오키나와에서 미군들이 일본 소녀를 성폭행한 사건이 발생하면서 기지 이전 운동이 본격화되었을 때 인문학자로서 그 사태를 어떻게 보는지, 말하자면 디아스포라적인 시점으로 보는 아주 큰 행사였어요. 도쿄 외국어대학과 오키나와 대학이 공동 주최하고 저도 토론자로 참여하게 되었는데, 한국에서도 학자들이 왔었어요. 여성학자들이었는데 한 사람은 박유하 씨, 이화여대의 여성학자도 왔었고, 또 오키나와 학자들도 있었죠. 저는 그냥 추상적으로 다루면 안 되고 발제하기 전에 자신의 입장을 명확히 하고 나서 진행하는 것이 맞다, 그렇게 해야 대화도 된다고 이야기했고, 그렇게 하기로 합의했어요. 그런데 거기서도 또 싸움이 났어요. 그러니까 저는 싸움을 일으키는 놈이죠. 그런데 어떻게 되었냐면, 오키나와에 신조 이쿠오라는 아주 좋은 일본 문학 연구자가 있어요. 이 사람이 오키나와 문학에 대해 이야기했는데, 미군들이 오키나와의 젊은 남성을 강간하는 내용의 작품이 있어요. 거기 보면 강간당한 남성이 가해자에 대해 욕망이나 애정, 이라고 말하면 조금 이상할지 모르지만 어쨌든 그런 감정을 갖게 돼요. 그것은 미군 기지와 오키나와의 비유이기도 하고요. 오키나와 문학에서 아주 뛰어난 작품이라고 합니다.

그런데 신조 상 자신이 동성애자였어요. 우리는 다 이해할 수 있어요. 그런데 발표하기 전에 "나는 동성애자입니다"라고 이야기한 거예요. 그때 토론자가 일본 다수자 여성이었어요. 그래서 그 토론자가 '이 학계의 분위기에 도저히 동의할 수 없다. 이런 소수자에게 합의해야만 하는 압력이 있는 학회는 절대로 안 된다'라고 했어요. 그렇게 압력한 사람은 저였죠. 그래서 전체 토론에서 저는 '개개인이 서 있는 나름의 처지나 문제들이 있을 것이다. 그것을 꺼내야지 우리가 함께할 수 있는 보편소가 된다. 당신들은 안전지대에 몸을 두면서 무슨 보편성을 추구하는가?'라는 이야기를 했어요. 그래서 또 싸움이 되었죠. 그때부터 저는 잘못된 화해의 전도사가 되었고요. 그런 경우가 있어요. 결국은 소위 서양 보편주의 포스트모더니즘 학자들이 일본에서는 다수자이지요. 학회 전체적으로 볼 때는 소수지만, 그 소수자 중에 다수자가 보편주의죠. 그런데 그중에 또 소수자가 저희 같은 사람이에요. 저희 같은 사람들 중에서도 대립 구도나 마찰 같은 것이 당연히 있지요. 그런 경험을 참고하실 만한 것이 한국에도 있을지 모르겠다고 말씀드리고 싶네요.

김용규 지금 어떤 의미에서는 그 구도가 한국에도 조금 생기는 것이 아닌가 하는 생각이 듭니다. 그러니까 말씀하신 것처럼 일본에서 포스트식민주의라든지 소수자에 대해서는 관념적으로만 접근하고 실체적으로는 접근을 못 하듯이, 경험상 지금 한국에서도 비슷한 상황이 반복되고 있는 것은 아닌가 하거든요. 선생님은 일본에서 그런 비판을 많이 하셨고 트러블메이커가 되기도 하셨는데, 한국에서도 이런저런 분위기에서 그런 경험적 사실들을 통해 지적해주시는 것이 저희에겐 굉장히 필요할 듯해요.

왜 이 이야기를 시작하느냐 하면 10년 전부터 한국에서 디아스포라에 대한 관심이 생긴 이유가 학계 판도의 변화와 관련 있기 때문입니다. 한국에서 치열한 문제의식이 있는 잡지 등의 매체가 거의 다 연구 재단이나 학술지 속으로 편입되면서 연구계가 학술 연구진 중심으로 넘어간 것이 10~15년 사이, 대부분 10년 정도가 되었는데요, 그러면서 연구 재단이 돈을 지원하면서 참신한 아이디어나 시각을 요구하기 시작했던 것과 관계가 있다는 겁니다. 그런 점에서 연구자들이 연구 주제들을 착취해가는 과정과 디아스포라가 들어오는 문제는 사실 연결된 부분이 많습니다. 한국 안에서 디아스포라, 디아스포라, 하지만 실제로는 한국 내의 문제도 아주 첨예한 사안들이 있거든요. 그럼으로써 일본과 똑같이 역설적이지만 포스트콜로니얼한 시각을 통해 디아스포라의 가치만 가져가려고 하지, 실체에 대한 접근은 하지 않으려고 합니다. 정말 구체적으로 다가가서 디아스포라의 삶이라든지 구체적인 부분을 탐색하는 면은 아주 취약하다는 것이 개인적인 판단인데, 이번 학술 대회는 사실 그런 점을 깨기 위해 작가들을 많이 모셔서 그분들의 경험을 들어보자는 취지가 굉장히 컸거든요. 저희 생각대로 잘 진행됐다고 보시나요?

서경식 오늘 소감으로 먼저 말씀드리고 싶었던 것은, 제가 일본에서 트러블메이커였는데 부산에서는 더더욱 트러블메이커라고 하더라고요……. 저는 전반적으로 아주 만족합니다. 서민정 교수님이 일본에 오셨을 때부터 이 이야기를 했고 미리미리 이런 문제점에 대해 의식하면서 진행 준비를 했기 때문이자, 서 선생님을 비롯한 선생님들이 그런 의식을 갖고 계셨기 때문입니다. 저도 한국에서 디아스포라를 주제로 하는 모임에 여러 번 나갔었는데 반드시 그렇지는 않았거든요. 이틀에 걸쳐 이런 기회를 만들어주셨다는 점도 아주 좋았습니다. 발표자를 "재일 조선인입니다" 하고 소개를 하면 체험만 얘기하게 하지 해석이나 카테고리 권리는 빼앗는 거예요. 이 이야기가 무슨 뜻인지에 대한 이유만 들으려고 하는 거죠. 그런데 사실 디아스포라에 대한 듣기는 1세나 2세에게는 기회도 잘 없습니다. 아카데미라는 세계에 들어가기가 힘드니까요. 그래서 경계선에 서 있다는 위치를 잘 알면서 이렇게 체험도 듣고 해석에 대한 주장도 함께 할 수 있는 사람이 드물다 하겠습니다. 아직까지 전 세계적으로 봐도 그래요. 반면 이번 행사에서 아쉬웠던 점은, 전체적으로 보면 첫째 날과 이틀째와의 연관성이 조금 더 명백했으면……, 그러니까 첫날 발표에 대한 보충적인 보고가 있고 거기서 저도 얘기하고, 듣고 있던 다른 사람도 얘기하는 그런 기회가 있었으면 합니다.

서민정 지금까지의 디아스포라 학술 대회들을 보면 먼저 개최하는 쪽의 시각이 들어간 편집이 있는 행사였습니다. 그래서 사실은 서경식 선생님도 계속 걱정하셨던 부분이 너무 초점이 없지 않으냐, 너무 목표가 없지 않으냐는 우려를 하셨습니다. 연락을 하다 보면 다른 디아스포라 선생님들도 내가 어떤 부분을 얘기하고 어떤 부분을 얘기하지 말아야 하는가 같은 걱정을 많이 하시더라고요. 그래서 지금까지 그런 부분에 대해서 요청들이 많았다는 사실을 새삼 느끼게 되었습니다. 그런데 저희 연구소 선생님들이 의논하며 이 자리를 기획하는 과정에서 취합된 의견들은 일단 먼저 열어두고 들어봐야 그 시각을 제대로 볼 수 있다는 것이었습니다. 다소 초점이 흐려 보이고 목표가 불명확해 보이지만 저는 이게 어찌 보면 디아스포라 연구, 연구라기보다 디아스포라의 목소리를 듣는 기본적인 자세일 수도 있고 앞으로 지향해야 하는 방향이 아닌가 하는 생각이 들었습니다. 그냥 듣게 되는 얘기 속에서, 모두에 말씀하신 것처럼 디아스포라라고 하면 재일 디아스포라는 이렇고 재미 디아스포라는 이렇고 재독 디아스포라는 이렇다는 선입견 자체를 깰 수 있다고 생각합니다. 그렇지 않고서 섣불리 우리가 규정하고 있는 그 모습으로 질문이 던져진다면 그 틀에 계속 갇혀 있을 것 같은 그런 문제를 벗어나려면, 다소 준비가 부족한 듯한 이 모습조차도 우리가 한번 시도해보고 2차, 3차, 이렇게 나아가야 하지 않을까 합니다.

서경식 우선 저도 대학에 몸담고 있는 사람이어서 추측하는 것이지만, 이렇게 학자도 아닌 사람들이 전 세계에서 모이는 것도 힘든 일이겠다는 생각이 듭니다. 아카데미라는 틀 안에서 하는 한 어려움이 있는데 시도하셨고 일단 성공한 것이 큰 업적이라고 봅니다. 특히나 부산대학교가 국립대학이지 않습니까? 모든 분야에서 학력이나 이력이나 업적 등을 문제 삼는 좁은 세계지요, 아카데미가. 그래서 그런 일을 하는 것이 보통일이 아니라는 점을 이해하고 있고, 감사드리고 싶습니다.

그런데 제가 느낀 구체적인 얘기를 한두 가지 말씀드리면요, 김수키 씨가 글 쓰는 사람이지요? 저도 그렇고, 허련순 씨도 그렇죠. 예를 들어 자본주의라는 개념을 직접 다루지 않더라도 글쓰기 같은 활동에서는 그런 분야에 대해 디아스포라로서 느끼고 생각하는 것이 많이 달라요. 그래서 조금 더 심도 있게 얘기했으면 하는 아쉬움이 들어요. 그리고 한국이라는 나라에 다수자의 사고방식이 어떻게 반영되고 있는가를 알게 되는 기회도 됐는데요, 예를 들어서 제 책과 김수키 작가의 책이 한국에서 번역되고 있고, 허련순 선생님의 책은 원래가 조선어로 쓰여 있죠. 교보문고에 가면 김수키 씨와 저는 외국 문학 코너에 있어요. 출판계나 서점에서 그냥 편의적으로 한다기보다 그런 걸 되풀이함으로써 이 나라 여러분의 사고방식이 투영되고 재생산되고 있는 것이지요. 그런데 김수키 작가에게 "당신의 작품이 외국 문학으로 분류된 것에 대해 어떻게 생각하느냐?"라고 물었더니, "그건 당연하다. 영어로 쓰여 있는데"라고 대답했어요. "나는 그렇게 생각 안 한다. 나는 원래 일본말로 쓰고 있는데 내가 다루는 문제는 이 나라 여러분의 문제니까, 내 책은 이 나라 한국 국가의 문학은 아니지만 이 나라 민족 문학이다. 가만히 생각하면 그럴 수도 있다"라는 얘기를 했었어요. 당연히 저 사람도 그렇게 생각하리라 여기던 사고방식이, 그렇듯 타자를 만나면서 아, 그런 사고방식도 있구나 하고 열리게 됐다는 거죠. 즉 민족마다 국가마다 분류되어 있는 문학에 대한 문제 제기가 됐다는 말이지요. 예를 들어서 이런 문제를 이 나라의 연구자나 일반 시민 들에게 "나는 외국 문학에 분류되어 있는데 어떻게 생각하십니까?" 하고 물어서 어떤 반응이 올지 볼 수 있을 것입니다. 그럴 때 저 같은 경우는 대다수가 "선생님, 그게 아닙니다" 하는데 그것이 오히려 동정이나 연민, 일종의 인정으로 그 문제를 보는 것같이 느껴지곤 합니다. 그건 아니지요. 자신들이 원래 갖고 있는 국민이라는 틀, 민족이라는 틀에 대해서 다시 생각하게 하는 기회가 되었으면 해요.

이 자리는 언어 및 표현의 문제를 두고 모임을 했기 때문에, 조금 더 문학 표현이나 문학 출판이 갖고 있는 사회적인 기능, 그리고 그것이

다시 민족의식이나 국민 의식을 재생산하는 무의식적인 기능에 대한 얘기도 있었으면 했어요. 그래서 민족별로 국민별로 문학을 하고 있는 기존의 사고방식으로는 잘 포함되지 않는 부분들이 있다, 이것은 완전히 타자가 한 것이 아니며 그들은 외국에서 새로 나온 타자가 아니다, 타자이긴 하지만 원래는 뿌리를 공유하는데 식민 지배나 남북 분단 등으로 그렇게 되었다, 이런 맥락을 알고 자신들의 민족인 그런 타자에 대해 다시 생각하는 기회가 되었으면 좋겠다는 생각을 했습니다.

서민정 실제 하루, 이틀 해놓으니까 한 분 한 분 이야기를 들으려면 반나절씩은 다 드려야 하는데 그런 시간을 확보하기가 사실 쉽지 않았습니다.

서경식 그리고 허련순 선생님이 조선어로 쓰시면서 서울에 왔을 때 자신의 조선어에 대해서 소외감을 느끼고 다시 한국말을 배우기도 했다고 하셨잖아요? 조선족들이 하는 문학도 우리 문학의 연장선에 있다, 우리 문학이다, 이렇게 우리라는 틀을 다시 세우는 시각으로 문장 표현의 몇 가지 예를 들면서 얘기할 수 있었으면 하는 생각에 아쉬웠습니다. 분과회나 조그마한 기회를 마련해서 조금 더 심도 있게 얘기하는 기회가 있었으면 하는 느낌도 들었어요.

이용일 각 연구 부분들이나 선생님에 대한 연구가 좀 더 깊었거나, 늘 아쉬운 시간의 문제죠.

서경식 제가 잘못 이해하고 선입견이 있었을지도 모르지만 서민정 교수가 처음 오셨을 때 전공이 언어학이고 또 이연숙 선생도 언어학이라서 지금 말씀드리는 이 부분을 중심으로 하는 줄 이해했고 그 선입견에서 벗어나지 못한 채로 왔었어요.

서민정 그것은 기획 총서를 위해 모였던 것이었고요.

김용규 사실은 이게 커졌습니다. 서민정 선생님이 방문해서 같이 얘기할 때는 언어 문제를 중심으로 하다가 서민정 선생님 돌아와서 보고하는 자리에서 이 문제를 조금 넓혀서 볼 필요가 있지 않겠냐는 의견이 나온 거죠.

서경식 커지는 거 좋아해요. 다만 이런 재료와 재산에다가 다른 분야, 즉 경제학이나 역사학도 깊이 있게 얘기할 수 있으면 좋겠어요.

서민정 저희 연구 주제로 이 부분들은 향후에 확장해야 할 주제 같습니다. 저희들이 준비를 대체로 못한 부분이 현실적으로 있고, 시간도 너무 적었던 것 같아요.

서경식 너무 형식적이에요, 다른 곳은. 이번 행사에 호감을 느꼈습니다.

서민정 선생님께도 말씀드렸지만 처음에는 디아스포라가 저희 연구소의 기본 연구 방향이라기보다는 문화와 문화를 넘나들며 소통하고 과거, 현재, 미래라는 연장선상에서 디아스포라에 관심을 가지게 된 것입니다. 제 경우에는 과거, 현재, 미래의 흐름 속에 다양한 이론들이 있고 보편주의를 이야기하는 이론들도 있는데, 언어는 어떻게 할 거냐, 소통이 안 되면 어떡할 거냐, 이런 이야기를 하다가 디아스포라들은 그 언어 문제를 어떻게 극복했는가에 대한 힌트를 얻고 싶었던 것이 처음 출발이었습니다. 어제 김준한 선생님을 잠깐 뵈었는데 그 선생님은 사회학을 연구하고 있지만 제가 그런 언어 얘기를 하니까 디아스포라에서 가장 핵심은 언어가 아니겠느냐고 하셨습니다. 저도 연구소에서 다룬 주제가 언어학이 아니라 언어라는 점을 강조합니다. 그래서 문의가 오면 그렇게 이야기를 하는데, 디아스포라 문제를 연구하고 있는 건국대에도 그렇게 말했습니다. 그랬더니 거기에 동의하면서, 디아스포라가 가지고 있는 분단 의식이나 민족의 정체성까지 가면 어떻게 얘기해야 될지 모르겠는데, 인문학연구소에서는 이번 주제처럼 언어와 문화에 집중하는 것이 디아스포라에 대한 특화가 아니겠느냐고 하더라고요.

언어의 문제가 핵심적인 것이라면 이번 학술 대회를 준비하는 과정에서, 또는 그 이전에 제가 연구소에서 여느 문제를 지켜보고 고민하는 과정 속에서 저는 그 이전의 생각들이 많이 바뀌어가고 있었습니다. 훈민정음 문제도 그렇고 글자에 대한 인식도 그렇고. 그중에 최근 2, 3년 안에 가장 크게 생각이 달라진 부분이 언어와 정체성의 관계거든요. 언어 내셔널리즘이 가져왔던 가장 큰 문제가 언어와 정체성의 관계를 일치해서 봤던 문제였기 때문입니다. 저는 언어와 정체성의 관계가 일치하지 않는다는 그 아이디어를 서경식 선생님의 책에서 얻었거든요. 선생님은 나는 일본어로 쓰지만 한국의 문제를 다루고 있다고 하셨습니다. 그때부터 저는 고민을 한 거죠. 그럼 한국어가 무엇이고 무엇이 아니기에 한국에 대한 정체성을 가질 수 있는가? 그러면서 최근까지 언어와 정체성의 관계에 대한 고민을 많이 하고 있고 그런 쪽의 글들을 작업해나갈 것 같은데, 혹시 선생님이 생각하시기에 언어나 정체성의 문제와 관련해서 짚어야 하는 지점들이라든가 놓치지 말아야 할 부분이 있다면 무엇일지 말씀해주시면 감사하겠습니다.

서경식 1990년대 초에 이 나라가 민주화되면서 1970년대와 1980년대의 민주화 투사들이 일본에 들어오기 시작하셨고요, 이름을 말씀드리기는 어렵지만 그중에 야당 국회의원을 지낸 분도 있었어요. 그분이 언어에 대해서 저와 꼭 얘기하고 싶어 하셔서 도쿄에서 만났죠. 하지만 저는 아주 서툰 우리말로 얘기하고 상대방은 유창하게 얘기하는데,

역사적으로는 이해가 가지만 내가 일본말로 얘기하더라도 존중해야 하는 관계가 아닌가 하는 생각에 불편했던 것 같아요. 그런 과정에서 언어가, 말하자면 무너지지요. 나는 그렇게 생각하지 않지만 그 사람이 생각하기에는 전통적인, 올바른 한국어가 있고, 내가 받침 발음을 잘 못하는 이런 피진pidgin이라는 게 하나의 본질적인 언어 해체 과정인가 발전 과정인가 할 때 나는 발전 과정이라고 생각하고 있다. 하지만 어쩔 수 없이 식민지 집단이 되면서 그런 역사를 겪고 있다, 중국어가 섞인 조선어, 일본어가 섞인 조선어, 러시아어가 섞인 조선어……, 안타깝게 무너지고 있다기보다 수동적으로 그렇게 됐지만, 그래도 식민지 과정을 지나면서 언어가 변형 과정을 겪고 있다고 생각하면 어떨까…… 그렇게 말했는데 그분은 놀라더라고요. 그것이 20년 전의 일인데 저는 그렇게 생각하고 있습니다. 그런데 이 나라에 와서 민노당이나 《한겨레》도 그렇지 않습니까? 한국말로 해야 한다, 되도록 외국어를 쓰지 말자는 운동도 있죠. 저는 그것도 충분히 이해하고 있어요. 그런 사고나 심정, 맥락에 대해서. 우리는 식민 지배에서 해방되는 과정과 그것을 보편화하는 과정을 동시에 진행해야 하는 관계에 있다는 거죠. 일본이라는 식민 지배 때문에 억압당했고 파괴당했으며 해체당한 것을 재구성해야 한다는 과제와, 피지배자의 처지에서 보편화해야 하는 두 개의 과제가 한 사람이나 한 장소에 동시에 나오니까 그 둘이 부딪치고 싸우게 돼요. 하지만 이것은 싸울 필요가 없다고 생각해요, 잘 정리하면.

　잘 정리되지 않은 상태로서만 저 같은 사람을 보면, 식민지 지배를 받아온 역사를 기정사실로 하고 우리가 제대로 지켜야 하는 것을 의도적이건 의도적이지 않건 식민지 종주국이나 서구 보편주의 입장에서 해체하려고 하는 하나의 힘에 가담하는 사람들이라는 말을 듣게 돼요. 형은 이렇게 말해요. "나는 디아스포라가 마음에 안 든다. 더 이상 그 말을 쓰지 마라." 저는 형의 심정도 이해가 돼요. 일본말밖에 모르는 사람이 옥고에 시달리면서 그렇게 힘들게 우리말을 배우는데, 더 이상 그럴 필요가 없다는 사람도 있고 또 동생조차 그런 이야기를 하면…… . 저는 부딪칠 필요가 없다는 거고, 여기 이쪽에서는 원래 말을 잃어버린 처지에서 보편주의에 선 채 언어에 집착하는 것은 민족주의고 폐쇄적이라는 시선으로만 얘기하는 거고. 김수키 작가는 아직 중간에 있고 완전히 미국화되었다 하기에는 적어도 본인이 의식적으로 영어를 잘 쓰고 미국식으로 행동하는 사람입니다. 그것을 후진적인 태도라고 보는, 그런 건 학회에도 있어요. 아카데미즘으로요. 그런 보편주의는 서양인의 가치고 보편이 아닌 자기들의 기준이다, 서양 보편주의를 재생산하고 있는데 그걸 의식하지 못하고 있는 것이라는 거죠.

하지만 양쪽이 섞여 있는 것이에요. 두 개의 대립 구도뿐 아니라, 이차방정식이 아니라 삼차, 사차 방정식으로 생각해야 이해할 수 있는 구도입니다. 포스트식민주의, 내셔널리즘이 모여 있는 데도 보편주의적인 사람들이 있고, 진보적인 가치를 가진 사람들이 있는 데도 민족해방이라는 과제와 아주 보수적인 사람들이 있고. 그러니 이 둘이 만날 수 있는 지평을 찾아내려는 이론적인 노력이 필요합니다. 그런데 말씀드렸듯이 일본에서는 일본 사람들 자신들이 식민지 지배를 가한 당사자들이었기 때문에 이런 식으로 볼 수가 없어요. 이항 대립 구도로만 봐요. 즉 아주 보수적인 전통주의자인지, 아니면 보편주의자인지. 이렇게 되니까 여기 있는 우리는 반대할 수밖에 없죠.

이효석 말씀하신 언어의 민족성과 관련된 문제, 그 한계를 넘어서야 할 필요도 있고 그 의미에 대해서도 입체적으로 판단하고 그 모든 것이 서로 얽히고설킨 관계들을 같이 고려하는 게 필요하다고 말씀하셨는데요, 아일랜드 문학이 그 좋은 예가 될 것 같습니다. 영문학계에서는 아일랜드 문학이 영어로 쓰였으니까 영문학으로 포섭하려 하고, 아일랜드인들 중에는 영어를 쓰면서도 자신들의 문학을 '아일랜드 문학'으로 지키려는 사람이 있는가 하면, 그 틀을 넘어서서 '영어가 이제 보편적인 언어니까 내 작품은 영문학으로 속해도 좋고 아일랜드 문학으로 속해도 좋은 세계문학'이라고 주장하는 사람도 있고, 또 한편으로는 거의 사라질 위험에 있는 켈트어를 복원해서 게일어로 작품을 쓰는 작가들도 있는 등 복잡한 문제가 있는 것 같더라고요. 그와 더불어 그들의 언어는 문화와도 관계가 있는 것 같습니다. 더욱이 북아일랜드 문제도 있기 때문에 아일랜드와 북아일랜드에 살고 있는 사람들이 영국을 어떻게 대하느냐에 따라 달라지는 부분도 있는 것 같습니다. 북아일랜드 사람들의 다수는 아무래도 친영국계니까 영국을 대하는 태도가 좀 더 떳떳하고, 북아일랜드의 가톨릭교도들은 남아일랜드라고 하더라고요. 우리가 남한, 북한이라고 하는 것처럼 북아일랜드, 남아일랜드라고 하는데, 그들 내에서도 민족적인 문제를 넘어서고자 하는 사람이 있는가 하면 반대로 영국과의 대립을 더 크게 보면서 민족적인 문제를 계속 가져가려는 사람도 있습니다. 이처럼 굉장히 복잡한 상태가 아일랜드의 현재입니다. 특히 영국이나 일본이나 다 같이 식민 지배로 들어서서 단일한 영국 또는 단일한 일본을 만들기 위해 조선어나 게일어를 쓰지 못하게 하고 영어나 일본어만 쓰게 했는데, 독립 이후에 아일랜드 같은 경우는 700년이라는 오랜 세월 동안 영국의 지배를 받으면서 영어가 편해진 감이 있기 때문에 그 사람들은 사고는 아일랜드적으로 해도 언어는 자발적으로 영어를 쓰는 경우가 굉장히 많다는 거죠. 우리의 경우는 40년 정도 식민 지배를 받았는데 시간이 더 길어졌다면 아일랜드와 마찬가지로 생각은 조선적으로 하면서 말은 일본어를 하는 상황이 될 수 있었을 겁니다.

서경식 방금 말씀하신 것이 제가 항상 얘기하는 건데요, 조선은 소위 35년, 36년 동안 일제 식민지의 지배를 받았다고 합니다. 그런데 이렇게 말하면 어폐가 있는데, 세계적으로 보면 그건 짧은 기간이에요. 일제 황민화 시기가 10~20년 더 지속되었으면 여러분 모두가 재일 조선인이 됐을 거예요. 일본말밖에 못하고 일본 이름을 쓰고. 그런데 뭔가 자신들은 알 수 없는 사정으로부터 사회 주류에 들어갈 수 없다는 이유로, 우리는 항상 일본인이 아니라고 상기하게 되지요. 그러니까 재일 조선인은 식민지 시절 조선의 연장 맥락상에 있어요. 진짜로 잘된 해방을 위해서는 일본 국내에서 이어지고 있는 재일 조선인에 대한 새로운 식민 지배가 끝나야 하고, 국내 여러분은 우리도 저 사람 같았다, 이렇게 연민으로 보는 게 아니라 자신들의 황민화 시절, 식민지 시절이 어떤 시대였는지를 이해해야 합니다. 그것이 진정한 하나이며, 이 부분이 이 부분을 연결하기 위한 하나의 사고 구도가 된다는 거지요.

이효석 말씀하신 대로 아일랜드 내에서는 학교에서 게일어를 가르치기는 하지만 잘 쓰지 않고, 영어를 사용할 줄 모르고 오로지 게일어만 사용하는 사람은 별로 없는 것 같습니다. 그렇다고 우리가 게일어를 능숙하게 사용할 수 있는 아일랜드인과 영어를 사용하는 아일랜드인이 서로 다르다고는 생각하지 않는 것 같거든요. 단지 언어적인 지식의 문제, 저 친구는 게일어를 배울 기회가 있는데도 영어 친화적으로 갔다, 이 정도지 그것이 어떤 차이를 자체 내에서는 가지고 있는 것 같지 않아요. 그것을 전략화하는 문제는 아일랜드에서도 복잡한 것 같고 요. 게일어나 아일랜드적인 순수성이나 문화성으로 돌아가려는 사람 도 있고, 영어를 어떤 식으로든 내파시켜서 다른 방식으로 끌고 가려 는 조이스 같은 사람도 있죠. 결국 어떤 언어 방식으로 표출되느냐가 중요할 것입니다.

서경식 어디까지나 가상의, 가공의 역사이긴 하지만요. 일본의 역사 책들은 일본이 중국에 대한 침략 전쟁을 했는데 만주국을 세우고 미 국, 영국과 전쟁을 개정한 것이 잘못이다. 거기서 조선도 대만도 잃을 것도 없었다고 주장합니다. 만약 그렇게 해서 대만도 조선도 식민지 그대로 이때까지 있었다 합시다. 그러면 아일랜드처럼 됐을 겁니다. 일본말을 계속 사용하면서 우리는 일본인이 아니라는 식이었겠지요. 그렇게 됐더라도 조선인이 아니게 된 것은 아닙니다. 어디까지나 권력 과의 관계 속에서 정체성이 재생산되는 거니까요. 그중에는 과거로 돌 아가자는 사람도 있겠지만 '우리는 일본말을 쓰되 일본을 넘어설 수 있다'는 사람도 있을 것입니다. 불행하게도 일본어라는 건 영어나 프 랑스어와는 다르고, 그 속에도 이류 제국의 식민지가 된 불행이라는 것도 있지요.

이재봉 언어적인 면을 보면, 그와 같은 상징적인 사건이 1923년에 일 어난 관동대지진 사건입니다. 재일 조선인의 언어 문제와 관련해서 생 각해볼 수 있습니다. 당시에는 한국인 같아 보이는 사람에게 일본어 발음을 시켜보고 안 되면 죽여버리는 일이 벌어졌습니다. 그리하여 이 때부터 거기 1세대, 선생님께서 말씀하셨던, 배움의 기회를 갖지 못했 던 사람들은 머릿속에 '내가 일본인보다 일본어를 더 잘해야 살아남는 다'는 의식이 생겼지요. 그래서 조선어 버리기가 생기지 않았나 싶습니다. 나중에 해방되고 이분들이 나이가 들고 아이가 자라고 나서 보면, 조선어로 다시 돌아오는 상황들이 벌어지더라고요. 김석범 선생님이 계속 그런 조선어와 일본어 관계를 고민하는 것도 같은 부분인 것 같습니다. 초기의 김석범 선생님에게서는 일본어로도 조선적인 것을 말할 수 있다는 식의 논리가 계속 나옵니다. 그런데 1970~1980년대 조총련에서 일본어로 쓰는 작가들을 '민족 문학이 아니다, 너희는 제국의 언어를 가지고 글 팔아서 밥 빌어먹는 매국노다' 이런 식으로 비판을 하니까 김석범 선생님이 《삼천리》인가 《청구》인가에서 "나는 민족 문학이라고 한 적이 없다"라고 이야기합니다. 재일 조선인 문학이지 민족이라고 한 적이 없다고 하더라고요. 그런 부분에도 언어적인 문제가 들어 있습니다.

　이것과 상황은 다르지만, 어제 서울의 현대소설학회에 갔다 왔는데, 거기서 황호덕 선생과 이야기하다가 한국의 언어적 상황도 마찬가지라는 말을 들었습니다. 식민지 시대 일본어만 쓰게 만들었다가 식민지가 끝나고 나자 남쪽에는 영어가 확 들어오고 북쪽에는 러시아어가 확 들어오면서, 물론 일본어와 영어의 관계는 분명 비중은 다르지만, 한국어도 크레올creole이라고 선언되어버렸다는 겁니다. 생각해보니 맞더라고요. 물론 이게 나쁘다는 뜻에서 하는 말은 아니고요, 그러다 보니까 언어가 자연스럽게 그런 식으로 갈 수밖에 없는 것이 아닌가 하는 생각이 들더라고요. 실제로 그렇게 보면, 김석범 선생님뿐 아니라 재일 조선인 작가들도 마찬가지겠지만, 일본어를 쓰고 있으나 사실 일본어적이지 않은 표현들이 많거든요. 아주 쉽게 눈으로 볼 수 있는 것을 예로 들면 '어머니'를 가타카나로 쓰는 형태인데, 그것 말고도 일본어만 잘 알면 충분히 찾아낼 수 있을 것 같습니다. 그러면 이분들이 일본어를 몰라서 그런 것이 아니라 이런 식으로 표현할 수밖에 없기 때문에 이렇게 되는 거구나, 이런 부분들을 재미있게 밝혀낼 수 있을 것 같아요. 사실 몇 년 전에 일문과 교수에게 이 이야기를 했습니다. 그러면서 이것을 연구 주제로 해보면 재미있지 않겠느냐고 제안해서 해봤어요. 그런데 제가 일본어를 잘하는 편이 아닌지라 제 눈에 보이는 것은 조선어를 가타카나로 옮기는 것 정도였고, 그런 것만 찾아서 연구하는 바람에 기대에는 못 미쳤어요. 하지만 그런 부분들이 언어적인 차원에서 상당히 중요한 문제일 것 같습니다.

서경식 솔직한 여담인데, 벡스코에서 유네스코 행사를 했습니다. 유네스코는 물론 국제적인 기구니까 공용어인 영어를 사용하는 것을 이해하지만, 거기 나오시는 훌륭한 교수님들 전부가 영어로 말씀하셨지요, 유창하게. 유창하면 할수록 위치가 높을 것 같지만 사실 불필요하게 영어로 이야기한 것이 아닌가 하는 생각이 들었습니다. "질문을 짧게 하세요"라고 요청하는 것들도 그렇고요. 그러니까 그런 것들이나 식민지 시대, 직접적인 식민지 시대는 아니지만 지금도 언어 간의 불평등한 위계적 상태가 많이 투영되어 있습니다. 그래서 저는 잘못된 상상일지도 모르지만 일제강점기 문인들의 모임에서도 일본어가 유창할수록 유능하게 보지 않았나 합니다. 그런데 원래 모어가 조선어니까 아무리 잘해도 일본어를 모어로 하는 사람들이 들으면 어색한 표현이 있었을 텐데도, 본인들은 그걸 모르고 유창하게 이야기하면서 자신들의 위치를 차지한 것이 아닐까 하는 생각이 듭니다. 그런 점에서 서투른 조선어로 이야기하는 나는 어떤가 하는 생각이 들었어요.

이재봉 김사량이 그런 표현들을 드러내면서 당시 상황들을 조소하고 놀린 부분이 있었지요.

서경식 그래서 아카데미즘뿐만 아니라 이 나라가 그런 의미에서는 너무 영어화되어 있다는 생각이 듭니다. 영어 쓰는 사람, 영어를 보편어로 보는 시선으로는 포스트식민주의나 디아스포라를 논의하더라도 진상에 도달할 수 없어요. 가야트리 스피박은 "인도인의 영어는 강간의 아이들이다"라는 표현을 했다고 합니다. 영국 식민지에게 강간당해서 자신의 의도와 무관하게 태어난 것이 인도인의 영어라는 것입니다. 영어를 쓰고 영어로 소통하고 논문을 쓴다 해도 그것이 강간당해서 자기가 바라지 않지만 몸에 익숙해진 언어라는 것을 잊지 말아야 한다는 의도죠. 우리에게 일본말도 그래요. 강간의 아이들. 일본말 쓰지 않으려고 하는 것도 중요하지만 자신이 쓰는 일본말에 대한 그런 거리감 있는 비평적 의식이 중요하다고 생각합니다. 자신에게 솔직한, 자신이 어디서 어떻게 태어났는지를 잊지 않는 것. 그렇다면 여기 한국에서도 원상 복귀해서 지금 우리말 쓰고 있으니까 괜찮다고 말하는 것도 똑같지요. 강간당하다가 원상 복귀했다는데, 지금 미국 영어와의 관계는 어떻게 되어 있는지, 일본어와는 어떤 관계인지, 이런 것 전체를 볼 수 있는 것이 필요하다는 생각입니다.

김용규 강간과 인도 포스트식민주의, 여기서 말하는 것은 정신적 개종의 문제와 연결되는 것이지요. 선진 문화에 대한 정신적 개종과, 그렇게 자기가 강간당하는 경험들이 같이 가면서 묘하게 뒤틀려 있으니까 항상 양가성이 나타나는 것 같습니다.

서경식 그런데 이 표현들은 물론 가부장제 비판의 시선으로 보면 문제가 있긴 해요. 그렇다면 우리 언어의 처녀성을 지켜야 한다는 식으로 사고가 되니까요. 순수성, 순결성, 처녀성. 그런데 언어라는 것이 원래 그런 것이 아니었으니.

서민정 이번 학술 대회 때도 사실 한국 중심주의, 한국어 중심주의라는 느낌이 들 정도로 디아스포라 선생님들이 한국어로 발표를 해주셨는데, 거기에는 어떤 식으로든 소통이 되어야 하니까 한국어를 기본적인 소통의 도구로 썼던 측면이 있습니다. 그러면서도 내심 든 생각이, 연변말이나 일본에서 쓰는 한국말도 내부적으로 사투리처럼 방언의 하나로 생각할 수 있지 않을까라는 것이었습니다. 수키 김이 쓰는 미국식 한국어, 허련순 선생님이 이번에는 거의 표준어에 가까운 말을 쓰셨지만 그래도 그분이 쓰는 연변식 한국말, 그리고 일본식 한국말. 이런 식의 어떤 것이 되면 기존에 하고 있는 이데올로기와 다를 바 없겠지만, 또 다른 언어로서의 다양성이 인정되는 한국적 모델이 되면서 그게 또 새로운 모델화가 되지 않을까 하는 생각이 들었습니다.

서경식 하나의 국가에 하나의 언어가 있고, 표준 국어가 있고, 교과서가 하나밖에 없고, 모두가 그것을 배워야 하는 것 등이 중심주의지요. 단순화되어야 방언을 극복할 수 있지 않을까요? 그 연장선상에 재일 조선인의 말이 있고 외국어도 포함될 수 있겠지요.

서민정 그러니까 나탈리 르무안 선생님도 굉장히 한국어가 부족하지만 괜찮다고 말할 수밖에 없었던 것은 통역을 통해서라도 그 생각을 포함시킬 수 있는 요소들이 집약되어 그 다양성을 보여주셔서 좋았습니다. 소통이 안 되면 어떻게 할까 걱정을 했는데, 선생님들이 이미 기존에 가지고 계셨던 노력들이 있었기 때문에 생각보다 이번 학술 대회에서는 의사소통은 전혀 문제가 되지 않았습니다. 전에 선생님이 오셨을 때도 말씀드린 바 있지만, 경상도 언어라든지 경상도라는 지역이라든지 부산이라는 도시가 정치·경제적인 차원에서도 그렇지만 최근에 와서는 여전히 좀 소수적인 입장들이 있거든요. 그런 차원들이 사실

한 나라 안에서도, 또 데리다가 일종의 모노링구얼리즘이라는 것을 이야기하면서 "내가 사용하는 언어가 한 가지지만 그것은 나의 언어가 아니다"라고 말하듯이, 선생님이 늘 말씀하시듯 우리 같은 지역 사람들에게도 모국어와 모어의 분열이 조금씩은 있거든요. 그런 게 조금 더 보편적인 차원으로 확장이 되는 것 같더라고요. 우리 안에서 모노링구얼이라는 것을 분열하고 해체시키는 여지들이 있고.

서경식 해방 후 대한민국이라는 나라가 생기면서 일제강점기 교육이 끝나고 국어 교육 시대가 도래합니다. 그런데 아주 짧은 순간 일반 시민들의 내면에 그것이 이렇게 침투된 이유에 대해서도 학문적으로 따질 만한 일이라고 봅니다. 두 가지만 예를 들겠습니다. 먼저 미희 르무안과 고아원에 찾아간 일이에요. 저 사람이 있던 고아원이 해운대에 있어요. 고아원에 가서 미희가 "나는 입양아인데, 여기 옛날에 있었습니다"라고 우리말로 말했어요. 그러니까 원장님이 젊은 분인데도, "그렇게 우리말 잊지 않고 하는 것이 훌륭하네요, 착해요"라고 말하셨습니다. 그런데 태어난 지 얼마 안 돼서 보내졌으니까 말은 나중에 배운 거죠. 우리말 잊지 않은 것이 착하다는 말은 물론 칭찬인데, 잃어버린 사람에 대해서는 안 되지요. 우리말이라는 것이 기준이 되어 있다는 거예요. 또 백스코에서 있었던 일인데요, 사회자가 미리 준비를 하지 않아서 저에 대해 잘 모르는 상태였습니다. 그래도 이야기가 매끄럽게 진행되었지요. 그래서 그런지 그 사회자가 저더러 우리말 어디서 그렇게 잘 배웠느냐고 묻는 겁니다. 그 젊은이가 나에게 이야기하는 것이, 뭐랄까, 분명 나를 존중하려고 하는 말이었는데 결과는 정반대가 되어버렸어요. 그 물음은 자신들이 기준이라는 느낌을 갖게 했기 때문입니다. 그런 사고방식이 언제부터 어떻게 그렇게 내면화되었는지 생각해볼 부분이죠.

이재봉 1961년부터 박정희의 18년 집권이 이어졌는데, 그때 일제 청산이 된 것이 아니라 어수선한 상황 속에서 오히려 일제강점기보다 더 강하게 국민 교육이라는 것을 만들어내면서 학생들 다 머리 깎이고 교복 입혀가지고 교실로 몰아넣었습니다. 그때부터 국민교육헌장, 교과서, 언어, 모든 것이 완전히 획일화됩니다. 지역성들도 상당히 약화되고요.

서경식 그때 '미스 김', '미스 리', 그런 말을 했었죠? 1960년대에 왔을 때 놀랐어요. 한국인들끼리 "헤이, 미스 김", "미스터 리"라고 하는 걸 봤죠.

김용규 대중문화로 영어가 다 들어오고, 굉장히 재미있는 부분들이 있습니다.

서민정 시간이 얼마 남지 않았는데, 이용일 선생님이 질문을 한번 하시지요.

이용일 지금까지 선생님이 주로 말씀하신 걸 돌아보면 희생자 이야기가 많습니다. 그런데 디아스포라의 실체를 다루다 보면 그런 문제들이 있지만, 지금 추세를 보면 디아스포라들의 긍정성에 대해 이야기를 많이 합니다. 경계를 넘나들고 상호작용을 하고 서로 영향을 미칠 수 있고, 이런 이야기를 많이 합니다. 그런데 선생님의 글에 보면 재일 조선인 같은 경우, 이런 경계를 넘나들고 유목민적인 삶을 실천하는 사람이 아니고 고립된 사람이라는 이야기가 나옵니다.

서경식 경계를 못 넘는 것이지요.

이용일 그런데 저는 앞에 오신 분들을 보면서 디아스포라가 균질적인 것이 아니다, 그 속에서 그것을 극복하고 많은 긍정성을 가진 분들이 여기 계신 분들이 아닐까, 디아스포라의 긍정성을 실현하고 있는 것이 선생님이 아닐까 하는 생각을 했습니다.

서경식 그 이야기에 대해서는 제가 좀 신중히 말씀드려야 하는 부분이 있어요. 그러니까 예를 들어서 대학 교수라는 것이 별로 그렇게 어마어마한 위치도 아니지만요, 일본에 얼마 없어요. 선생님들도 아시다시피. 윤건차 선생님이 저보다 다섯 살 정도 위인데요, 사립대학에서 전임 교수가 되신 것이 이학부나 공학부나 그런 기술적인 부분은 가능했었습니다. 이런 사람들, 저까지 포함해서 강상중이나 이런 사람이 디아스포라라고 말하면, 즉 일본인과 조선인 아카데미의 경계에 서 있었다고 말을 하는데, 그러면 '디아스포라라는 사실을 말할 수 있어서 부럽다' 이런 이야기가 나와요. 그리고 심지어는 '너는 디아스포라인데 이제 말을 했으니 더는 디아스포라가 아니다. 너는 그렇게 이야기했으니까 앞으로는 디아스포라라고 하지 마라'는 말까지 합니다. 그러니까 디아스포라는 경계에 서 있어요. 경계에 서 있는 그들은, 상인이나 폭력배나 스포츠 선수들처럼 악을 쓰고 능력으로 상승했지요. 특히 능력주의적인 세계에서만 올라갈 수 있어요. 그래서 스포츠 선수나 야쿠자 세계에 디아스포라가 많아요. 그래서 그런 사람들보고 아주 활기 있게 자유롭게 살고 있다고 하는 것입니다. 그런데 그런 사람들은 극히 소수입니다. 일본에서도 자기 이름을 쓰고 살고 있는 사람이 얼마나 있겠습니까? 10퍼센트도 안 됩니다. 중요한 것은 재일 조선인이 보이지 않는 사람들이라는 점입니다. 보이는 않는 사람들의 내면세계를 우리는 추측해서 상상해야 합니다. 그런데 전혀 보이지 않으면 그 실마리조차 없지 않습니까. 나타나지 못한 사람들이 어떤 내면 상태로 어떤 정신으로 살고 있는지를 상상해야 하고, 또 저 같은 사람들이 이렇게 이야기하는데, 사실은 이렇게 나타나 있는 사람들이 그런 이야기를 못해요. 못 한다기보다 그런 사고를 안 해요. 그래서 디아스포라에 대해서 해석하기 위해서는 그 부분이 어려워요.

허련순 선생님 정도가 자유롭다고 보는데요, 온갖 중국 작가 연맹 중에도 재중 조선인은 단 둘이라고 하더라고요. 아주 극단적인 소수자예요. 그분은 아주 특이한 개성을 표현했지만 남은 사람들은 어렵겠다는 생각을 하게 되었습니다. 상상력을 많이 발휘해야지 알 수 있는 세계겠지요. 하지만 세계적으로 볼 때도 그것이 별로 특별한 현상이 아닙니다. 눈에 아주 잘 보이는 개성적인 인물들이 나타난다고 해서 그가 전체를 대표하느냐 하면 그것은 아니라는 게 제 생각입니다. 오히려 반대로 표현하는 경우도 있습니다. 그렇게 말씀해주시니 고마운 일이지만 우리를 표준으로 해서 디아스포라를 보아서는 안 됩니다. 우리의 뒷면에는 자기를 나타낼 수 없는 수많은 사람이 있습니다. 우리는 그중에 여러 가지 우연적인 이유로 이렇게 표면에 서 있게 되었다고 이해해주시면 좋겠습니다.

서민정 앞으로 연구가 어떻게 진행될지 가능성의 여부를 떠나서, 선생님과 대화하고 다른 선생님들 이야기도 들으면서 생각한 것이, 간접적인 책이든 직접적인 방식이든 간에 우리가 만날 수 있는 디아스포라는 위로 특수하거나 아래로 특수한 경우라는 점입니다. 보편적인 대다수는 어떻게 보면 직접 만나기는 어렵고, 그분들의 생각을 상상은 할 수 있겠으나 상상이라는 것도 분명 본 것의 범위 안에 있기 때문에 어떤 면에서는 실제로 볼 수 없는 것이 더 많다는 생각이 듭니다. 그런 면에서 제가 생각했던 방법이 설문조사였습니다. 일일이 대면할 수 없는 면이 있는 만큼, 그 나라의 언어나 번역을 통해 몇 가지 항목으로 설문지를 만들어서 조사해보는 것은 어떨까요?

서경식 그것은 사실 어렵다고 생각합니다. 건국대 김진환 교수가 시도한 적 있는데, 연구단에서 어떤 설문을 하면 될까, 어떤 식으로 진행될 수 있을까에 대해 상의를 했었습니다. 그분들은 중국이나 중앙아시아에서 조사를 진행했고 재일 조선인에 대해서는 작년부터 했습니다. 일본에 있는 어떤 지역 사람들을 대상으로 했어요. 그런데 그분들이 무슨 잘못을 했다기보다는, 제가 생각할 때는 '차별당하고 계십니까?', '차별받았을 때 어떤 생각이 듭니까?' 이런 질문을 받았을 때 사람들이 '난 괜찮다'로 대답할 거라는 게 문제인 것 같아요. 학교에서 왕따당하는 학생들은 자기가 왕따당하고 있다고 이야기하지 않지요. 그러니까 차별이라는 구조나 맥락을 모르는 사람들이 대다수니까, 차별당한다는 것이 자신의 열등성이나 잘못인 줄 알고 말하지 않습니다. 왕따당하는 아이들도 그렇지요. 왕따였다는 낙인이 찍히면 앞으로 계속 그렇게 되니까요. 재일 조선인도 마찬가지예요. 저도 어렸을 때 재일 조선인이라는 유래를 모르니까 재일 조선인이라는 것은 일본인과 비교해서 '낮은 존재'라고 생각했습니다. '낮은 존재로 낙인찍히면 안 된다'는 생각이 본능적으로 있었습니다. 당신은 재일 조선인인가 하면 아니라고 했습니다. 누가 봐도 재일 조선인인데 말이에요. 그런 역설적인 설문조사를 어떻게 할 수 있을까요?

서민정 저도 그런 부분이 걱정되어서 의견을 여쭤봤는데, 그럼 선생님이 생각하시기에 다른 방법은 어떤 것들이 있을까요? 선생님이 그 속에 계시니까요.

서경식 사회학적 통계조사로는 힘들 것이고, 앞으로 서민정 교수가 1, 2년 정도 일본에 살면서 재일 조선인을 자주 만나고 이야기 나누면서 본인들 표면으로 이야기하는 것과 실제 살고 있는 생활 틈새들을 잘 관찰하시고 그래야 해요. 자기 분열이라고 말씀드렸는데 그거예요. 조선학교 다니는 학생들처럼 학교에서는 김일성 장군 노래 부르면서도 전철역에서 옷 갈아입고 시부야에서 노는 것. 조총련계 일꾼들만큼 일본어나 일본 이름을 잘 쓰지 않는 사람도 없어요. 그런데 술집에 가면 키핑할 때 '김'이나 '이'라고 쓰지 않고 '야마다'나 '하야시'라고 써요. 왜 그렇게 하느냐니까 자신들은 조선어학교에서 민족 성씨를 배웠기 때문에 괜찮다고 해요. 그 사람들 개개인도 문제가 있지만 그런 자기 분열적인 존재로 사는 자들이 디아스포라니까 그런 사람들의 내면세계를 설문조사로 알아내기가 얼마나 어렵겠어요?

김용규 재현도 참 어려운 문제입니다. 1976년, 1977년 정도에 큰아버지가 한 번씩 한국에 오셨거든요. 그럴 때면 가방에 세이코 시계며 옷가지를 많이 넣어가지고 와서는 주고 가시는 거예요. 그 시절만 해도 '우리 큰아버지 참 잘사는가 보다' 이렇게 알았어요. 지식의 문제들도 많이 있기 때문에 쉽지 않을 것 같습니다.

서경식 대표적으로 일본에서도 사회학적 수법으로 후쿠오카 야스노리福岡安則라는 사회학자가 재일 조선인의 의식 조사를 했습니다. 조선인 중에 전태경이라는 놈이 있어요. 놈이라고 하지요. 계명대학교에서 공부하다가 일본으로 돌아가 일본 국적으로 귀화해서 "재일 한국인의 종은 끝났다"라는 이야기를 하는 사람입니다. 이런 사람들은 우리가 차별당하는 것이 이제는 줄어들고 있다고 말합니다. 재일 조선인이라는 구도가 무너지고 있고 앞으로 없을 거라고 말합니다.

서민정 그러니까 사회학적 연구나 통계학적 연구라는 게 수치로 장난치는 면이 있고 표본부터 결과치까지 연구자의 의도에 좌우되기 때문에 당연히 그런 한계가 있을 것이라는 말씀이죠.

서경식 여성들의 가부장제에 대해서도 그렇지요. 폭력적인 태도가 나오잖아요. '가정의 가치를 어떻게 생각하는가?' 여기엔 '소중하게 생각한다'는 식으로 대답할 수밖에 없습니다. 실제로는 가정 내 폭력의 희생자면서도. 그러니까 그 부분에 대해서는 1990년대 이후에 다른 분야에 있어서의 학문적 기법을 배워볼 수 있을 것 같습니다. 특히나 저는 문학 비평이나 문화 비평, 문학성, 문학으로 표현하는 것이 중요하다고 생각합니다. 물론 문학이라는 것도 시장이 있고 문단이라는 권력이 있고 하니까 또 다른 요소가 있지만 말이지요.

이 책들은 이번에 많은 사람을 만나니까 드리려고 가져온 건데요, 가지고 계실지 모르지만 여기 두고 가겠어요. 특히 이 책을 보셨는지 모르겠지만, 1990년대의 평론들이 나오는데 여기서는 아직 디아스포라라는 말을 쓰지 않아요. '국민과 난민 사이' 같은 식으로 쓰죠. 제가 오늘 말씀드리고 싶었는데 조금 이야기를 못 했던 부분이 있습니다. 디아스포라의 사회적·정치적 해방에 대한 전망입니다. 우리는 일본, 한국, 조선, 특히 통일된 조선과 일본이 있어서 중간에서 자유롭게 왔다 갔다 하고자 합니다. 특히 일본과의 관계에서 중국, 미국, 중앙아시아 등 전 세계 각국이 이렇게 통일이 되면 된다. 그런데 그렇게 되기위해서는 이런 단계를 거쳐야 한다는 식의 이야기를 담았습니다. 통합하려면 보편주의라는 함정에 빠질 수도 있고 민족주의도 불거질 수 있죠. 먼저 남북통일이 되어야 하고 일본이 다문화주의가 되어야 하고 과거 청산이 되어야 한다는 아주 상식적인 이야기인데, 도식화해서 이야기했어요. 1990년대 초반 일본의 '역사학연구회'라는 학회에서 제가 전체 회의 때 이야기한 부분이에요. 거의 20년 전 이야기인데 아직까지 남북 대립이 있고 일본도 여전하고 해서 이렇게 진행하지 못하고 있어요. 우리는 디아스포라에 대한 이야기에서 주로 언어나 문화에 대한 이야기를 우선하고 있는데 실은 역사나 사회나 정치적인 과제와 결부되어 있어요. 아까 말씀하셨듯이 우리는 세상에 있어서의 실체적인 해방을 바라지 않고 머릿속에서만 해방되고 국경을 넘을 단계가 아닙니다. 사회적으로도 실체적으로 해방되는 것이 제가 한편으로는 강제해야 하는 부분이라고 생각합니다. 그래서 그때는 아직 디아스포라라는 언어를 쓰기 전이었지만 이제 이 부분을 디아스포라라는 개념으로 다시 동원해서 면밀하게 정리해야 합니다. 이 책은 '여기서부터 출발해서 여기까지 왔다', 하는 그런 것이니까 좀 봐주시면 좋겠습니다.

그리고 솔직한 말씀을 드리는 건데요, 부산대만큼 시간적으로 자세하게 이야기 나누는 경우가 없어요. 디아스포라에 대해서 아직까지 피상적이고 형식적인 이야기밖에 못 했거든요. 그래서 이 자리가 더 아쉬운데, 앞으로도 이런 기회가 계속될 수 있게 애써주시길 바랍니다. 저는 특히 운영에 대해서 말씀드리면, 이렇게 일가가 된 연구자가 아니라 대학원생이나 조교처럼 지금부터 공부하려는 사람들과 만나서 이야기 나눌 수 있었으면 하는 생각이 있어요. 젊은 층을 대상으로 해서 면밀하게 꼼꼼히 이야기할 수 있으면 좋겠다 싶어서요.

김용규 저희가 문화 학교 같은 프로그램도 진행하니까 그런 기획에서 생각해볼 수 있겠습니다. 여기서는 대학원생들에게 가르치기 위한 방법론 등을 다루는데, 여건도 상당히 좋습니다. 그날 충분히 풀어놓을 수 있고 학생들도 질의응답할 수 있는 기획을 생각해보겠습니다. 앞으로 선생님과 계속 협의해서 이런 자리를 많이 만들었으면 좋겠고, 장기적으로는 오키나와나 제주도처럼 변방과 소외된 문제의식들로 확장

이 되면서, 어쭙잖게 보편성이라는 이야기도 했지만 계속 이렇게 이야
기하다 보면 길이 보이지 않을까, 그런 생각을 갖고 있습니다. 그런 부
분에 대해서 도움 많이 구하겠습니다.

미희 나탈리 르무안(Mihee-Nathalie Lemoine)

부산 용호동에서 김별이라는 이름으로 태어났다. 이후 조미희라는 이름으로 고아원에 위탁되었다가 나탈리 르무안이라는 이름으로 벨기에로 입양되었다. 나탈리 르무안은 멀티미디어아티스트이자 화가이자 시인으로 활동하고 있다. 단편영화 〈Adoption〉으로 1988년 브뤼셀국제단편영화제 'To Be Young in Europe' 경쟁부문에서 수상했다. 이 영화로 한국정부로부터 초청받아 1년간 한국에 체류했다. 이후 단편영화 〈Back to The Roots〉와 〈Ohida-dan〉 등을 만들었다. 화가로서 작품 활동도 왕성하게 펼쳐서, 1996년 아티스트그룹 'KameleonZ'와 함께 서울과 홍콩에서 전시회를 열었고, 1997년 처음으로 개인전을 열어 벨기에와 한국에서 작업한 작품들을 소개했다. 이후로도 다수의 개인전과 전시회를 열었다. 나탈리 르무안은 1991년 한국의 부모와 재회한

후로 입양인들을 위한 활동을 펼치고 있다. 'Euro-Korean League'라는 벨기에 최초 입양인 연합의 창립 및 'K.O.A(Korean Overseas Adoptees)', 'G.O.A.L(Global Overseas Adoptees' Link)' 등을 창립하는 데 참여했다. 또한 동성애혐오주의에 저항하는 활동들에 참여하고 있다. 현재 그녀는 브뤼셀과 몬트리올을 활동 기반으로 하여 아트 프로젝트와 전시 큐레이팅을 진행 중이다.

서경식(徐京植)

1951년 일본 교토에서 재일조선인 2세로 태어나, 1974년 와세다 대학早稻田大學 문학부 프랑스문학과를 졸업했다. 현재 도쿄경제대학東京經濟大學 현대법학부 교수로 재직 중이다. 2006년 봄에 성공회대학교 연구교수로 한국에 와서 2년간 체류하면서 그간 알려지지 않았던 재일조선인들의 역사와 현실, 일본의 우경화, 예술과 정치의 관계, 국민주의의 위험 등에 대해 열정적으로 기고하고 강연했다. 2012년에 민주주의 실현과 소수자들의 인권 신장에 기여한 공로로 제6회 후광 김대중 학술상을 수상했다. 지은 책으로는 『소년의 눈물』(1995년 일본 에세이스트클럽상 수상), 『시대의 증언자 쁘리모 레비를 찾아서』(마르코폴로상 수상) 및 『나의 서양미술 순례』, 『사라지지 않는 사람들』, 『청춘의 사신』, 『디아스포라 기행』, 『난민과 국민 사이』, 『만남』(공저), 『언어의 감옥에서』, 『시대를 건너는 법』, 『디아스포라의 눈』, 『역사의 증인 재일조선인』, 『후쿠시마 이후의 삶』(공저) 등이 있다.

송현숙(Hyun-Sook Song)

1952년 전라남도 담양군 무월리 산골 마을에서 태어나 어린 시절을 보냈다. 1969년에 전라남도 광주시에서 고등학교를 졸업하고, 1972년 파독 간호사로 독일에 건너가 4년간 독일의 병원에서 근무했다. 1981년 함부르크 미술대학 회화과를 졸업하고, 이듬해에는 함부르크 시가 수여하는 조형 예술인을 위한 장학금을 받았다. 1983년에는 독일 연방 산업협회가 수여하는 회화미술 장려상을 수상했다. 1984년부터 이듬해까지, 독일 학술교류처(DAAD) 장학생으로 선정되어 전남대학교 미술대학에서 동양화와 한국미술사를 연구했다. 1991년에는 독일 본 시가 수여하는 예술기금협회 장학금을 받았다. 그녀는 한편 다수의 영화도 제작하였는데, 자전적 기록영화 〈내 마음은 조롱박: 아주 작은 이야기〉(독일 헤센 주 영화상 수상)과 〈회귀〉 등이 있으며, 〈집은 어디에〉는 1999년부터 제작을 시작했다. 1996년에는 함부르크 시가 수여하는 에드빈 샤르프 예술상을 수상했다. 현재 독일 함부르크에 살며 작품 활동을 계속하고 있다.

수키 김(Suki Kim)

서울에서 태어나 열세 살 때 부모를 따라 미국으로 이민했다. 컬럼비아 대학 바너드 칼리지를 졸업하고 런던 대학에서 동양학을 공부했다. 첫 작품인 『통역사』는 2004년 헤밍웨이 문학상 후보에 올랐으며 경계문학상(Pen Beyond Margins Award)과 구스타프 마이어 우수독서상을 수상했다. 『통역사』는 한국인과 미국인, 전통과 현대 등 서로 대립하는 두 가지 정체성을 안고 살아가는 한 여성의 삶을 아름답고 치밀한 문장으로 그려냄으로써 《뉴욕 타임스》를 비롯한 미국 내 주요 언론의 관심을 끌었다. 이 작품과 함께 작가는 미국 반즈 앤드 노블 선정 '올해의 작가 10인'에 포함되었다. 현재는 《뉴욕 타임스》, 《보스턴

글로브》,《뉴스위크》등에 글을 쓰며 새 작품을 구상 중이다.

주재순(Jae-Soon Joo-Schauen)

1975년 파독 간호사로 독일에 갔다. 이후 상담전문가로 독일 쾰른에서 이주 여성을 위한 다양한 활동을 해왔다. 독일의 이주여성상담소인 'AGISRA(Arbeitsgemeinschaft gegen internationale sexuelle und rassistische Ausgbeutung e.V)'의 임원으로서 상담을 통해 전 세계 이주여성의 문제와 차별을 극복하기 위한 여러 활동을 펼쳤다. 2001년 남아프리카공화국 더반에서 개최된 세계인종차별철폐회의(WCAR) NGO 회의 및 2007년 국가인권위원회가 주최하는 이주인권포럼 등에 발표자로 참여하는 등 국제적 회의와 포럼에서 이주여성들의 권익보호와 신장을 위해 발언하며 새로운 계기들을 만들고 있다.

최덕효(Deok-Hyo Choi)

재일교포 3세로 일본에서 태어났고 1996년부터 이듬해까지 연세대학교에서 교환학생(국제교류 프로그램)으로 지내면서 한국어와 한국문화를 배웠다. 2000년 릿쿄 대학교 법과정치대학에서 국제비교법률학과를 졸업하고, 2003년 도쿄 대학교 예술과학대학원 석사(지역연구)를 마친 후 현재 미국 코넬 대학에서 사학과 박사과정을 밟고 있다. 논문으로는 일본어로 쓴 「일본에서 한국 전쟁과 한국: 자원 봉사 군인 전송의 문제에 초점」 등이 있고, 일본어로 번역한 책으로『朝鮮戰爭の社會史: 避難·占領·虐殺』(김동춘 저, 공역),『現代朝鮮の悲劇の指導者た ち: 分斷·統一時代の思想と行動』(서중석 저, 공역) 등이 있다.

최영숙(Young-Sook Choi)

1966년 경북대학교 간호대학을 졸업하고, 전 수도의과대학 부속병원에서 근무하다가 1966년에 독일로 건너갔다. 그해부터 1981년까지 독일의 병원에서 근무했다. 1978년 재독 한국여성모임 창립회원으로 참여했으며, 1986년부터 이듬해까지 재독 한국여성모임 총무를 역임했다. 당시부터 2003년까지 독일 녹색당 당원이었고, 1989년부터 현재까지 '연대하는 사회를 위한 분배(Umverteilen für eine solidarische Welt)' 재단의 여성 분과위원회에서 활동했다. 전 재유럽 민족민주운동 협의회 대표, 조국통일 범민족 연합 국제부, 문화부 활동가, 한독 문화 협회(KDK) 회장, 코레아협의회 부위원장, 유럽지역 공동위원회 공동대표 등을 역임했으며, 재독 한인 2세들의 문화패 '천둥소리'와 사물놀이패 '신명'에서 매니저를 맡기도 했다. 현재 독일 한민족 여성 네트워크 회원이며, 6·15 유럽지역 공동위 운영위원 및 상임자문위원, 한민족 유럽연대 위원장으로 활동하고 있다.

한정화(Nataly Jung-Hwa Han)

한국 커뮤니케이션 및 한국협의회 연구센터 이사이며, 번역가이자 통역사다. 독일 훔볼트 대학을 졸업하고, 현재는 한국학 박사과정에 재학 중이며, 독일에서 개최되는 여러 국제회의에서 한독, 독한 번역과 통역 등의 일을 하고 있다. 베를린 쉐네베르크 구의 시민대학(Volkshochschule)에서 한국어를 가르치기도 했다. 코레아협의회 간사를 역임하고 있다. 박경리의 『토지』를 독일어로 공역했으며, 2006년 일본군 위안부 문제를 다룬 『전시와 평화시의 강제 매매춘』을 독일어로 번역했다.

허련순(許蓮順)

필명은 문현(閒玄). 1955년 중국 연길에서 출생했으며, 1980년 연변대학조문학부를 졸업했다. 2002년에는 한국 광운대학교 대학원 국어국문학과 석사를 수료했다. 중국작가협회 회원, 연변작가협회 부주석, 연변문인협회 회장, 연변자치주 정치협상회 제11기 위원 등을 역임했다. 1986년 단편소설『아내의 고뇌』로 문단에 데뷔한 이후, 장편소설『바람꽃』,『잃어버린 밤』,『뻐꾸기는 울어도』,『누가 나비의 집을 보았을까?』등과 인물 평전『사랑주의』(국내의 홍성출판사에서 출간), 중단편소설집『우주의 자궁』,『바람을 몰고 온 여자』,『사내 많은 여자』,『유혹』등을 중국과 한국, 일본 등지에서 출간했다. 그중 단편소설『하수구에 돌을 던져라』는 중국조선족 고등교재에 실리고,『가출풍파』는 중국조선족 초중교재에 실렸다. 그 외에도 연변 TV 방송국에서 방송한 연속극 〈갈꽃〉, 〈녀자란 무엇입니까〉, 〈떠나는 사람들〉 등과 연변연극단에서 공연한 장막극 〈과부 골목〉, 〈엄마를 찾습니다〉, 〈사랑해서 미안해〉 등을 썼다. 전국소수민족 준마상(국가급), 윤동주 문학상, 김학철 문학상, 길림성 정부상, 진달래 문학상, 천지 문학상, 장백산 문학상 등 다수의 문학상을 수상했다.

찾아보기

ㄱ

강, 데이비드 141
광주항쟁 58
김윤희 249
김진환 276

ㄴ

『나는 55퍼센트 한국인』 239
나카오 도시오 253
「낮과 꿈」 112
네이션 22
『누가 나비의 집을 보았을까』 150
누스바움, 펠릭스 28

ㄷ

다문화 210
다와다 요코 146
데리다, 자크 16
동일방직 똥물사건 59, 96

ㄷ

『디아스포라 기행』 16, 33, 142
『딕테』 207
딜릭, 아리프 232

ㄹ

레비, 프리모 32
렌트너, 레타 110

ㅁ

마야콥스키, 블라디미르 76
마젤, 로린 203
『마지막 하늘 이후』 9
『문화와 제국주의』 29
민하, 트린 20

ㅂ

『바람꽃』 150, 201

──── ㅅ

사이드, 에드워드 9, 29, 242

사카이 나오키 207

서벌턴 18, 40

『세계시민의 철학』 30

소수민족 159

소수자 21

스피박, 가야트리 20, 270

시카모토모 30

식민지적 차이 208

식수, 엘렌 199

신노스케 38

신조 이쿠오 254

──── ㅇ

아감벤, 조르조 10

아기스라 상담소 164

『아래로부터의 포스트식민주의』 11

〈아리랑〉 203

아일랜드 265

안우생 37

앤더슨, 베네딕트 10

역사학연구회 278

영, 로버트 J. C. 11

와다 하루키 252

〈우리학교〉 189

우에노 지즈코 252

우잉크 253

유신 101

윤동주 223

윤이상 124

〈입양〉 239

──── ㅈ

자멘호프, 루트비히 36

『장길산』 82

재독여성모임 166

전태일 분신 사건 95

──── ㅊ

차학경 207

첼란, 파울 224

초우, 레이 20

최현덕 124

──── ㅋ

카리타스 55

KAL기 폭파 사건 101

《코리아 포럼》 124

코레아협의회 47, 101, 123

코코코 124

쿠르드족 63

──── ㅌ

『토지』 82, 110

『통역사』 174

──── ㅍ

〈파양〉 240

평화박물관 96

프로이덴베르크, 귄터 124

『플라이 대디 플라이』 241

피히트, 헬가 110

──── ㅎ

하세가와 데루 37

『해방전후사의 인식』 58

후쿠오카 야스노리 277

──── **영문**

『GO』 188, 240

YH 여공 김경숙 투신 사건 59

오늘날 우리는 근대성의 위기를 목격하고 있다. 근대성은 우리에게 계몽과 이성과 진보를 통한 인간 해방의 가능성을 제공하기도 했지만, 전 지구적 차원에서 볼 때 그 해방의 혜택은 특정 지역이나 소수의 엘리트들에게만 돌아갔다. 즉 그것은 인간의 해방을 선언하는 바로 그 와중에도 서양과 비서양, 제국과 식민, 문명과 자연, 이성과 비이성, 중심과 주변, 남성과 여성, 백인종과 비백인종, 지배계급과 서발턴 등 다양한 이분법적 구조를 형성함으로써 전 지구적인 차원에서 새로운 차별들의 체제를 구축해왔다. 이는 근대성이 그 기원에서부터 자신의 어두운 이면으로 이미 식민성을 갖고 있었음을 보여준다.

그동안 우리는 근대성과 식민성이 동전의 양면을 이루고 있음을 제대로 인식하지 못한 채 근대성을 '미완의 기획'으로 간주하였고, 그것을 더욱 밀어붙임으로써 근대성을 완성하고 근대성의 한계를 뛰어넘을 수 있으리라 꿈꾸어왔다. 하지만 이런 시도는 근본적으로 식민성에 대한 이해를 폐제廢除한, 근대성이라는 환상에 기초한 것이었음이 드러났다. 오히려 근대의 극복은 근대성의 완성이 아니라 바로 근대 이후 제도화된 식민성의 극복을 통해 가능할 수밖에 없다는 사실이 점차 입증되고 있는 것이다. 우리는 근대성의 완성과 식민성의 극복이 긴밀히 연결되어 있으면서도 서로 첨예한 긴장 관계를 형성하고 있음을 깨닫고 있다. 전자의 논리가 후자에 대한 인식에 근거하지 못할 때, 근대를 극복할 가능성을 계속해서 서양과 중심부에서만 찾게 되는 유럽중심주의적 논리에서 벗어나기 어렵다. 반면 식민성의 극복을 전제로 한 근대성의 극복은 전 지구적 차원에서 근대에 의해 억압되고 지워진 주변부의 다양한 가치들을 전면적으로 재평가하고, 그 주변적 가치들을 통해 서양의 단일한 보편성과 직선적 진보의 논리를 극복할 가능성을 제공할 수 있다. 이런 인식을 감안할 때, 새삼 주목받게 되는 것은 중심부가 아니라 주변부이고, 단일한 보편성이 아니라 복수의 보편성들이며, 근대성의 완성이 아니라 그 극복이다.

'우리시대의 주변/횡단 총서'는 이런 문제의식에서 기획되었다. 이 총서는 일차적으로 근대성 극복을 위한 계기나 발화의 위치를 서양과 그 중심부에서 찾기보다 서양이든 아니든 주변과 주변성에서 찾고자 한다. 그렇다고 주변성을 낭만화하거나 일방적으로 예찬하지는 않을 것이다. 주변은 한계와 가능성이 동시에 공존하는 장소이자 위치이다. 그곳은 근대의 지배적 힘들에 의해 억압된 부정적 가치들이 여전히 사람들의 삶에 질곡으로 기능하는 지점이며 중심부의 논리가 여과 없이 맹목적으로 횡행하는 장소이기도 하다. 하지만 이런 질곡의 이면을 들여다보면 이 장소는 근대에 의해 억압되었고 중심부의 논리에 종속되어야만 했던 잠재적 역량들이 집결되어 있는 곳이기도 하다. 그러므로 주변성은 새로운 해방과 가능성을 풍부한 잠재적 조건으로 가지고 있는 곳이기도 하다. '우리시대의 주변/횡단 총서'는 주변성의 이런 가능성과, 그것을 어떻게 키워나갈 것인가에 주목하고자 한다.

뿐만 아니라 '우리시대의 주변/횡단 총서'는 주변성이나 주변적 현실에 주목하되 그것을 고립해서 보거나 그것의 특수한 처지를 강조하지 않을 것이다. 오히려 주변은 스스로를 횡단하고 월경함으로써, 나아가서 비슷한 처지에 있는 다른 지역 및 위치들과의 연대를 통해 자신의 잠재성을 보다 키워나갈 수 있을 것이고, 종국적으로 특수와 보편의 근대적 이분법을 뛰어넘는 새로운 차원의 보편성을 실천적으로 사고해나갈 수 있을 것이다. 그동안 근대적 보편성은 주변이 자신의 특수한 위치를 버릴 때에만 초월적이고 보편적인 지점에 도달할 수 있는 것으로 주장돼 왔다. 그리고 그 보편적 지점을 일방적으로 차지했던 것은 항상 서양이었다. 그 결과 그 보편성은 주변에 동질성을 강제하는 억압적 기제로 작용했고, 주변의 삶이 스스로를 부정적으로 인식하도록 만든 결정적 계기가 되었던 것이다. 근대성과 식민성이 여전히 연동하고 있는 오늘날의 전 지구적 현실에서 서양적이고 초월적인 보편성은 더 이상 순조롭게 작동하기 어렵다. 이제 필요한 것은 주변들과 주변성의 역량이 서로 횡단하고 접속하고 연대함으로써 복수의 보편들을 추구하는 작업이다. '우리시대의 주변/횡단 총서'는 이런 과제에 기여하는 것을 꿈꾸고자 한다.

2013년 5월
부산대학교 인문학연구소